中央高校科研基金重点资助项目"中国教育政策与法律研究热点的知识图谱分析"（15SZZD01）的研究成果

基于共词可视化的
教育法律基本问题研究 30 年
1985-2015

祁占勇 著

科学出版社
北 京

内 容 简 介

当前，我国的教育法律体系已初具规模并不断完善，中国特色社会主义教育法律体系基本形成，同时，以教育法律为基本研究对象的教育法律科学在教育法律发展过程中日益受到重视。本书试图在共词分析的基础上，利用知识图谱分析方法，对我国教育法律基本问题，包括教育法学、教育权与受教育权、教育法务、教育活动法、学校法学、教师法学、学生法学等研究热点进行可视化研究，从而挖掘教育法律基本问题研究热点间的深层次关系，并展望未来教育法律基本问题研究的拓展领域和研究空间。

本书可供普通高等学校教育学及相关专业的本科生、研究生使用，也可供广大一线教师、教育管理工作者或教育学爱好者参考、学习。

图书在版编目（CIP）数据

基于共词可视化的教育法律基本问题研究 30 年：1985—2015/祁占勇著.—北京：科学出版社，2017.9

（教育政策与法律可视化研究丛书）

ISBN 978-7-03-054658-6

Ⅰ.①基… Ⅱ.①祁… Ⅲ.①教育法-研究-中国-1985-2015
Ⅳ.①D922.164

中国版本图书馆 CIP 数据核字（2017）第 238387 号

责任编辑：乔宇尚　柴江霞／责任校对：王晓茜

责任印制：张欣秀／封面设计：正典设计

科 学 出 版 社 出版

北京东黄城根北街 16 号
邮政编码：100717
http://www.sciencep.com

北京京华虎彩印刷有限公司 印刷

科学出版社发行　各地新华书店经销
*

2017 年 9 月第 一 版　　开本：720×1000 B5
2018 年 1 月第二次印刷　　印张：13 7/8
字数：250 000

定价：79.00 元

（如有印装质量问题，我社负责调换）

目　录

绪　　论

教育法律是国家制定的用来调整与规范社会关系中教育活动的行为规则，国家教育事业的发展需要教育法律保驾护航，教育法律既具有社会作用，又具有规范作用。改革开放以来，我国纵横交错的教育法律体系已初具规模并不断完善，中国特色社会主义教育法律体系基本形成。同时，国家通过国家宪法日、法制宣传日、法治进校园等方式宣传教育法律法规，教育主体学法、知法、守法、用法、护法的法治行为不断生成，极大地增强了公民的法律意识，依法治教与依法治校、法治学校的良好氛围也初步形成。与之伴随产生的是以教育法为基本研究对象的教育法学学科在教育法发展过程中受到重视，教育法学在教育学与法学中的"显学"地位日益突出。

一、教育法学研究的回顾与反思

改革开放以来，我国教育法学从起步走向繁荣，教育法学研究取得了较为可观的成就。借此，有学者对我国教育法学的发展历史采用纯粹的文字性描述或者在简单形式的数量统计基础上进行梳理、回顾和总结性的质化分析。

谭晓玉对1981—1995年我国教育法学研究状况进行了回顾与总结，将我国教育法学研究历程分为发端阶段、形成阶段、总结与反思阶段。①在发端阶段（1981—1985年），报刊陆续发表有关教育立法研究的文章，包括国内教育立法理论与实践的研究和对国外教育立法研究成果的评介两个方面，但就学科建设意义而论，这一阶段尚未开展真正意义上的关于教育法学学科建设的研究，教育法学还是一个尚未见诸报端的萌芽之物。在形成阶段（1986—1990年），学术界在对教育立法进行研究的同时，已开始就教育法学学科建设问题，即教育法学的形成与发展、研究

---

① 谭晓玉. 我国教育法学研究的回顾与总结. 教育研究, 1995, (8): 62-66.

对象、学科特点、研究范畴乃至学科性质等进行了广泛的讨论，这些讨论形成了我国教育立法与教育法学研究比翼发展的态势，为创建我国教育法学学科体系奠定了坚实的理论基础和必要的舆论准备。在总结与反思阶段（1991—1995 年），学术界着眼于从整体上对我国教育法学已有的研究加以总结，并在总结经验的基础上进行反思，试图建构我国教育法学学科体系框架。与此同时，教育法学学科的组织建设也有了进展。1993 年，湖南省教育委员会创办了我国第一本研究教育与法律的专业期刊——《教育政策法规研究》；1994 年，全国教育学研究会教育管理专业委员会在天津召开了教育法学学术研讨会，会上商议拟成立全国教育法学专业委员会事宜，1995 年 5 月，该委员会又在苏州召开了有关学术讨论会。这些学术研究和学术活动大大促进了我国教育法学学科的发展。但是，在教育法学学科建设进程中，还存在着一系列问题。例如，在教育法学学科称谓、概念界说，教育法学的研究对象、基本内容，教育法学的学科特点、理论依据，教育法学的学科性质、体系框架等方面的问题都关系着我国教育法学学科建设与发展，而从已有的研究情况来看，学术界对于上述问题观点纷呈、意见不一。这一方面表明我国教育法学还处在学科发展的初期；另一方面预示着它正从不成熟阶段向成熟阶段过渡。这些问题及争鸣是我国教育法学从幼稚期跨入成熟期的自我完善过程中的必然产物。此外，教育法的本质与职能、教育法律关系的构成、教育法制与教育法学的发展等问题，都直接关系到教育法学学科的建设与发展，学术界对此都有不同的看法。

王勇对 1981—1999 年的教育法学研究文献进行了评析。[1]其研究表明，我国教育法学研究与我国改革开放以来教育学、法学两学科的发展基本同步，与我国教育事业的新的大发展亦为同步，每一部重要教育法律的出台，都会带来教育法学研究的大发展。基于此，王勇梳理了 1981—1999 年的教育法学研究，把教育法学研究的主题分为教育法的法理、教育立法、教育法律的研究方法及教育司法、教育法律实务等方面。

在法理研究方面，主要涉及教育法学的学科称谓、学术概念、学科属性、部门法地位、研究范围等，与该主题相关的文章共 82 篇，占教育法学论文总数的 13.6%，同时，涉及该主题的论文数量越来越多，说明教育法学研究群体的法学修养有了较大提高，标志着教育法学学科的逐渐成熟。

在中外比较研究方面，主要涉及教育法律的介绍、教育立法与执法及司法、

---

① 王勇. 教育法学研究文献评析. 重庆社会科学，2001，(3)：71-73.

教育法学研究的发展与现状等方面，此类论文共计 120 篇，占教育法学论文总数的 19.9%，且研究对象主要集中于美国、法国、日本三个国家，对英国、苏联、德国（尤其是职业教育法律方面）等国家和地区的情况也有所论及。研究内容有：①对教育法律的介绍，所涉及的教育领域包括义务教育、职业技术教育、高等教育、私立教育、教育行政管理、投资体制等方面，通过对比中外同一名称教育法律关系主体、客体、内容、权利义务、法律救济等方面的不同规定，分析不同特点，就如何更好地理解和应用我国的教育法律提出建议。②有关教育立法、执法、司法，就其他不同国家的教育立法机构、权限划分、立法程序、立法技术及法律法规的名称规范等进行研究和表述。③揭示教育法学研究的发展历史及现状，研究显示，国际上最早形成教育法学研究的国家是 20 世纪 50 年代行政法学研究比较发达的德国和法国，最早的教育法学著作是 1957 年德国学者的《学校法学》，而目前教育法学研究水平比较高的国家是日本。在教育法史研究方面，与此主题相关的论文只有 12 篇，占总数的 2.0%。在这些文章中，有 2 篇文章（《荀子与"隆礼重法"》《张之洞与幼儿教育法规》）分别介绍历史人物的教育法制思想，有 3 篇文章讨论清朝末年教育立法情况，有 2 篇文章研究民国时期的教育立法，其他 5 篇文章则对 1949 年以来我国的教育立法进程做了论述。其实，我国历史上多个朝代，如唐朝、明朝、清朝等所颁布的法律中都包含丰富的教育法律思想，20 世纪前半叶的民国时期更是颁布了大量有关教育的法令，其中有值得进行挖掘和研究的教育法律及思想。

在教育立法研究方面，涉及此主题的文章较多，有 149 篇，占总数的 24.8%。从教育法学第一文《谈制定教育法令的问题》开始，研究者就不遗余力地为相关教育领域的立法进行必要性和可行性论证，并对概念界定、框架体系、法律条款、立法技术等做了理论上的探讨，发出了不绝的教育要立法的呼声。可以说，《中华人民共和国教育法》（简称《教育法》）、《中华人民共和国职业教育法》（简称《职业教育法》）、《中华人民共和国高等教育法》（简称《高等教育法》）等法律都凝聚着研究者的心血和努力。随着整个教育法学研究的推进，教育立法研究同步地经历了这些过程，但自 1997 年之后相关论文发表数量减少，且主要限于民族教育、成人教育和民办教育的立法等内容。究其原因，这与我国教育法律体系日渐完备有关，接下来的立法活动应该围绕为法律便于实施而制定条例、实施细则等展开，而这方面的研究并非教育学科背景研究者的优势所在，希望越来越多的法学研究者加入教育法学研究的群体来改变这一局面。

在教育法律实务方面，这是当前教育法学研究的热点和重点。随着每一部重要教育法律的出台，大量的相关论文对其立法过程、执行、实施、司法、法律救济等方面的问题进行全方位、多层面的分析，故而论文数量最多，共计 239 篇，占总数的 39.7%。不可否认的是，这方面的文章中有相当一部分仍停留在对教育法律条款的解释上，很少就实际运作进行探讨。在涉及此主题的论文中，两个方面的特点或者突破口值得关注，即案例研究的逐渐兴起和倡导扩大了司法介入的范围。然而，总体来看，中国教育法学研究中存在着诸多问题，如"研究'文本中的教育法'重于研究'行动中的教育法'"，而在研究方法上，"未能引用和吸收当代西方法哲学、社会法学、分析法学、新自然法学、综合法学已有的研究成果和方法论，使得研究方法与手段不能满足于研究目的的需要"。因此，教育法学研究应该关注文本之法向行动之法的转化问题，要把依法治教、教育法治作为指导学科研究的价值导向。当然，实现教育法治至少要具备三个因素：①存在良好而完备的法；②现存的法得到普遍的遵守；③具备使法得到普遍遵守的体现着分工、形式制约的权力机构。这就要求教育法学的研究要探讨以下问题：如何倡导教育法治、改善教育法律"软法"的缺陷；如何提高教育法律关系主体尤其是行政机关及其官员、学校领导者的法律意识；如何运用法律武器保护办学主体、教育者、受教育者等的合法权益。教育法学研究成果丰硕，但存在诸多不足，学科的发展和对实践的推动有待研究者的共同努力。

余雅风、劳凯声对改革开放 30 年来我国教育法学研究的发展历程进行了总结，归纳出教育法学研究的主要特点，审视了教育法学研究存在的主要问题，提出了今后教育法学研究的主要课题。[①]教育法学在我国是一个新兴的研究领域，它是随着 20 世纪 70 年代末以来我国教育法制建设而产生和发展起来的。我国的教育法学研究从无到有、从幼稚到逐步成熟，取得的进展是令人瞩目的，这一发展大致上可以分为教育法学研究的初始期（1979—1984 年）、教育法学研究的全面开展期（1985—1995 年）、教育法学研究的深入期（1996—2005 年）、教育法学研究的持续深入期（2006—2008 年）四个阶段。教育法学作为法学和教育学的一门共同的、具有极强应用性的分支学科，不仅在法学和教育学两个学科中都占有一席之地，而且具有越来越强的独立性。改革开放以来，中国教育法学的发展呈现出以下特点。

第一，注重运用教育法学理论分析教育体制改革过程中出现的热点问题。教育领域发生了一系列引发社会关注的重大事件，如齐××被冒名顶替上学案、田

---

① 余雅风，劳凯声. 改革开放 30 年中国教育法学研究的回顾与展望. 教育研究，2009，(2)：13-20.

×诉北京某大学拒绝颁发毕业证及学位证行政诉讼案、刘××诉北京其大学拒绝颁发学位证行政诉讼案、残疾中学生状告报考学校侵犯其受教育权案、学校开除学生引发的纠纷、学校安装监视器引发学生状告学校侵犯隐私权案、幼童闷死于校车事件、体罚引发的校园巨额赔偿案等。我国学者对此予以极大的关注,撰写了相关的论文进行教育法理评析,还有学者从教育法的角度专门研究教育体制改革中出现的有关高考制度、民办学校与民办教育、学校事故的预防与控制、教育乱收费、转制学校、教师聘任制与教师聘任合同、教师惩戒权等方面的问题,研究具有鲜明的时代特征,这种理论与实践的紧密结合,为政府决策提供了极为重要的法律依据,我国教育法学研究者抓住改革开放与教育法制建设中亟待解决的重要问题进行专门研究,为解答现实中的困惑提供了理论支持,同时也为国家政策与法律的制定提供了积极的咨询服务。

第二,形成了相对独立的教育法学学科,教育法学与教育立法相互协调发展。从国外教育法学的发展看,最初的教育法学研究者并没有鲜明的学科意识。第二次世界大战后,由于教育事业的大规模发展带来的教育管理活动的复杂与多样化,专门研究教育法的教育法学才出现并渐成体系。我国在 1980 年以前没有一部有关教育的法律是由最高权力机关制定或通过的,因而还没有真正意义上的教育法,仅有关于教育的行政规范性文件。如何保证教育立法工作有明确而可行的总体目标或远景规划,正是目前教育法学研究的首要热点问题,也是教育法学得以建立和发展的强大原始推力之一。我国学者从一开始就突破教育立法在我国极度贫乏这一局限,指出教育活动中形成的教育关系有着自身的特殊性和相对独立性,其突出表现在教育者与受教育者之间的关系上,这种关系是其他法律不可能有效地加以协调的,因此,明确提出教育法应是一部相对独立、比较完整的部门法。与此相适应,教育法学不仅有自己独立的研究对象、范围,有独立的学科体系、概念、原则体系及方法体系,而且教育法学因其特有的学科地位在国家教育领域发挥着规范性描述、检测、评价、预测的作用,在高等教育学科门类专业中也占有一席之地。基于教育法作为一个独立部门法的认识,教育法基本结构的研究自然而然首先成为教育立法研究的热点,而对教育法的研究促成了教育法学研究的日益丰富、深入,同时促进了教育法律体系走向健全。

当然,改革开放以来的教育法学研究也存在一些问题:①作为实践性的学科,教育法学仅回应和解决教育法律实践中出现的问题是不够的。②作为法学的一个分支学科,教育法学对整个法学研究领域做出超越学科的贡献是欠缺的。③作为有关教育法研究的科学,教育法学在学术研究的视角和方法上还存在很大的问题。

④作为一门学科，教育法学还没有真正建立起属于自己的相对完整的结构体系。基于此，我国教育法学研究的主要课题包括保证教育政策决策的合法化、在教育权力的分配上保持集中和分散的合理张力、保证学校及其他教育机构的自主办学权、对教育管理实行程序性控制、对课程的控制、对教师职业进行规范、对教育财政的法律控制等。

王燕华、闵令香对 1999—2008 年我国教育法学研究关注的问题、主要研究内容、研究者身份背景等进行了梳理，同时对教育法学学科建设等方面的现状与问题进行了评析。①其研究表明：①我国教育法学研究正逐步走向成熟发展阶段，1999—2008 年该领域的研究论文比其前两个十年明显增多，具有突破性上升发展趋势。尽管学界和社会对此类研究越来越关注和重视，但研究多停留在对已颁布法规的介绍、分析和解读上，整体研究的学术氛围和理论性尚待提升。②针对我国目前已颁布实施的教育法规，如《中华人民共和国义务教育法》（简称《义务教育法》）、《高等教育法》的研究相对集中，内容逐步渗透到立法、公民权利、政府责任、制度安排等领域。③借鉴国外教育法学研究经验成为一大亮点，但从学术角度对国外教育法学理论和实践的译述与阐释较少，研究比较注重国外教育法制建设中的事件描述、国外教育法颁布给我国带来的启示，以及国内外教育法制现实的比较分析。④有关教育立法方面的研究呈明显上升趋势。一方面，注重对已颁布法规的价值、意义、颁布、实施情况的探讨；另一方面，针对我国目前法制建设的现状和问题，研究者呼吁出台各类新的教育法规。⑤教育法学学科理论体系有待进一步完善，作为学科建设的教育法学知识体系和学术制度体系都有待进一步规范和完善。⑥教育法学研究人员主要是专业领域的学者、高校管理者和政府官员，其中，专业研究人员，即来自教育、法学等专业和师范类院校的教授、博士研究生和硕士研究生等比例最大。各级教育主管部门的领导也成为推动教育法学研究的重要力量。总之，教育法学作为教育学与法学的交叉学科有其内在的复杂性，目前在理论研究和实践探索方面都还存在一些概念模糊和引起争议的情况。虽然有相当一部分研究者是专业研究人士，但研究人员类型和分布相对不集中，影响了研究的专业性和学术性。另外，针对该学科研究方法的研究也比较薄弱，不能从法哲学、社会法学、分析法学、新自然法学等研究方法中吸取有益成分。注重对规范文本即教育法律规范或法律条文的诠释与说明，但存在重"文本中的教育法学"研究，轻"行动中的教育法学"研究的倾向，即

---

① 王燕华，闵令香. 近十年中国教育法学研究评析. 黑龙江高教研究，2009，（10）：14-17.

重视对现存教育法规内容及法律现象表面和静态的考察，较少从历史发展的动态层面及社会环境多方面的制约因素进行深层分析和挖掘，因此，研究多半只是停留在对纯粹规范体系的孤立分析上。此外，对于作为交叉学科的教育法学的研究，必须结合教育学和法学两种知识体系进行，因为教育是一个特殊的领域，不是全部的教育活动都可以由教育法律来调整与平衡。而真正具有教育和法律双重视野的教育法学研究目前还为数不多，中国教育法学研究之路任重而道远。

周彬对法学研究中的自然法研究、比较法研究与案例法研究做了介绍与评析，力图在教育法学研究路径的选择上来建构以案例法研究为主导、辅以自然法研究与比较法研究的教育法学研究体系。①其研究表明，反思 1998—2008 年教育法学研究的历史，可以捕捉到这一阶段教育法学研究的以下特征，它们既是值得深刻反思的地方，又是未来教育法学研究的出发点与难点所在：重教育法律法规内容的解释，轻教育法律系统的反思与检讨；重逻辑推导，轻案例分析与实践研究；重国际比较分析，轻本国教育法律的生成性研究。教育法学是法学研究的一个新兴领域，遵循法学研究的基本模式与关注自身研究的路径选择，是教育法学走向规范与成熟的必经之路。

首先，自然法学是教育法学研究的理论起点。采用自然法学的研究路径，就要求我们必须超越当前实施与执行的教育法律法规（教育实在法），透过教育法律法规文本去审视它们所赖以存在的价值基础，从而对当下的教育法律法规本身进行理性的批判，为以后的教育立法奠定理论基础。对于教育法学来说，如果采用自然法学的研究路径，就要求我们洞悉教育法学所依据的价值基础，而教育法学的价值基础又主要体现在教育法的正义性与平等性上。教育法学在自然法学路径上的研究与分析，是从对教育立法与教育法律进行批判的角度来审视教育法律主体间法律关系的伦理与价值基础的，分析的目的是解决教育法律关系的正当性与可行性问题。

其次，比较法学是教育法学研究的一个路径。比较法是一种法律研究的方法，简单来说，就是对不同国家与地区法律的比较研究，如英国法与中国法的比较、中国法与美国法的比较等。比较法学的价值主要体现在以下三个方面：①比较立法是国家立法的参照物与科学保障；②比较司法是执行国家法律的策略保障；③比较法学可以协调与减少不同国家与地区间的法律冲突。同时，根据功能与形式的不同，比较法学有不同的分类：第一种是宏观比较与微观比较，宏观比较是指对国家法律体制进行比较，微观比较是指对具体法律问题的比较，学者往往把教

---

① 周彬. 论教育法学研究的困境与出路. 国家教育行政学院学报，2008，(9)：43-48.

育法的国际比较简化为微观比较，缺少对各国教育法律体制与教育法律背景的宏观比较。第二种是功能比较与概念比较，功能比较是指对解决同样问题与起到同样功能的法律进行比较，如对各国法律如何解决义务教育问题的方法与途径进行比较、对各国法律如何解决教育公平问题的方法与途径进行比较；概念比较又称作知识比较，是指对法律的规则、概念与形式的比较，如对各国教育法运用的基本概念与立法原则进行比较。那么，如何进行比较法学的研究呢？意大利法学家卡佩拉蒂将比较法学的研究过程分为六个步骤：①对两个或者两个以上国家的法律面临的共同问题进行比较，找到共同问题是比较法学的起点。例如，我们要比较各国的教育法，就不能简单地把各国的教育法律文本拿来比较，而是首先要确定为什么要比较，也就是我国与他国面临着什么共同法律问题需要解决。②寻找到各自不同的法律解决办法。例如，在解决义务教育问题上，这些国家采用的是法律手段、政治手段、经济手段还是教育方法。如果是法律手段，采取的是民事的、刑事的还是行政的方法。如果是民事的，采取的是免费的方法还是成本分担的方法。③为同一问题采取不同解决方法寻找理由，如实行免费义务教育是由于国民重视还是由于国家经济基础雄厚。④对不同国家采用的方法与手段，以及采用这些方法与手段的理由进行比较，尤其是就本国的情况与他国进行两两直接对比。⑤对各国解决共同法律问题的方法及方法选择的依据进行比较评价，力求在对各国法律客观比较的基础上，找到比较好的共同面临的法律问题的解决方法。⑥对本国的立法与法律修订进行预测或提出意见，并对本国法学理论研究提供素材与建议。

最后，案例法学是教育法学研究的根基。案例研究相对于其他研究路径，具有两大特有的功能：一是案例法学的研究成果由于来自实践而更易于指导与阐释实践；二是案例已被人们所认可，案例法学研究成果更易被人们所接受，从案例法学中诞生研究成果，尊重了人民的意见，也与人民对法律的心理预期相一致。与我国教育法学研究相比，案例研究远没有受到应有的重视，在当前教育法学研究中，案例的功能还停留在第一个阶段，甚至连第一个阶段的功能都没有得到充分的发挥。我国教育法学研究起步较晚，教育司法实践起步更晚而且发展更不成熟，导致成熟的教育法案例十分稀缺。正是由于成熟教育法案例的缺位，当前教育法学研究更多地停留在教育法学原则与学说的先验论证上，停留在对现有法律法规内容的解释上，无法结合当下教育法律实践对现有的教育法律内容进行反思与批判，无法将先验的法学原理与抽象的法律法规内容及复杂而又具体的教育实践相联系。总之，案例研究的重点不在于解释案例，而在于超越案例所提供的事实，总结出案例事实背后的法学原则与应用价值。

黄欣对21世纪以来我国教育法学研究关注的主要课题进行了梳理，探究了我国教育法学研究面临的困境和挑战，展望了教育法学研究的未来走向。[①]在我国教育法学研究关注的主要课题方面，主要包括教育法学的基本理论问题、受教育权中的法学问题、教育管理中的法学问题、各级各类教育的立法问题、各级各类教育的行政执法问题、教育领域的司法救济研究等。在我国教育法学研究面临的困境和挑战方面，主要存在教育法学科体系尚未形成、教育法的本土生成性研究不足、教育法实践研究的操作性不强等问题。在对我国教育法学研究的未来展望方面，研究提出：①重视教育法学的基础理论的研究十分重要。我国的教育法学仍处于学科完善时期，因此，对于未来教育法学的研究目的和价值基础、教育法律关系的完整解释、教育法学的基本逻辑起点及教育法学的基本研究方法等一系列教育法学的元理论问题都应给予系统而明确的解答。②在研究的价值取向上，应当更加注重并加强对公民应该具有的教育权利与义务的实际研究和分析。当前，教育法学的研究大多趋向于对教育法法理层面的探讨，毋庸置疑，在教育法学的研究过程中应当持有理性的价值取向，但是中国的教育立法研究并不完善，实践并不丰富，教育法律法规也不健全，这就使普及公民的教育法律意识显得尤为重要。换言之，知法、懂法及对教育法规的正确认识和强烈意识应是当前教育法学研究不可或缺的重要因素与使命。因此，在今后的教育法学研究中，应当努力通过"教育价值的法律化"和"教育法律的价值化"去实现教育法学的理论研究与实践探索、实现动态研究与动静结合研究的有机统一和整合。③应进一步加强对实践层面需求的关注，更加注重解决教育实践过程中产生的具体问题。当前，我国社会正处在变革的转型时期，政治、经济、文化等各种因素对教育领域的渗透不断加强，而教育主体的多元化又使教育的法律关系错综复杂。一旦来自社会的现实矛盾与教育领域内部的固有矛盾交织起来，就会使教育主体之间纠纷丛生。因此，对政府、社会与学校之间的关系，以及学校、教师与学生之间的关系加以规范与调整，并使其处于有序而良性发展的状态，是非常重要的。除此以外，通过什么手段和方式进行调整？在依法治教、依法治校，推进教育法制建设的过程中，法律应有的功能和作用是什么？教育相关主体的权利应如何在教育实际生活中真正得到切实保障？若有侵权的行为，侵权者应承担怎样的法律责任？违法者应受到怎样的法律制裁？受害者如何获得真正的法律救济？这些关乎教育公平及

[①] 黄欣. 我国教育法学的研究现状和未来展望. 教育发展研究，2012，(19)：70-75.

社会公正的问题一再引起人们的极大关注。但就现状而言，仅提出设想无助于问题的解决，教育法学研究者需要通过研究与探索，帮助社会形成规范和正义，而这一过程也将推动中国教育法学学科的发展。

在依法治国的大背景下，依法治教与依法治校成为教育治理的常态和基本方式，教育法治何以可能、教育法治走向何处等都需要进行深入探讨和研究，尤其是以教育法为基本研究对象的教育法学更是责任重大、使命空前。但从总体来讲，我国教育法学研究还缺乏系统的定量分析，单纯的文字性描述容易受研究者个人主观经验的影响，会产生不当的归类和总结，难以挖掘出我国教育法学发展过程中研究主题间的动态变化关系，不能有效地对我国教育法学发展的新动向进行客观描述。

在数字化时代背景下，凭借数据挖掘和信息可视化技术，对已有海量信息进行客观、高效和科学的整理，进而产生新知识的科学计量学逐渐发展并且成熟起来。[①]1989 年，乔治·罗伯逊（George G. Robertson）等提出了信息可视化概念。信息可视化主要指通过使用计算机，将抽象数据信息转化为可视化信息，增强人们快速识别抽象信息的认知过程。[②]信息可视化技术可以自动生成可视化内容地图，这些地图不仅可以抽取有效信息，定义信息模型、信息种类和作者、概念及其他信息实体之间的关系，而且支持多种多样的交互功能，用于帮助用户探索概念关系和隐含的信息。[③]也就是说，内容信息可视化可以显示出专业领域中出现的学科交叉的复杂现象，从而获得详尽的前沿科学信息分析结果，不仅有助于科学家在最短时间里了解和预测前沿科技研究动态，而且有助于在复杂的科研信息中开辟新的未知领域，提供快速判断独立科学的客观依据。[④]知识图谱作为文献内容可视化的科学计量方法之一，近年越来越受到研究者的重视和青睐。2003 年，美国国家科学院组织的 Mapping Knowledge Domains 讨论会，标志着世界科学计量学中知识图谱和可视化研究的春天已经到来。知识图谱已成为科学共同体结构与发展实证研究的主流方法，被广泛用于学科领域的可视化研究。与传统的定性分析相比，基于文献计量的科学知识图谱分析法可以通过定量数据更加直观而形象地反映某学科或领域的研究热点及研究趋势。显然，在大数据时代的背景下，

① 郭文斌，方俊明，陈秋珠. 基于关键词共词分析的我国自闭症热点研究. 西北师范大学学报（社会科学版），2012，（1）：128-132.

② Bederson B B, Shneiderman B. The craft of information visualization: readings and reflections. San Francisco: Morgan Kaufmann, 2003：78.

③ 林夏. 信息可视化与内容描述. 现代图书情报技术，2004，（10）：3-13.

④ 郭文斌. 知识图谱理论在教育与心理研究中的应用. 杭州：浙江大学出版社，2015：4-6.

借助于科学化研究手段与工具，从海量文献信息中把握教育法学基本问题的研究热点、动态发展及未来拓展领域，既是教育法学研究走向成熟的需要，又是创新教育法学研究方法论的必然。本书试图在共词分析的基础上，利用知识图谱分析方法，对我国教育法学基本问题的研究热点进行可视化研究，从而挖掘教育法学基本问题研究热点间的深层次关系，并展望未来教育法学基本问题研究的拓展领域和研究空间。

二、基于 BICOMB 共词分析软件与 SPSS 统计软件的知识图谱的操作步骤

"知识图谱"也被称为科学知识图谱、知识域可视化或知识域映射地图，是以科学知识为对象，通过空间表征法，综合运用科学计量学、信息可视化技术、应用数学、图形学等学科的理论与方法，来揭示科学文献和引文路径复杂交织所反映出的科学交流及发展趋势，即可视化地描述人类随着时间的推移拥有的知识资源及其载体，绘制、挖掘、显示和分析科学技术知识及它们之间的相互联系，在组织内创造知识共享的环境以促进科学技术知识的合作和深入。[①]知识图谱以科学为基础，涉及应用数学、信息科学及计算机科学诸学科交叉的领域，是科学计量学和信息计量学新的发展成果。知识图谱能够用直观图像展现出前沿领域和学科知识的信息汇聚点，从宏观、中观、微观等不同层面来揭示一个领域或学科的发展概貌，使人们便于全面审视一个学科的结构和研究热点、重点等信息，生成新的知识。[②]知识图谱的基本原理是对科学文献、科学家、关键词等分析单位的相似性进行分析及测度。根据不同的方法和技术可以绘制不同类型的科学知识图谱。首先，通过计算机和互联网搜索引擎强大的自动查询功能，在极短的时间里完成对海量信息的初步查询；其次，通过计算机对已查询到的海量零散信息进行文献计量统计分析，这样不仅可以通过量化模型将其以科学的、可视化的形式直观地呈现出来，还可以发现它们之间的深层次关系和趋势，为今后该领域的研究提供更有力的客观数据和科学支持。[③]在教育法学领域使用知识图谱的目的在于：将教育法学领域的知识和引人瞩目的信息以可视化的图像直观地展现出来，挖掘、分析和显示教育法学领域的知识及其联系，判定教育法

---

① 刘则渊，陈悦，侯海燕. 科学知识图谱：方法与应用. 北京：人民出版社，2010：5.

② 郭文斌，陈秋珠. 特殊教育研究热点知识图谱. 华东师范大学学报(教育科学版)，2012，(3)：49-54.

③ 任红娟，张志强. 基于文献计量的科学知识图谱发展研究. 情报杂志，2009，(12)：86-90.

学领域的研究前沿及历史演进路径，为后续科研选题和研究走向提供合理性的意见和建议。

（一）BICOMB 共词分析软件与关键词共词分析法

BICOMB 是书目共现分析系统（Bibliographi Item Co-occurrence Matrix Builder）的英文缩写，该系统受到我国卫生政策支持项目（HPSP）的资助，由中国医科大学医学信息学系崔雷教授和沈阳市弘盛计算机技术有限公司协作研发。它用于处理从书目数据库（如 PubMed、SCI、CNKI、万方等）下载下来的文献记录，具体功能包括：①抽取其中特定的字段，如作者、期刊名、标题、发表年代、引文等；②统计相应字段的出现频次；③按照一定的阈值截取高频条目后，形成共现矩阵和条目-来源文献矩阵（如高频词-论文矩阵）；④输出高频条目和矩阵（TXT文档），所形成的矩阵可以用于进一步的聚类分析和网络分析。

在运用 BICOMB 共词分析软件绘制可视化的知识图谱过程中，最常用的方法是关键词共词分析法。通常来讲，词频分析法主要通过分析某一研究领域相关文献中的词出现的频次高低，可以确定该领域发展动向和研究热点发展动向。[①]词频分析法属于定性分析方法，但它与传统文献定性分析的最大不同之处在于，较好地摒弃了研究者的个人喜好，通过对文献中关键词、主题词及篇名的词频进行准确、客观的分析，有助于得出深入并且具有共识性的结论。采用词频分析法，可以较好地直观展示出教育法学研究领域的新的发展及变化，词频分析中运用最广泛的当属共词分析。

共词分析是一种新的文献计量学方法，属于内容分析方法的一种。其主要原理是针对一组词两两统计它们在同一篇文献中出现的次数，以此为基础对这些词进行聚类分析，从而反映出这些词之间的亲疏关系，进而分析这些词所代表的学科或主题的结构与变化。[②]共词分析法可分别以文献的主题词和关键词进行共词分析，但一般主张采用关键词进行共词分析来得出结论，主要原因有：①关键词是论文中起关键作用的、最能说明问题的、代表论文内容特征的或最有意义的词。[③]②关键词不仅能准确地反映论文的主题，而且其本身具有独立的检索功能。③一篇文献的关键词是文章核心内容的浓缩和提炼，因此，如果某一关键词在其所在领域的文献中反复出现，则可反映出该关键词所表征的研究主题是该领域的研究热

---

① 马费成，张勤. 国内外知识管理研究热点——基于词频的统计分析. 情报学报，2006，（2）：163-171.

② 崔雷. 专题文献高频主题词的共词聚类分析. 情报理论与实践，1996，（4）：49-51.

③ 马妍春，黄可心. 科技论文摘要、关键词及参考文献的规范化. 情报科学，1999，（6）：625-627.

点。①④通过对高频关键词共现关系进行分析，可以进一步明晰若干热点研究领域。②关键词共词分析主要是通过共词分析软件，对符合条件的查询到的海量信息的关键词在同一篇文章中出现的频次进行统计分析（共词分析），生成共被引矩阵。在此基础上，利用统计软件，进行聚类分析、多维尺度分析等高级统计处理，绘制出二维或三维的可视化图，客观系统地展示出所关注资料的直观量化信息。③

（二）关键词共词分析方法的具体操作过程②

1. 准备研究工具

下载并安装 BICOMB 共词分析软件和 SPSS（Statistical Product and Service Solutions）统计软件作为主要研究工具。BICOMB 下载获取地址为崔雷教授科学网的博客网址：https://blog.sciencenet.cn/home.php?mod=space&uid=82196。

2. BICOMB 基本操作步骤即准备研究资料

1）进入网络搜索引擎，根据研究目的限定文献来源，进行文献检索。根据研究需要对文献进行取舍和保留。

2）对选取的文献按照统一格式进行保存。

3）对保存的文献进行标准化处理。

4）将保留文献的格式转化为 BICOMB 共词分析软件能够识别的 ANSI 编码，供后续量化统计分析使用。值得注意的是，如果不将文本格式编码转为 ANSI 编码，BICOMB 共词分析软件将无法识别有效信息。因此，在格式转化的基础上，才能进行关键词统计等后续研究工作。

3. 研究进程

1）在 BICOMB 共词分析软件中建立一个新项目，自行编制项目编号，新项目格式类型选择"CNKI.中文.<TXT>"。

2）选择有效文献，从本地文件夹添加到"选择目录"中，进行提取操作。

3）进行关键词的统计，并基于研究需要，抽取高频关键词。

4）建立高频关键词的共词矩阵。

5）进行聚类分析，将关键词共词矩阵导入 SPSS 统计软件中，采用系统聚类

---

① 杨国立，李品，刘竞. 科学知识图谱——科学计量学的新领域. 科普研究，2010，(4)：28-34.
② 王凡. 科学知识图谱视域中的《图书馆理论与实践》. 图书馆理论与实践，2011，(8)：23-26.
③ 郭文斌. 关键词共词分析法：高等教育研究的新方法. 高教探索，2015，(9)：15-26.

分析方法，得到关键词的聚类树图。

6）对共词矩阵进行多维尺度分析。

7）结合第五步和第六步的分析结果，绘制出教育法学基本问题研究热点的知识图谱并对其进行解释和分析。

4. 进行量化统计分析

1）使用 BICOMB 软件进行关键词统计并确定提取、导出高频关键词词篇矩阵。有关 BICOMB 软件进行关键词统计的详细操作过程，请阅读相关操作手册。[①]事实上，对一个学术研究领域较长时域内的大量学术研究成果的关键词集合进行关键词词频统计分析并提取高频关键词频次，可以揭示研究成果的总体内容特征、研究内容之间的内在联系、学术研究发展的脉络与发展方向等。[②]在统计文献时，关键词出现的频次越高，则表示与该关键词有关的研究成果越多，研究内容的集中性就越强。一个研究领域的少量高频次的关键词，拥有该学科明显大的信息密度与知识密度，成为信息与知识需求者检索文献的重点，它们被称为核心关键词。[③]词频分析法是利用能够揭示或表达文献核心内容的关键词或主题词在某一研究领域文献中出现的频次高低，来确定该领域研究热点和发展动向的文献计量方法。[④]当然，要深入挖掘各高频关键词的词频之间的关系及它们背后隐藏的有效信息，还需要进一步采用关键词共现技术来进行深入的计量学研究。

同时，需要注意的是，在提取关键词时，一定要进行关键词的规范化处理：①将关键词标准化。因为数据源文献采集到的关键词来源多样，关键词的标识可能存在差异，所以在进行高频关键词提取前，要对词义接近或者相同的关键词进行合并，随后再进行关键词词频统计。如若不然，就会影响到关键词的排序，致使结果发生偏差。②将无意义的关键词删除。有的词汇虽然以关键词呈现，但是它们并非实质性的关键词，需要研究者对此类词汇进行甄别并予以删除。

当然，在提取高频关键词时，涉及高频关键词中"高频"的确定问题。关于高频关键词的定义尚无统一标准，研究者一般会根据自身需要灵活设定。此选择标准与科学严谨性有所背离，因此受到一些研究者的批评和指责。那么，高频关键词的次数确定为多少才适合呢？目前，解决此类问题的方法有三种：①根据普

① 崔雷. BICOMB 使用说明书. https://wenku.baidu.com/view/f07835e855270722182ef778.html[2017-6-20]. 2016-11-04.

② 李文兰，杨祖国. 中国情报学期刊论文关键词词频分析. 情报科学，2005，（1）：68-70.

③ 安秀芬，黄晓鹏，张霞，等. 期刊工作文献计量学学术论文的关键词分析. 中国科技期刊研究，2002，（6）：505-506.

④ 马费城，张勤. 国内外知识管理研究热点——基于词频的统计分析. 情报学报，2006，（2）：163-170.

赖斯计算公式 $M=0.749\sqrt{N_{\max}}$ 来确定关键词的阈值。公式中 M 为高频阈值，$N_{\max}$ 表示区间学术论文被引频次最高值。① 比如，查找到文献的最高作者被引频次（$N_{\max}$）为 45，确定的高频关键词数 $M=0.749\sqrt{45}=5.024$，将高频关键词的最低频次确定为 5。选取频次大于或者等于 5 的关键词作为高频关键词。②截取累积总频次 40% 左右的关键词作为高频关键词。②③依据心理测量 27% 的设置标准，选取全部关键词数量的前 27% 的关键词作为高频关键词。此三种选取方法到底哪种更科学，是否存在其他更有效的处理方法，尚待以后进行更深入的研究。

2）采用 SPSS 统计软件对高频关键词生成 Ochiai 系数相似矩阵与相异矩阵，并对其进行聚类分析。①生成高频关键词词篇矩阵。对各个高频关键词是否在其他论文中成对出现（出现为 1，否则为 0），利用 BICOMB 软件生成高频关键词词篇矩阵。词篇矩阵考察各高频关键词间的亲疏关系，表示的是两目标之间的相似程度，即两者数字越大表明两者关系越近，越小表明两者关系越远。③②生成高频关键词相似系数矩阵。以关键词词篇矩阵为基础，在 SPSS 软件中进行相关分析，数据类型选择 binary 二元变量，相似系数选择 Ochiai 系数，构造出高频关键词相似系数矩阵。④相似矩阵中的数字表明了数据间的相似性，数字的大小表明了相应的两个关键词之间的距离远近，其数值越接近 1，表明关键词之间的距离越近、相似度越大；反之，数值越接近 0，则表明关键词之间的距离越远、相似度越小。③生成高频关键词相异系数矩阵。为了消除由于关键词共现次数差异所带来的影响，根据相似系数矩阵，采用相异系数矩阵=1–相似系数矩阵，产生相异系数矩阵。相异系数矩阵中的数字表明了数据间的相异性，其含义与相似系数矩阵意义相反，数值越接近 1，表明关键词之间的距离越大。④进行高频关键词聚类分析。聚类分析是选定一些分类标准，将不同的观察体加以分类，同一类（集群）之内观察体彼此的相似度越高越好，而不同类之间观察体彼此的相异度越高越好。⑤高频关键词聚类分析是通过对已经发表文献的高频关键词组的相似性与相异性进行分析，来发现它们之间的远近关系，挖掘隐藏在它们背后的研究者所关心的知识信息。在进行关键词聚类分析时，先以最有影响的关键词（种子关键

① 钟文娟. 基于普赖斯定律与综合指数法的核心作者测评——以《图书馆建设》为例. 科技管理研究，2012，（2）：57-60.

② 张勤，马费成. 国外知识管理研究范式. 管理科学学报，2007，（6）：65-74.

③ 邱均平，马瑞敏，李晔君. 关于共被引分析方法的再认识和再思考. 情报学报，2008，（1）：69-74.

④ 迟景明，吴琳. 近十年我国高等教育学学科研究热点和趋势——基于研究生学位论文的共词聚类分析. 中国高教研究，2011，（9）：20-24.

⑤ 陈正昌，程炳林，陈新丰，等. 多变量分析方法：统计软件应用. 北京：中国税务出版社，2005：241-299.

词）生成聚类；然后由聚类中的种子关键词及相邻的关键词再组成一个新的聚类。关键词越相似，它们的距离越近，反之，则越远。

3）进行高频关键词的多维尺度分析。多维尺度分析（multidimensional scaling analysis，MDS）是一种可以帮助研究者找出隐藏在观察资料内的深层结构的统计方法，其目的是发掘一组资料背后的隐藏结构，希望用主要元素所构成的构面图来表达出资料所隐藏的内涵，尤其是在观察资料体很多时，利用多维尺度法更能适切地找出资料的代表方式。采用多维尺度分析时，要汇报其压力系数（stress）和模型距离解释百分比（RSQ），它们分别为多维尺度分析中的信度和效度估计值。其中，stress 是拟合度量值，用于维度数的选择，stress 越小，表明分析结果与观察数据拟合越好，模型的拟合度越高。克鲁斯卡尔给出了一种根据经验来评价 stress 优劣的尺度：stress≥20%，近似程度为差（bad）；stress≤10%，近似程度为满意（fair）；stress≤5%，近似程度为好（good）；stress≤2.5%，近似程度为很好（excellent）；理想的状况为 stress=0，称为完全匹配（prefect）。[1]RSQ 表示变异数能被其相对应的距离解释的比例，也就是回归分析中回归分析变异量所占的比率，RSQ 值越大，即越接近 1，代表所得到的各点间的距离与实际输入距离越吻合。一般认为，RSQ 在 0.60 以上是可接受的。[2]

多维尺度绘制出的坐标称为战略坐标，它以向心度和密度为参数绘制成二维坐标，可以总体上表现一个领域或亚领域的结构。[3]在战略坐标中，各个小圆圈代表各个高频关键词所处的位置，图中圆圈间距离越近，表明它们之间的关系越紧密；反之，则关系越疏远。影响力最大的关键词所表示的圆圈距离战略坐标的中心点最近。坐标横轴为向心度（centrality），表示领域间相互影响的强度；纵轴为密度（density），表示某一领域内部联系的强度。[4]在战略坐标划分的四个象限中，一般而言，第一象限的主题领域内部联系紧密并处于研究网络的中心地位。第二象限的主题领域结构比较松散，这些领域的工作有进一步发展的空间，在整个研究网络中具有较大的潜在重要性。第三象限的主题领域内部联系紧密，题目明确，并且有研究机构在对其进行专业的研究，但是这些主题领域在整个研究网络中处于边缘地位。第四象限的主题领域在整体工作研究中处于边缘地位，重要

---

① 张文彤. SPSS 统计分析高级教程. 北京：高等教育出版社，2004：40-44.

② 靖新巧，赵守盈. 多维尺度的效度和结构信度评述. 学术前沿，2008，（1）：40-44.

③ Law J, Bauin S, Courtial J, et al. Policy and the mapping of scientific change: A co-word analysis of research into environmental acidification. Scientometrics, 1988, (14): 251-264.

④ 冯璐，冷伏海. 共词分析方法理论进展. 中国图书馆学报，2006，（2）：88-92.

性较小。[①]

4）对上述量化结果进行定量和定性结合的分析，得出相应的结论和建议。概括而言，关键词共词分析法的一般过程包括：明确研究的问题、选定并标准化研究材料、选定高频关键词、提取共现矩阵、进行高级统计处理（相同矩阵、相异矩阵的转化、聚类分析、多维尺度分析）。

三、教育法律基本问题的研究内容

教育法是由国家制定的用来规范和调整教育活动的行为规则，建立、健全和完善中国特色的教育法律体系是教育法学研究的基本使命，我们不仅要依靠国家的教育立法来促进中国特色教育法律体系的完善，更重要的是，要通过教育法律的研究来推动中国特色的教育法律体系的科学化、民主化。教育法律基本问题研究以教育法为起点，以保障教育权与受教育权为行动逻辑，深入探究教育立法、教育执法、教育司法、教育法救济等法律实务的各个方面，在此基础上，对各级各类教育活动法进行全面分析，最终回归到依法治校中学校、教师、学生等教育法律主体的法律地位及其权利与义务。具体来讲，教育法律基本问题的研究内容主要包括以下几个方面。

（一）教育法学的研究热点分析

教育法学作为一门新兴交叉学科，是以教育法为研究对象。改革开放以来，我国教育法学研究在成果的数量、应用性、理论体系的建构等方面取得了不小的成绩。本书通过对教育法学的研究热点进行知识图谱和共词可视化分析，以期展示教育法学的研究热点和拓展领域。

（二）教育权与受教育权研究热点分析

教育权与受教育权是教育法律研究的基本问题，从权利的视角来说，一部中国教育发展的历史，就是一部不断争取教育权与受教育权的历史。教育权是教育法律研究的核心内容之一，是教育法律赋予一定的主体有权承担教育的资格。对教育权问题进行研究，可以促进人们对教育法律问题的深入思考，有助于正确地认识和评价教育法律实践中产生的问题。通常来讲，教育权是指为实现公民学习

[①] 崔雷,郑华川. 关于从 MEDLINE 数据库中进行知识抽取和挖掘的研究进展. 情报学报,2003,(4):425-433.

权利和接受教育的义务而使各教育关系主体享有的各项权利（职权）的总和。教育权一般包括国家教育权、社会教育权和家庭教育权三个部分。而受教育权是人最基本的权利之一，影响着人的生存与发展。自 1948 年《世界人权宣言》宣示"人人都有受教育的权利"开始，保障公民的受教育权逐渐发展成为各国一般法律所遵循的原则。处于权利时代的今天，受教育权已成为人类永恒的主题。自 20 世纪 50 年代以来，由于国际社会对基本人权和自由的普遍关注与尊重，大多数国家的法律都确认了公民受教育的基本权利，受教育权也随之成为法学和教育学领域研究的热点问题。

（三）教育法务研究热点分析

教育法务研究主要是指对教育法系统运行及对教育法条款解读和教育法案例分析的研究，包括教育立法论、教育执法论、教育法救济论、教育法案例论、各教育法条款解读、中国典型教育法案例分析、国外典型教育法案例分析等内容。

（四）教育活动法研究热点分析

教育是培养人的活动，国家教育系统涉及各级各类教育，国家对各级各类教育依据法律来规范和调整，在此基础上就会形成国家教育法体系。我国现行的教育法律主要是对各级各类教育活动的规范，如《义务教育法》、《高等教育法》、《职业教育法》、《中华人民共和国民办教育促进法》（简称《民办教育促进法》）等都是典型的教育活动规范。有教育法律，就会有对教育法律的研究；有教育活动法，就会有对某种教育活动法的研究。因此，从各级各类教育活动法的角度反思我国 30 多年来的教育法律研究，无论是对教育法律的完善还是对教育活动的实践指导，都具有重大意义。

（五）学校法律问题研究热点分析

从法学的视角来看，学校是法律调整的对象，是指经主管机关批准设立和登记注册的教育机构，是享有一定权利并承担一定义务的社会组织。时至今日，大多数发达国家已建立起完善的教育法律体系。国家运用立法手段管理、控制教育，标志着传统上一直将教育视为私人事务的观念已成为历史，教育子女已不完全是父母的权利与义务，国家对其公民也有教育的权利与义务。而学校作为专门的教育场所，在教育权的分化中也享有教育学生的基本权利与义务，并成为国家教育法调整的重要对象。

（六）教师法律问题研究热点分析

"教师是履行教育教学职责的专业人员，承担教书育人，培养社会主义事业建设者和接班人、提高民族素质的使命。"我国现行的《国家公务员暂行条例》《教师法》规定，教师不属于国家公务人员，教师是专业人员，这种身份定位既不同于传统意义上的自由职业者，又有别于国家公务员，是一种专业人员。根据国务院《教师资格条例》，这种专业人员必须具有国家规定的基本条件，也享有《教师法》所规定的权利与义务。在教师法律研究中，国家教师管理制度中的教师资格制度、教师职务制度、教师聘任制度也是教师法律研究中的热点与难点问题。

（七）学生法律问题研究热点分析

学生是教育法律关系中的重要主体。学生的受教育活动是学校教育教学的中心，没有学生，学校、教育机构、教师及相关的行政机关，其就失去了存在的价值。可以说，学生的法律地位问题及其所享有的权利与义务是教育法律领域的重要研究对象。法律意义上的学生，一般是指在各级各类学校及其他教育机构中登记注册并具有学业档案的受教育者。学生作为公民，享有国家宪法、民法、婚姻法等法律法规及有关教育法律法规中规定的权利，同时，也要相应承担公民的义务。但学生因其年龄、身份等方面的因素，又是社会关系中一个特殊的群体，所以相应地享有特殊的权利和应履行的义务。这些都构成了学生法律研究的重点内容。

总之，本书在梳理有关教育法律研究现状的基础上，探讨了教育法律研究的热点领域和未来展望，不仅阐明了教育法律研究取得的成就，而且展现了教育法律研究存在的问题，并据此提出了教育法律研究的拓展领域；以教育权与受教育权作为教育法律研究的基本问题，探究教育权与受教育权的本质内涵，为公民受教育权的保障与教育权的实现提供理论支撑；以各级各类教育活动为出发点，以教育法务为依托，以学校和教师与学生作为教育法律关系的主体，全面客观地展示教育法律基本问题研究热点所取得的成就及未来的拓展领域。

第一章
教育法学研究热点的共词可视化

从世界范围来看，教育法学兴起于西方国家。真正的教育法律理论研究始于 19 世纪末期。特别是 20 世纪 50 年代以来，由于教育法所涵盖的领域日益广泛，教育法律问题日益复杂，教育法在调整对象、原则、处理方式等方面的问题也就越来越突出。教育法的理论研究开始从原来的行政法学中分离出来，正在形成一个独立的研究领域，进入研究者的视野。"一门以教育法作为研究对象的学科——教育法学正在崛起。"[①]德国、美国、日本等国家的教育法学研究都取得了不俗的成就。我国教育法学的研究与我国教育法制进程密切相关。20 世纪 70 年代末至 80 年代初，随着国家法制化进程的加快，运用法律来规范教育发展成为公众和理论工作者一致的呼声，也成为政府行政行为的理性选择。随着我国教育法制化进程的发展，我国教育法学的研究也日渐兴起。对 30 多年来我国教育法学的研究热点进行可视化研究，不仅有利于系统总结 30 多年来教育法学研究取得的成就，挖掘教育法学研究热点间的深层次关系，而且有助于慎重思考和展望未来教育法学的拓展领域和研究空间。

研究资料来源于"中国学术期刊网络出版总库"，采用标准检索，将期刊年限设定为"1985—2015 年"，指定期刊类别为核心期刊、CSSCI 来源期刊，以"篇名"为检索条件，设定"教育法""教育"并含"法律"、"教育"并含"法规"等为检索内容，共获得相关文献 3648 篇。为了保证研究的可靠性与有效性，采取排除会议纪要、人物专访、报纸评论、刊物征稿要求、征订启事、刊物总目录信息等非研究型文献的方法，得到 1409 篇有效文章。除此之外，将有效文献中的关键词进行标准化处理，如将"受教育权""受教育权利"统一规范为"受教育权"等，从而形成研究资料。

---

① 劳凯声. 教育法论. 南京：江苏教育出版社. 1993：26.

第一节 教育法学研究热点高频关键词
与相异矩阵及聚类分析

一、教育法学高频关键词的词频统计与分析

关键词是体现文献研究内容和研究方法最为直观的形式，是从文献中总结提炼得到的。利用关键词的词频统计方法，可以将文献信息转化成可量化的数据资料进行分析。关键词出现频次的高低，可以充分说明该学科对其关注度的大小。高频关键词通常被用来确定研究领域的热点问题。

通过对我国教育法学研究文献中的关键词进行统计，共得到 3498 个关键词。依据齐普夫定律，结合我国学者孙清兰提出的高频词与低频词的临界值计算公式及各数量同频词的词频估算法，最终确定高频低频词阈值为 17，统一同义词后，得到 98 个高频关键词，其排序结果如表 1-1 所示。

表 1-1　98 个教育法学高频关键词排序

序号	关键词	频次	序号	关键词	频次	序号	关键词	频次
1	教育法	243	16	学生权利	50	31	高等教育	37
2	受教育权	220	17	法律意识	50	32	学校管理	37
3	高等学校	170	18	大学生	48	33	民办教育	36
4	教育法律关系	155	19	学校	47	34	法律对策	35
5	依法治教	117	20	法律保护	46	35	法制教育	34
6	教育法律责任	100	21	美国	45	36	教育事业	34
7	法律建构	94	22	教育法律规范	42	37	教育行政	33
8	教育权	81	23	立法	41	38	法律问题	33
9	依法治校	81	24	民办学校	40	39	教育法制	31
10	法律保障	81	25	教育法律性质	39	40	教育改革	31
11	职业教育法	77	26	学生	39	41	教育基本法	30
12	教育立法	57	27	办学自主权	38	42	学生管理	30
13	职业教育	57	28	法律救济	38	43	教育法价值	29
14	学校法律地位	54	29	公立高等学校	37	44	现代学校制度	29
15	法律	54	30	学术权力	37	45	平等	29

续表

序号	关键词	频次	序号	关键词	频次	序号	关键词	频次
46	正当程序	28	64	公共性	23	82	义务教育法	19
47	校园伤害事故	28	65	家庭教育权	23	83	发展纲要	18
48	校级校规	28	66	法治	23	84	法人	18
49	学校体育	28	67	自主办学	22	85	学籍管理	18
50	聘用合同	27	68	教育法律体系	22	86	教育管理	18
51	教师法	27	69	高校管理	22	87	行政复议	18
52	社会教育权	27	70	战略地位	22	88	教育行政法律关系	18
53	义务教育	26	71	日本	22	89	教职工代表大会	18
54	高校就业问题	26	72	公务法人	22	90	大学自治	18
55	教育行政权	25	73	司法救济	21	91	教育	18
56	思想道德教育	25	74	教师	21	92	可诉性	17
57	成人教育法	25	75	进城务工人员子女教育	21	93	教师聘任制	17
58	教育公平	25	76	申诉制度	21	94	学生伤害事故	17
59	高校招生自主权	24	77	人权	20	95	未成年学生	17
60	法律基础	24	78	弱势群体受教育权	20	96	权利	17
61	法律修订	23	79	学位授予	20	97	高等教育法	17
62	受教育权法律性质	23	80	举办者	19	98	特别权力关系	17
63	终身教育	23	81	法治国家	19	合计		3910

如表 1-1 所示，98 个高频关键词总呈现频次为 3910，占关键词出现总频次的 42.64%，通过前 98 位的关键词排序，我们可以初步地了解到 1985—2015 年我国教育法学研究领域的集中热点和趋势。其中，前 10 位关键词频次均大于 80，依次为教育法（243）、受教育权（220）、高等学校（170）、教育法律关系（155）、依法治教（117）、教育法律责任（100）、法律建构（94）、教育权（81）、依法治校（81）、法律保障（81），其余 88 个关键词出现频次均大于或等于 17。这一结果初步说明，教育法学研究多围绕受教育权与教育权、依法治教与依法治校、教育法律保障与法律建构、教育法律责任及教育法律关系等方面的主题展开。但是，仅对高频关键词的词频进行统计分析，还很难发现关键词之间的联系，这就需要我们通过关键词共现技术来挖掘高频关键词间隐藏的重要信息。

二、教育法学高频关键词的相异矩阵及分析

高频关键词的 Ochiai 系数相异分析的基本原理是，相异矩阵中的数字表明了数据间的相异性。其数值越接近 1，表明相应的两个关键词之间的距离越远、相似度越小；反之，数值越接近 0，则表明关键词之间的距离越近、相似度越大。利用 BICOMB 共词分析软件，对上述 98 个高频关键词进行共词分析，生成词篇矩阵后，再将矩阵导入 SPSS19.0 软件，选取 Ochiai 系数得到一个 98×98 的共词相似矩阵。在进行多维尺度分析时，采用"1–相似矩阵"方法将共词相似矩阵转化为相异矩阵，结果如表 1-2 所示。

表 1-2　教育法学高频关键词 Ochiai 系数相异矩阵（部分）

关键词	教育法	受教育权	高等学校	教育法律关系	依法治教	教育法律责任	法律建构	法律保障	教育权	依法治校
教育法	0.000	0.902	0.984	0.825	0.747	0.812	0.837	0.909	0.893	0.977
受教育权	0.902	0.000	0.974	0.965	0.943	0.942	0.963	0.839	0.869	1.000
高等学校	0.984	0.974	0.000	0.821	0.979	1.000	0.992	0.965	0.983	0.826
教育法律关系	0.825	0.965	0.821	0.000	0.841	0.882	0.888	0.914	0.904	0.971
依法治教	0.747	0.943	0.979	0.841	0.000	0.902	0.678	0.761	0.969	0.979
教育法律责任	0.812	0.942	1.000	0.882	0.902	0.000	0.897	0.929	0.941	1.000
法律建构	0.837	0.963	0.992	0.888	0.678	0.897	0.000	0.818	0.964	0.951
法律保障	0.909	0.839	0.965	0.914	0.761	0.929	0.818	0.000	0.975	1.000
教育权	0.893	0.869	0.983	0.904	0.969	0.941	0.964	0.975	0.000	0.987
依法治校	0.977	1.000	0.826	0.971	0.979	1.000	0.951	1.000	0.987	0.000

如表 1-2 所示，各关键词与教育法距离由远及近的顺序依次为：高等学校（0.984）、依法治校（0.977）、法律保障（0.909）、受教育权（0.902）、教育权（0.893）、法律建构（0.837）、教育法律关系（0.825）、教育法律责任（0.812）、依法治教（0.747）。这个结果说明，研究者在谈论教育法时，将"教育法"与"依法治教""教育法律责任""教育法律关系"结合起来论述的成果较多。同时，通过对表 1-2 中系数大小的进一步分析发现，"受教育权"与"教育权""法律保障"经常呈现在一起；"高等学校"与"教育法律关系""依法治校"较多地呈现在一起。这初步说明，关于教育法的研究成果中，学界对教育法与依法治教、受教育权与教育权及其法律保障、高等学校法律关系及其依法治校等问题的研究较多。

三、教育法学高频关键词聚类及其分析

聚类结果能够反映关键词之间的亲疏，可以进一步呈现教育法的研究热点。关键词聚类分析的原理是以它们成对在同一篇文章中出现的频率（共词）为分析对象，利用聚类的统计学方法，把关联密切的关键词聚集在一起形成类团。在进行关键词聚类分析时，先以影响力最大的关键词（种子关键词）生成聚类；然后由聚类中的种子关键词及相邻的关键词再组成一个新的聚类。关键词越相似，它们的距离越近；反之，则较远。

将表 1-2 的高频关键词相异系数矩阵导入 SPSS19.0 软件进行聚类分析，得到的聚类结果如表 1-3 所示。根据聚类分析结果显示的聚团连线距离远近，可以直观地看出，教育法学研究高频关键词分为六类：公立高等学校法律地位与法律关系及其法律救济研究（种类 1）、依法治校视域下高等学校办学自主权研究（种类 2）、依法治教与教育法体系研究（种类 3）、法治视野下大学生的法制教育及法律意识培养研究（种类 4）、学生伤害事故及其教育法律责任研究（种类 5）、义务教育阶段公民的受教育权研究（种类 6）。

表 1-3　教育法学高频关键词聚类结果

种类	关键词
种类 1	申诉制度、行政复议、法律救济、学生权利、法律保护、教育法制、高等学校、学生、教育法律关系、教师、公务法人、特别权力关系、学校法律地位、公立高等学校、法人、教育行政法律关系、学校
种类 2	教育行政权、教育管理、学位授予、学籍管理、办学自主权、自主办学、学生管理、校纪校规、高校招生自主权、依法治校、高校管理、正当程序、法治
种类 3	民办教育、举办者、民办学校、立法、成人教育法、终身教育、学校管理、教职工代表大会、教育行政、教师法、教育基本法、日本、法律修订、教育改革、发展纲要、现代学校制度、职业教育法、职业教育、教育法、教育立法、教育法律规范、依法治教、战略地位、法律建构、教育事业、法律保障
种类 4	法律对策、教育法律体系、大学生、法制教育、法律意识、思想道德教育、法治国家、法律基础
种类 5	校园伤害事故、学校体育、教育法律责任、学生伤害事故、法律
种类 6	权利、义务教育、义务教育法、受教育权、平等、进城务工人员子女教育、教育权、未成年学生、可诉性、社会教育权、受教育权法律性质、人权、教育

种类 1 为公立高等学校法律地位与法律关系及其法律救济研究，包括申诉制度、行政复议、法律救济、教育法律关系、特别权力关系、教育行政法律关系等关键词。我国学者关注公立高等学校法律地位主要源于"刘××案"等几起典型

的教育法律案件。所谓高校的法律地位是指高等学校在社会关系系统中的纵向位阶和横向类别，这些通常都是由法律规定的权利和义务而确立的。[①]大学法人的法律性质由社会角色、制度环境和组织技术、利益安排和学院政治等因素决定，研究时不应只着眼于一种大学法人的既有制度，而应尝试多元化的大学法人定性与法人治理方式。[②]那么，公立高校到底具有何种法律地位呢？对此主要形成了有关事业单位法人、公务法人、公法人的特别法人、法律法规授权组织、第三部门、行政相对人、公立高校法人等不同观点。[③]同时，有学者对英美国家高校的法律地位[④]、德国公立学校的法律地位[⑤]等进行了深入研究，为探讨我国高校法律地位提供了充足的域外经验。基于高校的不同法律地位，高校与政府、教师、学生、社会、中介组织等会形成教育民事法律关系、教育行政法律关系、教育宪政法律关系、教育刑事法律关系等不同法律关系，而传统意义上更多的是从特别权力关系的角度来理解高校与教师、高校与学生的法律关系。当然，不同的教育法律关系对应不同的法律救济渠道。随着我国教育法制建设的深入，教育法律关系主体的维权意识在不断增强，学者从法律层面对不断完善的申诉制度、行政复议、行政诉讼、司法介入、国家赔偿等教育法律救济途径都进行了较为深入细致的探索，从而为教育权的彰显和受教育权的实现提供了充足的法理基础。

种类 2 为依法治校视域下高等学校办学自主权研究，包括教育行政权、办学自主权、自主办学、依法治校、高校管理、正当程序等关键词。高校的自主权是高等学校在法律上享有的、为实现其办学宗旨、独立自主地进行教育教学管理、实施教育教学活动的能力和资格。[⑥]在依法治国、依法行政等法治思维与法治方式的指导下，高校依法自主办学既是依法治国的具体实现，又是现代大学制度实现法治化的必由之路，更是高校管理体现法治精神、践行法治方式的关键之举。法治作为一种制度性文化，包含着"公平""分享""关怀"等公正原则。[⑦]在高校依法管理过程中，不仅涉及现代大学法律制度建设、大学章程的法律定位、学术委员会的法律定位等问题，而且最关键也最为核心的就是要在行使招生权、学位授予权、职称评定权、学籍管理权、惩戒权、处分权、制定校纪校规权等时，

---

① 劳凯声. 教育体制改革中的高等学校法律地位变迁. 北京师范大学学报 (社会科学版)，2007，(2)：5-16.
② 湛中乐，苏宇. 论大学法人的法律性质. 国家教育行政学院学报，2011，(9)：18-23.
③ 祁占勇. 我国公立高校法律地位的"合法性"探讨. 江苏高教，2009，(4)：50-52.
④ 申素平. 试析英美高等学校的法律地位. 比较教育研究，2002，(5)：1-5.
⑤ 胡劲松，周丽华. 试析德国公立学校的法律地位. 华南师范大学学报 (社会科学版)，2002，(3)：94-100.
⑥ 陈鹏. 论高校自主权的司法审查. 陕西师范大学学报 (哲学社会科学版)，2004，(1)：106-110.
⑦ 秦惠民. 依法治校的高校学生管理制度特征. 中国高等教育，2004，(8)：11-13.

应从最大限度地保护相对人权利的角度出发，时刻遵循正当程序原则，确定司法介入高校学生管理纠纷的主要具体事项范围[①]，公平、公正、公开、透明、正当地行使学校办学自主权。比如，在惩戒权方面，应通过实体性、程序性立法，明确规定惩戒权的内容、行使的程序及违法行使惩戒权应承担的法律责任，同时规定对学生必要的救济途径，在保障达成公共教育目标的同时，不侵害学生的合法权益。[②]在高校制定校纪校规方面，由于一般的日常管理事项属于大学自治的范围，法院应尊重高校的规定；涉及教师与学生重大权益的事项属于法律保留的范围，法院应审查高校内部规则的合法性。[③]在高校学生纪律处分方面，涉及处分标准、处分程序、救济途径等重要方面。[④]当然，高校在依法自主办学过程中，也要注意到高校管理法治化的限度，如果对"法治"进行全能式的理解，以致形成"法治情结"和"法治崇拜"，这将是有害的，因为"法律至上"的理念不可避免地内生着法律独断化的可能性。[⑤]

种类 3 为依法治教与教育法体系研究，包括民办教育、终身教育、教师法、教育法、教育立法、依法治教、法律建构、法律保障等关键词。依法治教是当今世界各国发展教育事业的基本经验，是社会主义市场经济条件下管理教育的重要手段。但是依法治教的消极态度和行为依然普遍存在，主要表现为：消极依法教育行政行为屡禁不止，消极依法治校问题严重，消极守法、护法现象普遍，教育立法倦怠现象突出，司法介入教育事业困难多。[⑥]因此，在依法治国的大背景下，我们必须抓住依法治教的"牛鼻子"：①建立完备的教育法律体系，重视教育立法工作，既包括对现有教育法律的修订，如对《学位条例》《教师法》《职业教育法》《高等教育法》等法律法规的修订工作迫在眉睫，又包括要尽快出台"学校法""学生法""考试法""教育行政法""教育投入法""终身教育法"等相关法律，对学校、学生、教育管理者的权利、义务、规范，以及教育管理、考试招生、教育投入等各项教育相关事务进行规定。[⑦]比如，制定"学校教育法"是现代学校制度建设的基本要求，是促进学校建立权责分明机制的必要保证，是明确学校法律地

① 程雁雷. 司法介入高校学生管理纠纷范围的界定. 公法研究, 2005, (2)：281-289.
② 余雅风, 蔡海龙. 论学校惩戒权及其法律规制. 教育学报, 2009, (1)：69-75.
③ 周光礼. 高校内部规则的法理学审视. 现代大学教育, 2005, (1)：8-11.
④ 马焕灵, 张维平. 高校学生纪律处分纠纷调查与争议剖析. 教育发展研究, 2007, (18)：52-56.
⑤ 杨挺. 论高校管理法治化的限度. 高等教育研究, 2010, (10)：13-18.
⑥ 张维平. 消极依法治教现象及其治理. 现代教育管理, 2012, (8)：74-77.
⑦ 石连海. 抓住依法治教的牛鼻子：从"软"法走向"硬"法. 人民教育, 2014, (12)：12-13.

位的内在需要，也是处理学校安全事故的权威依据。①此外，应从我国的特殊国情和教育实际出发，在借鉴外来立法经验的基础上，明确"学校法"的立法目的、指导思想、体系和内容等。②②深化教育法基本理论问题研究主要包括教育法的地位、教育法的价值、教育法律规范、教育法的效力等。比如，在教育法的地位方面，形成了独立部门法说、行政法隶属说、文教科技法说、行业法说、综合性法律部门说等不同观点。③在教育法的价值方面，其存在着教育法的社会价值与个体价值，内在价值与外在价值，终极价值（目的价值）、核心价值（功能价值）与一般价值（工具价值）等不同分类。④教育法的价值目标即教育法的理想，包括教育效能、教育自由、教育公平、教育效率、教育秩序。⑤当然，现实中教育法的价值冲突随处可见，具体表现为国家教育权与受教育权、国家教育权与办学自主权、国家教育权与学术自由权之间的冲突，在解决教育法的价值冲突时必须坚持中立原则、人权优位原则、合教育性原则和程序正义原则。⑥

种类4为法治视野下大学生的法制教育及法律意识培养研究，包括大学生、法制教育、法律意识等关键词。法治社会背景下人的法律认知、法律意识和法律信仰等是衡量一个国家法律现代化的基本指标。大学生群体是社会群体的重要组成部分，具有文化程度高、接受能力强、反应速度快等特点。因此，在我国法治社会建设中，对大学生开展法制教育是学校教育内容的重要组成部分，培养大学生的法律意识具有重大意义，尤其是"马加爵事件""药家鑫事件""林森浩事件"等一系列在社会中造成恶劣影响的案件在高校中的发生，引起了人们对大学生法律素质问题的极大关注。法制教育是高校思想政治教育的重要内容，是培育大学生良好的法律品质、提高大学生社会主义法律意识、增强大学生法制观念的重要途径。⑦当前，大学生法制教育存在注重具体识记知识的传授而忽略对基本法律原则的传授、法律意识培养不够且多途径多样化教学手段不多、缺乏"社会主义法治理念"与"守法意识"的培养等问题⑧，这就需要构建新型的大学生法制教育模式，要以培养大学生法律意识为根本途径，既要重点把握以课堂教学为主要

---

① 黄欣. 我国《学校教育法》制订的现状与展望. 华东师范大学学报，2012，（3）：23-28.
② 陈恩伦. 关于制定《学校法》的思考. 高等教育研究，2008，（6）：29-32.
③ 李晓燕，巫志刚. 教育法规地位再探. 教育研究，2014，（5）：80-88.
④ 袁伟. 教育法的价值探析. 高等教育研究，2009，（4）：15-19.
⑤ 褚宏启. 教育法的价值目标及其实现路径——现代教育梦的法律实现. 教育发展研究，2013，（19）：1-8.
⑥ 陶琳，陈鹏. 我国教育法的价值冲突及其整合. 高教发展与评估，2014，（6）：27-34.
⑦ 蔡卫忠. 论加强大学生法制教育要着力把握好的几个问题. 思想理论教育导刊，2013，（6）：44-48.
⑧ 曾朝夕，王卓宇. 当前大学生法制教育存在的若干问题及对策. 思想理论教育导刊，2012，（11）：51-53.

形式的显性法制教育，又要重视开展以课外社会实践为主要形式的隐性法制教育，大力整合教育资源，以学校、家庭、社区为基本点，构建以人为本，显隐结合，全程、全面、全员参与的一体化法制教育网络^①，从而使大学生成为学法、知法、懂法、遵法、用法、守法的公民。

种类 5 为学生伤害事故及其教育法律责任研究，包括校园伤害事故、学校体育、教育法律责任、学生伤害事故等关键词。学生伤害事故、校园伤害事故，尤其是学生人身伤害事故在学校教育教学和教育管理活动中普遍存在、不可避免。事故发生后如何认定事实？如何归结责任？如何通过法律途径处理？如何有效预防事故的发生？如何降低事故的发生率？这些问题一直困扰着教育行政部门、学校、教师、学生、家长等多方利益主体。为了减少或避免学生伤害事故演变为越演越烈的"校闹"，《学生伤害事故处理办法》《中华人民共和国侵权责任法》及最高人民法院有关伤害事故的司法解释等相继颁布并实施，有关学生伤害事故方面的法律问题也逐渐得以解决，学界对学生伤害事故中涉及的法律适用、认定标准、法律责任、归责原则、预防处置、过失侵权、注意义务、国家赔偿、保险赔偿、精神损害赔偿、校园安全、社会保险机制、应急处理机制、风险保障机制、风险转移机制等相关制度设计都进行了深入研究。事实上，处理学生伤害事故的前提是如何界定学校及教师与学生或家长之间的法律关系，对此形成了监护权转移说、部分监护权转移说、委托监护关系说、特别权力关系说、契约关系说、教育法律关系说等不同观点。^②基于此，学生伤害事故是一种典型的有限责任论，归责原则包括过错责任原则、过错推定原则、无过错责任原则、公平责任原则等方面。^③具体到过错认定的标准与规则方面，依据我国法院对过错的认定，大多数判决采用客观标准，通常采用两步认定规则：先判断行为人是否有注意义务及注意的程度，再判断行为人是否实际履行了该注意义务。也有些判决采用主观标准，其过错认定的标准及规则是行为人对致害行为或者损害结果有无预见或是否应当预见及所持的态度。^④同时，为了有效解决学生事故中既要保护学生权利又要给学校教育教学与管理松绑的两难问题，使学校事故的赔偿责任社会化是解决当前学校事故问题可供借鉴的思路。这就要求从出台"学生保险条例"、成立专门的学生保

---

① 彭美. 法治化视阈下大学生法制教育的途径与模式. 学术论坛，2013，(3)：191-194.
② 劳凯声. 中小学学生伤害事故及责任归结问题研究. 北京师范大学学报(社会科学版)，2004，(2)：13-23.
③ 方益权. 学校在学生伤害事故中的归责原则探讨. 教育评论，2004，(1)：40-44.
④ 杨秀朝. 过错认定的标准与规则——以学生伤害事故案件学校过错的司法认定为分析对象. 时代法学，2011，(4)：88-93.

险管理机构、创新学生保险理赔模式、加强对学生伤害事故保险赔案与学生保险运营案例的研究，以及整合中小学生平安保险、少儿住院基金、城镇学生基本医疗保险等方面来推动学生伤害事故保险的完善，为学生及其监护人、学校提供风险经济保障。[①]

种类6为义务教育阶段公民的受教育权研究，包括义务教育、受教育权、平等、进城务工人员子女教育、教育权、未成年学生、人权等关键词。教育权与受教育权是教育法学的基本问题，长期以来，受教育权作为教育法学研究的逻辑起点，并作为核心概念来建构教育法学的理论体系，已经取得了丰硕的研究成果。围绕受教育权的理论研究有：受教育权的概念，受教育权与教育权、学习权的关系，受教育权的宪法含义、实现方式、法律救济途径，以及各个教育阶段受教育权的具体表现等。[②]比如，在受教育权性质方面，形成了受教育权是自由权还是社会权、是宪法权利还是一般权利、是绝对权利还是相对权利、是专属权还是可转移权、是行动权还是接受权等不同认识。在受教育权本质方面，形成了公民权说或政治权说，生存权说或经济、政治、文化权说，发展权说，学习权说等不同观点。当然，也有学者从人权的视角来论述"受教育权是一项基本人权"的基本内涵和保护受教育权的原则与对策。[③]在此基础上，关于未成年学生、少数民族、残疾人、女童、儿童、特殊群体、处境不利人群、进城务工人员子女等主体的受教育权问题，学者从教育公平、教育平等权、分配正义、国民同等待遇、公共资源配置、维权等方面进行了大量实证研究，产生了较为丰硕的学术成果。而关于教育权的研究，主要涉及父母教育权[④]、国家教育权与社会教育权[⑤]的基本形态、历史发展、特征、边界和内容等。[⑥]

第二节 教育法学研究领域的拓展空间

依据共词分析的理论和方法，研究表明，教育法学研究热点主要集中在"公

① 高顺伟，吴志宏. 学生伤害事故保险赔偿的现状、困境与对策. 上海教育科研，2008，(10)：38-41.
② 刘东东，李一杉，刘子阳，等. 我国教育权利与义务研究的文献计量分析——基于2000—2015年CNKI数据库. 华东师范大学学报（教育科学版）2015，(4)：49-57.
③ 苏林琴. 作为人权的受教育权研究. 中国教育法制评论，2004，(3)：66-86.
④ 尹力. 试论父母教育权的边界与内容. 清华大学教育研究，2012，(5)：41-46.
⑤ 覃壮才. 国家教育权与社会教育权的权利行使模式探析. 中国教育法制评论，2002，(1)：109-123.
⑥ 秦惠民. 现代社会的基本教育权型态分析. 中国人民大学学报，1998，(5)：82-87.

立高等学校法律地位与法律关系及其法律救济研究"" 依法治校视域下高等学校办学自主权研究"" 依法治教与教育法体系研究"" 法治视野下大学生的法制教育及其法律意识培养研究"" 学生伤害事故及其教育法律责任研究"" 义务教育阶段公民的受教育权研究" 等方面，这些研究既推动了教育法学研究的繁荣与发展，为促进教育法学学科建设与教育法学人才培养提供了智力支撑，又为教育法律体系的完善提供了指导，为确保中国特色社会主义教育法律体系基本建成提供了知识给养。

与此同时，通过对多维尺度图和聚类分析图的进一步分析，我国教育法学研究的总趋势可以归纳为" 十多" 和" 十少"：定性研究多，方法创新少；实体法研究多，程序法研究少；教育法务学研究多，教育法理学研究少；成文法研究多，法案学研究少；泛化性研究多，学科视角研究少；单一学科研究多，交叉学科研究少；法制研究多，法治研究少；法律文本阐述研究多，法律创生研究少；宏观研究多，微观研究少；行政管理研究多，法人内部治理研究少。基于此，我国教育法学领域的研究应在保持" 多" 的方面的传承与创新基础上，在上述" 少" 的方面多做努力和探索。

一、加大教育法学研究方法的创新

德国法学家卡尔·拉伦茨（Karl Larenz）指出："每一种学问都必须采用一定的方法，或者遵循特定的方式来回答其提出的问题；每一种学科的方法论都是这个学科对本身进行的情况、思考方式、所利用的认识手段所做的反省。"[①]研究方法也被看作判断学科是否成熟或独立的基本标志之一。教育法学研究能否以独特的研究视角、研究方法形成独特的理论观点和学术体系，其关键点之一就在于研究方法的独特性。纵观已有的教育法研究成果，研究方法运用比较单一，甚至基本上都是千篇一律的定性研究，这不仅不利于学科研究方法的创新，而且会形成思维定式，禁锢学术界在研究方法上的创新。因此，探索具有教育法学特色的研究方法势在必行。

二、强化程序法研究

一般而言，根据法律规定内容的不同，可以将法律分为实体法和程序法。实

---

① 卡尔·拉伦茨. 法学方法论. 陈爱娥译. 北京：商务印书馆，2004：19-21.

体法是规定与确认以权利和义务及职权和责任为主要内容的法律，程序法是规定以保证权利和职权得以实现或行使及义务和责任得以履行的有关程序为主要内容的法律。受法律传统的影响，我国法律制度建设历来重视实体法的主导地位，而将程序法看作是具有手段和工具性质的辅助法，普遍存在重实体法轻程序法的观念，这种认识也潜移默化地对教育法研究造成了掣肘现象。涉及程序法方面的救济、维权、司法、证据、正当程序等问题的研究还不够丰富，未能起到有效指导教育法实践的强大功能，程序法研究的乏力也使教育法的地位在法律活动和教育活动的理论与实践方面陷入双重困境，程序法研究在教育法学领域仍旧任重而道远。

三、注重教育法理学研究

教育法理学研究主要包括教育法学导论（包括教育法概论、教育法理学概论、马克思主义教育法学产生发展等）、教育法本体论（包括教育法的概念、教育法的渊源、教育法的分类和效力、教育法律要素、教育法律体系、教育法的权利与义务、教育法律关系、教育法律责任、教育法律程序等）、教育法的起源和发展论、教育法的运行与价值论等内容。[①]基于上述对研究热点的透视，除教育法律关系、教育法律责任外，其他教育法理学内容还没有完全进入研究者的视野，显得支离破碎、不成体系。但事实上，即使是一门应用性学科，其必然也有强大的理论基础作为支撑和后盾，缺乏理论基础的学科是没有后劲的，必将成为学科看客或过客。因此，教育法理学研究在教育法学研究中的地位要得到足够的重视，教育法理学研究方兴未艾，需要深入探索，以体现教育法存在的价值和意义。

四、增强教育法案学研究

案例是"微缩的法治"，法治就是一个个案例构成的整体。案例中蕴藏着丰富而生动的法律精神和法学理念，甚至几乎所有与法有关的信息。"研究案例不仅提供了对法律规则和修辞的初步了解，而且还提供了一种替代的生活经验……融会贯通地透彻了解案例是法律教育和法律实务的特点。"因此，美国学者德沃金认为："在法理学与判案或法律实践的任何其他方面之间，不能划出一条固定不变的界

---

① 孙绵涛. 教育法学学科理论研究的若干方法论问题. 高等教育研究，2015，（1）：34-38.

限。"①2010 年底,最高人民法院制定了《最高人民法院关于案例指导工作的规定》,明确规定由最高人民法院统一发布具有指导性的案例,作为各级人民法院审判类似案件的参照。这项规定的出台,标志着中国特色案例指导制度的正式确立。因此,教育法学研究中增强教育法案学的研究就刻不容缓:①教育法案学的研究可以推动教育成文法的修订,为成文法的完善提供鲜活的法案指导;②教育法案学的研究可以繁荣教育法学的研究领域,从而增强教育法指导现实教育问题的作用;③教育法案学可以改变受教育者的学习方式,有助于提高学习者学习和知晓教育法的能力。

五、重视学科视域下的教育法学研究

教育法学是在学科的不断分化、交叉与融合的背景下产生的一门学科,教育法学学科建设要遵循学科范式逻辑。然而,比较遗憾的是,我国教育法学研究者缺乏必要的学科意识,学科的研究方法缺乏独特性、学科研究对象的边界仍旧不清晰、教育法学史缺乏系统研究,抑或事实上存在着其是一门学科还是研究领域的争论,研究的泛化性比较突出,强有力的研究团队或者"学派"还没有形成,研究的应景性现象或者散兵游勇的倾向比较突出,这些问题的存在非常不利于教育法学的发展,会影响教育法学在教育学、法学中的地位和话语权,也会影响教育法学研究者的理论自信、研究自信和存在自信。这就要求教育法学的研究必须从提高学科意识出发,以建构中国特色教育法学为使命,促进中国教育法学研究的繁荣昌盛。

六、深化教育法学的多学科研究

从原初状态来讲,教育学、法学是教育法学的母体学科,因此存在着教育法学到底是法学的分支学科还是教育学的分支学科之争。从法学的视角来看,教育法学研究的是法律现象中的教育法律问题,或者是从法律角度研究教育问题;从教育学的视域来讲,教育法学研究的是教育中的法律问题,或者说是从教育角度来研究法律问题。但是,如果仅仅囿于法学或者教育学分支学科的争论,就会封闭教育法学研究的开阔地带,会忽视学科的延展性与伸缩性。教育法学研究涉及

---

① 罗纳德·德沃金. 法律帝国. 李常青译. 北京: 中国大百科全书出版社, 1996: 83.

多个方面，不是教育学与法学两个一级学科内容的简单相加，教育法学不仅与教育学、法学有着千丝万缕的联系，而且与政策学、管理学、行政学等学科存在着不可分割的关联。这就要求教育法的研究要从多学科视角来不断拓展教育法研究领域，积极开疆拓土、添砖加瓦，汲取相关学科研究的养分来滋润教育法学研究。

七、加强教育法治研究

长期以来，我国教育法学界一直使用"以法治教""教育法制""法制"等词汇来描述教育法制建设的成就与问题，虽然随着我国全面推进依法治国进程的加快，"依法治教""依法治校""法治"等词汇逐步取代了法制的惯常表达方式，但这只是表面的改变，现有研究中依然将法律仅仅视为一种工具或手段，重在教育立法、教育执法等的建设，从刚性思维来认识教育法律的功能。事实上，法不仅是一种社会治理的手段或工具，还是内化于心的人的行为方式，是一种理念、意识、观念等法律文化与一种规则、制度、规范等法律制度的有机结合，是内隐与外显的弹性张力。因此，在转变法治思维与法治方式的新常态背景下，需要加强教育法治研究，深究教育法治的内涵、特点及本质规定性和特殊性，探索人的法律知识、法律情感、法律意志与法律行为形成规律，为提升公民的教育法律意识奠定坚实基础，为依法治国、法治中国、法治教育的全面建成贡献教育法学的智慧。

八、提升教育法学的创生研究

法律解释是法律运行的必要手段，通过"文义解释、体系解释、法意解释、扩张解释、限制解释、当然解释、目的解释、合宪性解释、比较法解释、社会学解释、价值衡量"[①]等多种解释方法来实现人们知晓法律条文、法律规范等目的，为法律关系主体学法、知法、守法、用法等提供便利。但是，法律解释不能仅仅限于对法律条文、法律规范的解释，或者教育法学研究不能仅仅囿于对现行成文法的解读。法律作为调整关系的行为规则，有其相对稳定性，但也有其发展的必然性。面对社会、法律与教育环境的变革，教育法学研究应在法解释学的基础上，

---

① 梁慧星. 民法解释学. 北京：中国政法大学出版社，1995：214-243.

提升教育法学的创生研究，即通过教育法研究来为教育法的完善提供理论指导，促进教育法研究既能"脚踏实地""接地气"，又能"仰望星空"，适应国家教育法体系建设需求，积极主动地为教育法建设与完善建言献策，确保教育法不断走向成熟，从而使教育法达到依法维权与依法管理的目的。

九、挖掘教育法学的微观研究

所谓教育法学的宏观研究，是指对教育法系统大范围内的整体研究，是教育内部带全面性问题的依法治教研究，包括教育立法、教育执法、教育司法、教育守法、教育法监督等方面。所谓教育法学的微观研究，是指对教育法发展过程中某一具体问题或某个单独因素进行的具体研究，主要是对作为教育活动载体的学校，在其范围内解决实际问题的依法治校研究，既包括学校、教师、学生的法律地位及其权利与义务等研究，也包括学校、教师、学生法律制度研究，还包括各级各类学校运行的法律保障研究，等等。教育法学的宏观研究有利于深刻认识教育法在国家发展战略的地位与作用，凸显教育法在国家教育权、社会教育权、家庭教育权等实现方面的基本保障措施，为国家教育主权的彰显提供法律根基。同时，教育法学研究还必须挖掘教育法学的微观层面，通过教育法学的微观研究，使实践界能够感知到教育法的存在，为解决实践中的教育法律问题提供法律支撑，从而彻底扭转和改变教育法"软法"形象，使教育法成为"硬法"。

十、深究学校法人治理结构研究

学校法人治理结构不仅包括学校法人内部的治理，而且包括学校法人外部的治理。然而，教育法学已有研究多是对学校法人外部治理结构的研究，即更多地关注行政管理权问题，如学校与政府的法律关系、政府职能转变等法律问题，虽然也有部分研究成果是对学校法律地位、学校行政权力等法律问题进行的研究，但总体而言，对学校政治权力、学术权力、民主权利等还缺乏从全域视角进行的深入的法理分析，对权力/权利的性质、来源与限度，以及不同权力/权利形态的结构与运行机制等还缺乏深度的理性思辨，学校法人内部治理结构的大厦还没有系统建构起来。因此，要深究学校法人内部治理结构研究，以确保各权力/权利主体"诸神归位"。

第二章

教育权与受教育权研究热点的共词可视化

　　教育权与受教育权是教育法律研究的基本问题。教育权是指为实现公民学习权利和接受教育的义务而由各教育关系主体享有的各项权利（职权）的总和。同时，教育权一般包括国家教育权、社会教育权和家庭教育权三个部分。国家教育权更多属于政治国家的权利，其权利来源于公民通过契约方式让渡形成的权力中心。社会教育权则属于市民社会的权利，服务于特定的群体和特定的利益，属于市民社会的公共领域，天然地具有公益性。家庭及其成员的教育权利则更多的是基于伦理和再生产的需要进行的，具有亲权的一般特点，属于私人领域范畴。而受教育权是人最基本的权利之一，影响着人的生存与发展。自 1948 年《世界人权宣言》宣示"人人都有受教育的权利"开始，受教育权逐渐发展成为各国一般法律的原则。处于权利时代的今天，受教育权已成为人类永恒的主题。受教育权的内涵有一个发展变化的过程。人们对受教育权本质的认识，也是一个逐步明晰的过程，正如马克思所说："权利永远不能超出社会的经济结构以及由经济结构所制约的文化发展。"①

第一节　受教育权研究热点的共词可视化

　　受教育权是受教育主体能够公平公正地享有国家系统规范下的教育且受国家保障的一项权利，是宪法、教育法和人权研究的基本范畴，是现代教育法律制度赖以建立的基础。②经过长期发展，学术界对受教育权的研究已涉及各个方面。在教育政

---

① 中共中央马克思恩格斯列宁斯大林著作编译局. 马克思恩格斯选集. 北京：人民出版社，2009：12.
② 申素平. 受教育权的理论内涵与现实边界. 中国高教研究，2008，(4)：13-16.

策法规演变发展方面，尹力、张虹以 1978 年高考恢复以来教育部颁布的规范性文件为起点对高校学生的婚育权及受教育权发展演变过程进行了分析。[①]在上位法发展历程方面，梁馨月基于我国宪法史的视角对受教育权在我国宪法中的发展历程进行了梳理。[②]在儿童受教育权方面，沈俊强对 2001—2015 年我国儿童受教育权研究进行了论述总结。[③]此外，还有流动人口、人权保障、司法救济、特殊群体等方面的与受教育权相关的研究。但总体来说，现有研究缺乏系统的定量分析，难以动态地表现出我国受教育权在发展过程中热点变化、主题演变、发展趋势等方面的新动向。

受教育权研究热点的研究资料来自"中国学术期刊网络出版总库"，采用标准检索方式，以"篇名"为检索条件，"受教育权"为检索内容，限定"期刊"检索，设定期刊年限为"1985—2015 年"，选取期刊来源为"全部期刊"，检索结果为 692 篇。在所得到的检索结果中排除了人物访谈、会议记录、书评、年会综述等非研究型文献，以保证研究结果的有效性与准确度，最终获得有效期刊文献 682 篇。另外，在研究过程中对有效文献的关键词进行了合并处理，将同义词或近义词进行合并，如将"教育法律""教育法规"合并处理为"教育法律法规"等，来提高生成结果的可靠性。

一、受教育权高频关键词的词频统计与分析

通过 BICOMB 软件对我国 1985—2015 年与受教育权相关的 682 篇期刊研究文献进行关键词统计，共获得 1179 个关键词，最高频次为 495，为使研究结果更具代表性，将词频阈值确定为 10，最终得到 34 个高频关键词，其排序结果如表 2-1 所示。

表 2-1　受教育权高频关键词频次排序

序号	关键词	频次	序号	关键词	频次	序号	关键词	频次
1	受教育权	495	3	教育权	61	5	高校学生	39
2	法律保障	78	4	公平	42	6	农民工子女	37

① 尹力，张虹. 高校学生婚育权与受教育权之发展演变——以 1978 年恢复高考以来教育部颁布的规范性文件为分析文本. 教育学报，2008，(3)：92-96.
② 梁馨月. 论宪法中的受教育权——基于中国宪法史的考察. 西南政法大学硕士学位论文，2013.
③ 沈俊强. 近十五年我国儿童受教育权研究述评. 教育科学论坛，2015，(13)：75-77.

序号	关键词	频次	序号	关键词	频次	序号	关键词	频次
7	教育法律	34	17	未成年子女	16	27	弱势群体	12
8	司法救济	27	18	宪法权利	15	28	高校	12
9	公民受教育权	23	19	对策	15	29	人权	11
10	保障	22	20	宪法保障	15	30	少数民族	11
11	公平受教育权	22	21	学生受教育权	15	31	社会权	10
12	流动儿童	20	22	法律救济	14	32	和谐社会	10
13	义务教育	20	23	教育公平	14	33	教育	10
14	冲突	20	24	学生	13	34	教育立法	10
15	公民	19	25	保护	12			
16	权利	18	26	宪法	12	合计		1204

如表 2-1 所示，频次为 10 及以上的关键词有 34 个，合计频次为 1204，占关键词总频次的 41.61%。以上频次排序前 34 位的关键词能够概括性地反映出 1985—2015 年我国受教育权研究领域的集中方向。包括相同频次在内的频次大于 20 的关键词共 11 个。由此可以初步观察到，受教育权领域的研究对象主要包括以下几种：①具有鲜明特征群体的受教育权问题，涉及高校学生、农民工子女等关键词。②受教育权的司法保障与救济问题，涉及司法救济、法律保障等关键词。③人权视角的受教育权问题，涉及公平、公平受教育权等关键词。④受教育权的主体及其关系问题，涉及高校、高校学生等关键词。

二、受教育权高频关键词相异矩阵及分析

利用 BICOMB 软件生成可以考察高频关键词之间联系紧密程度的词篇矩阵，为方便直接观察到高频关键词之间的关系，将词篇矩阵导入 SPSS19.0 数据分析软件，选择 Ochiai 系数，使词篇矩阵转化为一个相似系数矩阵，为方便分析，需要消除关键词共词次数差异所产生的影响，因此，在相似矩阵的基础上，利用"1-相似矩阵"方式得到相异矩阵。相异矩阵数值越接近 1，关键词间的关系越远，反之越近。[1]相异矩阵结果如表 2-2 所示。

---

① 郭文斌，方俊明. 关键词共词分析法：高等教育研究的新方法. 高教探索，2015，(9)：15-21.

表 2-2　受教育权高频关键词 Ochiai 系数相异矩阵（部分）

关键词	受教育权	法律保障	教育权	公平	高校学生	农民工子女	教育法律	司法救济	公民受教育权	保障	公平受教育权
受教育权	0.000	0.677	0.919	0.743	0.741	0.793	0.957	0.810	0.991	0.808	0.990
法律保障	0.677	0.000	0.956	0.947	0.872	0.906	0.912	0.978	0.881	1.000	0.976
教育权	0.919	0.956	0.000	1.000	0.979	1.000	0.556	1.000	0.973	1.000	1.000
公平	0.743	0.947	1.000	0.000	1.000	0.949	1.000	0.970	1.000	0.934	1.000
高校学生	0.741	0.872	0.979	1.000	0.000	1.000	1.000	0.969	1.000	0.898	1.000
农民工子女	0.793	0.906	1.000	0.949	1.000	0.000	1.000	0.968	1.000	0.965	0.755
教育法律	0.957	0.912	0.556	1.000	1.000	1.000	0.000	1.000	0.759	1.000	1.000
司法救济	0.810	0.978	1.000	0.970	0.969	0.968	1.000	0.000	1.000	1.000	0.959
公民受教育权	0.991	0.881	0.973	1.000	1.000	1.000	0.759	1.000	0.000	1.000	1.000
保障	0.808	1.000	1.000	0.934	0.898	0.965	1.000	1.000	1.000	0.000	1.000
公平受教育权	0.990	0.976	1.000	1.000	1.000	0.755	1.000	0.959	1.000	1.000	0.000

如表 2-2 所示，各个关键词与受教育权距离由远及近的顺序依次是：公民受教育权（0.991）、公平受教育权（0.990）、教育法律（0.957）、教育权（0.919）、司法救济（0.810）、保障（0.808）、农民工子女（0.793）、公平（0.743）、高校学生（0.741）、法律保障（0.677）。结果表明，涉及受教育权的相关研究更多的是将"受教育权"与"法律保障""高校学生""公平""农民工子女"相结合。通过仔细对比表 2-2 中系数，我们发现，"教育权"与"教育法律"结合系数较低，"农民工子女"与"公平受教育权"结合系数较低，"公民受教育权"与"教育法律"结合系数较低。由此可见，教育权在教育法律中的体现、农民工子女的公平受教育权问题、教育法律对公民受教育权的保障是受教育权研究领域重点关注的问题。

三、受教育权高频关键词聚类及分析

将表 2-2 的高频关键词相异系数矩阵导入 SPSS19.0 软件进行聚类分析，得到的聚类结果如表 2-3 所示。根据聚类分析结果显示的聚团连线距离远近，我们可以直观地看出，受教育权高频关键词分为四类：公民受教育权与教育权的冲突及其法律保障研究（种类 1）、教育公平视野下的受教育人权研究（种类 2）、弱势群体

受教育权的宪法保障及司法救济研究（种类 3）、大学生及少数民族受教育权的法律救济研究（种类 4）。

表 2-3　受教育权高频关键词聚类结果

种类	关键词
种类 1	教育权、教育法律、教育立法、公民受教育权、宪法保障、冲突、学生受教育权、对策
种类 2	教育公平、人权
种类 3	司法救济、宪法权利、宪法、公平、和谐社会、保障、弱势群体、受教育权、法律保障、高校学生、未成年子女、农民工子女、公平受教育权、义务教育、流动儿童、保护
种类 4	学生、高校、权利、救济、公民、少数民族、社会权

种类 1 为公民受教育权与教育权的冲突及其法律保障研究，包括教育权、教育法律、教育立法、公民受教育权、宪法保障、冲突、学生受教育权、对策等关键词。

教育活动是一种双向互动式的社会交往活动，有受教育行为，必然就有教育行为，二者是同时发生同时终止的，受教育行为是一种受动行为，而教育行为是一种施动行为，两者是辩证统一的。在传统的宪法制度下，只是注重公民在宪法上的受教育权，而忽视了与受教育权相对应的教育权。受教育权其实包含了教育权、教育自由等内涵。[①]公民受教育权的内涵反映了法律价值的导向，从天赋人权的角度来看，受教育权可以作为自由权而存在。[②]现代社会的教育权，指由当今世界各国法律普遍规定、确认和维护的教育权利或权力。[③]教育权主要分为国家教育权、社会教育权与家庭教育权。受教育权则是国家教育权和社会教育权的综合反映[④]，指国家赋予的，受到法律保障的接受教育的权利。

国家教育权本质上是一种由国家行使的权力，具备公权力的一般特征，同时，它又是有关教育的公权力。[⑤]在具体的实施过程中，国家教育权具备权利与义务的双重性质，一方面，国家是受教育权的义务承担者，即义务主体[⑥]，需要承担国际人权法及本国法律中的规定义务[⑦]；另一方面，国家是受教育权尤其是义务

---

① 季卫华. "孟母堂"事件中的受教育权探析. 教学与管理，2007，(19)：43-44.

② 王国聚. 我国公民受教育权的宪法保障. 现代教育管理，2010，(1)：54-57.

③ 秦惠民. 现代社会的基本教育权型态分析. 中国人民大学学报，1998，(5)：85-90.

④ 李恩慈. 论教育法对教育权的规范和保护. 首都师范大学学报（社会科学版），2003，(6)：92-98.

⑤ 余若峡. 自然法视角下的国家教育权. 教育发展研究，2010，(11)：59-62.

⑥ 杨成铭. 受教育权的国家义务研究. 政法论坛，2005，(2)：58-66.

⑦ 申素平. 受教育权国际标准研究——基于国际标准确立文件的分析. 清华大学教育研究，2007，(5)：99-104.

教育受教育权的权利主体，有权力实行强制义务教育。除政府外，公办学校是各类教育活动中国家教育权的实施主体，学校有权力制定学校规章，对学生的行为进行规范管理，其中包括对学生不符学校规定的行为进行惩戒，如警告、严重警告、留校察看、开除学籍等方式。学校理应拥有基本管理权，但是学校管理权的适用范围、惩戒程度、惩戒方式一直是各方冲突的焦点，也是教育权研究的热点。学生受教育权受侵犯的性质界定、学生申请行政申诉的条件及程序、未成年人权利行使程序规范、当国家行政机关成为权利侵犯的主体时如何获取有效的法律救济等问题依然需要深入讨论。国家公权力的初衷是为保护公民权益、维护社会秩序而存在，而不是成为公民享有其他权利的阻碍。

社会教育权有广义与狭义之分，这里涉及的社会教育权是与家庭教育权、国家教育权并列的狭义上的社会教育权，一般指独立于家庭和国家之外的其他社会主体依法享有的从事教育活动的权利。社会教育权的行使主体是利用非国家财政性经费举办教育活动的除国家机构以外的社会组织或个人，社会教育权是一项公权与私权混合性质的权利，这种权利来源于国家法律法规的授权，同时需要接受国家教育权的指导和监督。[①]民办学校及教育机构是随社会变化，满足社会需求而生的社会教育组织，基于教育事业的公益性质，教育机构不得以营利为目的，但是从市场角度讲，非公立性质的教育机构的生存运营需要依靠自身力量，营利是其存在的基础，一旦营利，机构性质就产生变化。当此类机构与国家行政公权力发生冲突而产生撤校等后果时，学生应当走什么权利救济途径？当学生与民办学校发生权利纠纷时如何判断纠纷的性质？社会教育机构为我们提供了多样的教育选择，同时也使受教育权的法律体系复杂化，如何平衡教育与市场、社会与个体？这些问题是社会教育权与受教育权冲突研究的重点。

家庭教育权主要包括长辈如父母的教育选择权及学校教育的参加权。[②]家庭教育是教育活动的起点，是人在个体发展过程中持续时间最长、影响力最大的教育活动。经济能力的提升及教育的重要性促使家长越来越重视家庭教育，加之当下学校教育问题增多，父母对于孩子的教育问题产生极端化现象，宠溺过度，不信任学校教育，甚至开始与其他教育类型产生抗争，"孟母堂"事件的发生反映了学校教育存在不足之处，但是以下问题急需解决：家庭教育是否真的能够代替学校教育；未成年人不具备完全行为能力，父母是否有权力自主决定孩子接受教育

---

① 殷继国. 我国社会教育权的新现代性解读——以基本公共教育服务均等化为视角. 高等教育研究，2013，(5)：12-17.

② 尹力. 试述父母教育权的内容——从比较教育法制史的视角. 比较教育研究，2001，(11)：11.

的方式；父母对孩子的惩戒合法范围怎么界定；当父母侵犯了孩子的受教育权时如何施以救济，等等。社会构成复杂化，父母教育已经不是简单的生命赋予及抚养，要担负更多的责任，完成一个生命绽放和人格培育的过程。总的来说，基础教育普及化、高等教育大众化使得我国教育权利与责任关系发生转变，"国家的利益与个体的利益完全一致的状态被打破"①，各方主体间的利益关系复杂化，国家、社会、家庭教育权利行使范围不明，造成公民受教育权与其他权利主体教育权实施过程中的冲突加剧。家长作为监护人对未成年人的教育权行使应该包含哪些方面？社会教育权的合法范围如何界定？公民受教育权与国家强制权力发生冲突时如何保护？这些问题有待解答。"于××案"等的发生反映了当下教育权与受教育权存在边界不清、合法性不明、保障机制不健全等问题。对公民受教育权的保护要达到两个目的：①使每个社会成员都能保证享有受教育的权利；②国家尽力兴办教育设施，并使每个社会成员都有平等的机会接受教育。保护公民受教育权的途径有很多，但其中最根本的是法律保护途径。②针对国家、社会、家庭，不同的教育权主体应该享有不同的完善的法律保障机制。作为宪法权利，完善的法律保障机制是体现受教育权权利属性的基本条件，任何一项权利都要有相应的保障体系才可称之为权利。就立法保障而言，目前我国已有包括宪法在内的一系列法律法规和地方规章条例，基本有法可依。③但是在行政保障和司法保障方面，行政申诉、行政复议及司法救济上尚未形成权威的行之有效的制度。④个体或其他社会组织一旦与国家公权力发生冲突，通常都处于弱势地位。正如加里克利斯（Callicles）所言："自然的正义和法律的正义不同。自然的正义是强者比弱者应得到更多的利益，而法律的正义是一种约定，是为了维护弱者的利益。"⑤制度保障是根本，设立完整的行政保障和司法救济制度才是使受教育权成为实实在在的权利的必由之路。

种类2为教育公平视野下的受教育人权研究，包括教育公平、人权等。"人权"概念最早产生于欧洲文艺复兴时期，由意大利思想家但丁提出，它既是一个政治概念，又是一个法律概念，指一定社会的人们在道义和法律准则范围内，应当享

---

① 辛占强，许国动. 国家教育权与家庭教育权紧张的原因探析——以需求与责任的关系为分析维度. 沈阳教育学院学报，2007，（4）：41-45.

② 李晓静. 公民受教育权及其法律保护浅谈. 江西社会科学，2002，（11）：163-165.

③ 温辉. 受教育权的司法保障——一则受教育权案例所引起的法律思考. 行政法学研究，2003，（1）：52-59.

④ 陈运生. 受教育权及其保障. 中南民族大学学报（人文社会科学版），2006，（3）：123-126.

⑤ 转引自：周辅成. 西方伦理学名著选集（上）. 北京：商务印书馆，1987：30.

有和已经享有的物质权利和精神权利。[①]人权的存在形态是由应有权利、法定权利、实有权利所构成的互相关联的体系。[②]1948 年，受教育权被纳入《世界人权宣言》（第二十六条规定"人人都有受教育的权利……教育的目的在于充分发展人的个性并加强对人权和基本自由的尊重"）并通过《国际人权法》被规定为人权的一个基本方面，其含义为个人或自然人依据国际法所享有的并由国家保障实现的接受教育的权利。以人权为视角的受教育权研究对于受教育权的属性问题主要有公民权说、生存权说、文化权说、发展权说、学习权说等观点。[③]基于立场的不同，关于受教育权的属性没有绝对定论。[④]

总的来说，作为人权的受教育权是"与人的价值和才能无关的一些基本权利"[⑤]，是"人人都有的一项权利"，它是人生而具有的，集自由与平等为一体的一项权利，总共包含四个层次：①受教育权是公民享有的一项基本权利。②每个公民都享有平等接受教育的权利。③在义务教育阶段，受教育权是权利与义务的复合体，而在非义务教育阶段，它是一种可以选择的自由权利。④每个受教育者都有权要求义务相对方提供有利的条件和平等的机会，来保障自己权利的实现。[⑥]所谓教育公平，是指公民的受教育权能够通过制度性的保障而公平地得以实现的一种社会权利分配状态，它是社会公平在受教育权方面的具体表现。教育公平不仅包括受教育权的机会公平，即法律提供公民受教育的基本平等制度、准入机会与资源保障，还包括构筑在一定底线上的受教育权的结果公平。[⑦]就学校教育类别而言，存在基础教育与非基础教育的划分。由于非基础教育包括高等教育、特殊教育、职业教育等存在一定程度市场化的双向选择性质的其他教育类型，在此只讨论基础教育的教育公平问题。

基础教育是人发展的初始阶段，是奠定人生存能力与行为能力未来发展的基础。按照人权代际理论，属于第二代人权的受教育权"既要求国家不干预，又要求国家积极作为"[⑧]。基础教育阶段包含义务教育，教育对象及范围具有特殊性，国家责任的积极履行对教育公平起到关键作用，这一阶段的教育公平是后续其他

---

① 林永柏. 关于我国教育领域的人权保障问题研究. 东北师大学报（哲学社会科学版），2012，（5）：214-217.

② 王立行. 人权论. 济南：山东人民出版社，2003：56.

③ 胡锦光，任端平. 受教育权的宪法学思考. 中国教育法制评论，2002，（1）：43-59.

④ 马岭. 对受教育权性质的评析. 中国青年政治学院学报，2009，（4）：91-96.

⑤ 苏林琴. 作为人权的受教育权研究. 中国教育法制评论，2004，（3）：66-86.

⑥ 陈云生，蒋剑华. 宪法视野下的教育平等权初探. 河南社会科学，2014，（6）：41-44.

⑦ 周翠彬，张艳. 论教育公平的宪政价值. 求索，2009，（2）：141-143.

⑧ Nowak M. The right to education//Eide A, Krause C, Rosas A. Economic, Social and Cultural Rights. Leiden: Martinus Nijhoff Publishers, 1995: 192.

教育类型达到公平的充分必要条件。"从国内法来看，受教育权是受教育者享有的受教育机会权、受教育条件权和受到公平评价权等，这些权利是受教育者要求国家或社会为一定行为或不为一定行为的资格或可能性"①，受教育机会权体现在学生的入学学习机会与升学机会等方面。《国家中长期教育改革和发展规划纲要（2010—2020 年）》中指出："教育公平的关键是机会公平，基本要求是保障公民依法享有受教育的权利，重点是促进义务教育均衡发展和扶持困难群体，根本措施是合理配置教育资源，向农村地区、边远贫困地区和民族地区倾斜，加快缩小教育差距。教育公平的主要责任在政府，全社会要共同促进教育公平。"

从受教育权的维度来看，《国家中长期教育改革和发展规划纲要（2010—2020年）》已经从国家战略层面认识到了教育福利制度主要是要求政府为落实公民平等受教育权的一项制度性安排，而非一种政府的施舍与恩惠。②虽然普及九年义务教育（"普九"）目标已经达成，但是从教育质量上来讲，全国义务教育阶段的教育质量成果不尽相同，这与义务教育阶段的教育资源配置密切相关。教育资源是一种公共资源，享有何种教育资源，以及是否能获得优质教育资源影响着受教育者能够得到的教育机会与教育质量，这也是造成教育不公平的重要原因。教育资源配置是开展教育活动的基本条件，不同的资源配置足以产生差别化的教学质量，城乡差距、地域差距和校际差距是资源配置不公的直接体现。尤其城乡之间、地域之间的巨大差异，会影响学生从义务教育过渡到高中教育的升学机会。与城镇相比，乡村的适龄儿童只有少数能够有机会进入资源较好的高中进行进一步学习，高中教育择优录取无可厚非，但是相对于资源水平整体较好、获取资源容易的城镇学生，乡村学生获得优异成绩的可能性很小，这客观上造成了乡村学生受教育机会的减少与缺失。同时，资源配置的缺失使部分课程无法开设③，乡村学校的音乐、美术、体育等素质教育课程常常因器材不充足、师资不到位而搁浅。而这些课程是开发学生智力、提升学生整体素质的重要内容，课程设置的不合理使本就处于机会不利地位的乡村学生在学习上更加落后于城镇学生。

另外，近年来一直被诟病、不断被改革的中国高考制度依然存在明显的地域不公平问题，经过实行自主招生、课程改革、高考移民严查等一系列试图缓解高考区域不公问题的举措，北京、上海、江苏等教育实力较强省份及新疆、西藏等

---

① 杨成铭. 国际人权法中受教育权的性质：权利或义务? 法学评论，2004，(6)：67-72.

② 刘新民，江赛蓉. 福利国家弱势群体的教育福利制度研究. 华东师范大学学报(哲学社会科学版)，2011，(6)：65-69，151.

③ 谭细龙. 义务教育阶段学生受教育机会不平等现象浅析. 教育科学，2001，(4)：4-6，50.

政策优势省份的考生依然比河南、山东等省份考生有更多的考取优秀学校的机会，对于有些人来说，大学是改变人生的一次机会，既然基础教育是国家主导的，国家就有责任至少在起点上给予学生基本的公平对待。受教育条件权体现在两方面：①在城乡差异、地域差异带来的教育资源享有方面，教育资源不足区域的学生无法同等享受拥有优势教育资源区域的教育条件；②在学区划分、户口制度所导致的教育条件差异方面，学区划分的本意是减少大班额、重点班（校）的出现，推动教育公平，学区划分取得了一定成果，但同时也造成了教育条件的选择受限。具备经济条件的家庭仍然可以选择合适的教育资源，而经济条件不足、附近没有学校或父母打工住宿地与户口所在区域相隔甚远的流动儿童，就面临无学可上或学校过远且所享受的教育资源依然不如本地儿童的境地。

近年来，常有不具备办学资质的打工子弟学校被取缔的新闻，但是学校被取缔后，大量农民工子女的上学问题并不能得到彻底解决，不可否认，这些学校在一定程度上缓解了流动儿童上学的尴尬状况，但如何从根本上使打工子弟学校不因被需要而出现才是更重要的议题。此外，学生是受教育权的权利主体，由于特别权力关系的影响，其诸多权利未能实现。就公平评价权而言，学校与教师是教育评价的主要实施者，他们的评价结果是学生进入社会的第一份证明，客观公正、程序严格是教育评价应该遵循的基本准则，但实际上，教师因个人偏好或者学校仅因学生的考试成绩及个别表现对学生进行不公正评价的现象时有发生。不公正评价还会引起整个教育过程的不平等，学生受关注度差别大，造成失落心理，影响学习质量。基础教育阶段学生处于身心成长的关键期，学习成绩虽然是他们学习成果的表现，但并不能代表人格及学习能力，而健全的人格远比单纯的高分更有助于学生立足于社会，"药家鑫案""黄洋案"等多次警醒中国教育，教育是为了帮助人实现自我发展，而不是制造知识的输出机器。生而为人，每个个体都具有特性，学校教育是为了引导具有特性的学生进入正确的发展轨道，教师的责任在于发掘并帮助学生发现自我，成绩评价是对一个阶段教学成果的肯定，但并不意味着对低分学生的否定。人权是一项需要不断积累、不断发展的长期事业，不能一蹴而就，中国的人权事业起步晚、发展慢，但是已经取得了巨大的进步。对受教育人权的深入研究，不仅有助于推动中国人权事业的发展，还有助于对受教育权领域的深刻剖析，推动受教育权的权利保障与救济，推动教育公平，推动整个教育事业的长足进步。

种类 3 是弱势群体受教育权的宪法保障及司法救济研究，包括司法救济、宪法权利、宪法、公平、和谐社会、保障、弱势群体、受教育权、法律保障、高校学生、未成年子女、农民工子女、公平受教育权、义务教育、流动儿童、保护等关键词。教育资源属于社会公共资源，其受众群体涵盖整个社会群体，其利益相关因素也包含地域、经济、政策等诸多方面，受教育者所能拥有的教育资源受到多方限制，造成受教育权的弱势群体范围广、种类多。就我国目前的教育现状来看，享有受教育权的弱势群体主要有农民工子女、流动儿童、残疾人等。我国的城镇化进程自改革开放以来显著加速，不过事实上，农村人口仍然是我国人口的最大构成部分，当前的留守儿童、流动儿童是 10～20 年后中国社会的新生代力量，代表着国家创新力与综合实力，这一代儿童的综合素质对中国未来的影响不可估量。农民工子女、流动儿童、留守儿童是城镇化进程的产物，社会需要进步，经济需要发展，但不能以牺牲孩子的教育为前提。城乡二元结构这种人为的制度限制导致城乡人口在法律上的地位不平等，诸多利益与户籍直接关联，截止到 2014 年，我国约有 2.7 亿农民工，6000 多万留守儿童。[①]群体流动性强、城市融入性差、地方相关政策制度不灵活，以及庞大的数量使农民工及流动人口子女的教育问题日益凸显。[②]这些儿童长期徘徊在优厚的教育资源边缘，成为体现教育制度不公平的重灾区，大量留守儿童长期处于教育资源匮乏状态，受教育权被客观现实剥夺。政府缺乏保障流动人口子女义务教育权利政策的配套实施办法，也在客观上加大了教育上的"贫富差距"。[③]

特殊教育是帮助残疾人与世界沟通的重要桥梁，也是残疾人实现受教育权的基础，其特殊性在于受教育群体限制大、实施条件限制多、教育资源不易获得等，往往造成社会对特殊教育的忽视。目前，我国残疾人总数约有 8500 万人，其中有 1500 万人处于贫困线以下。[④]特殊教育事业不成熟，特殊教育学校数量少、教师少，缺少适合残疾人学习的教材教具，社会整体对残疾人的容纳性不足，导致残疾人受教育程度低，造成难就业与生活贫困的恶性循环。[⑤]各类弱势群体的受教育权实现是保障受教育权的根本所在。解决流动儿童、残疾人的教育问题，在政府层面，需要增加学校数量，多层面、多渠道地推动农民工及流动人口子女教育，在政策法规上，要给予残疾人群体更多关注，加大公共设施建设与投入，提倡全

① 李婧. 国家统计局: 2015 年全国农民工总量 27747 万人. http://www.ce.cn/xwzx/gnsz/gdxw/201602/29/t2016 0229_9167452.shtml[2017-6-21].2016-2-29.

② 陈信勇，蓝邓骏. 流动人口子女平等受教育权的应然与实然. 浙江大学学报(人文社会科学版)，2007，(6)：119-127.

③ 杜晓利. 流动人口子女义务教育问题剖析. 教育发展研究，2008，(1)：44-48.

④ 中国残疾人联合会. 中国各类残疾人总数已达 8500 万. http://www.cdpf.org.cn/[2017-6-22].2016-3-18.

⑤ 廖艳，翟林琳. 教育公平视野下特殊群体受教育权研究. 人口·社会·法制研究，2013，(2)：29-58.

纳式教育，把残疾儿童教育及整个残疾人事业纳入社会发展的主流。完善法律体系更是关键举措，尤其是要以宪法为核心，建立完整的法律保障与救济制度。

由于我国宪法司法化进程缓慢，受教育权的宪法规定方式在实践过程中引发了诸多困惑，导致教育法律体系不甚完善，立法与修法都格外困难。鉴于受教育权的权利属性及其包含的权利与义务内容，受教育权的权利主体成为权利与义务的复合主体。这必然导致受教育权的立法、司法与执法处于混沌不清、难以界定的局面。就立法而言，权利主体即义务主体，这使立法缺乏明确的价值取向和价值目的，无法给予其切实的责任承担。就司法与执法而言，司法与执法的对象是侵权者与被侵权者，当二者合一，司法与执法不可能做到在保护权利者权利的同时也执行义务者的义务，权利者和义务者同为受教育者，执法者和司法者怎能通过要求受教育者自己承担义务的方式救济自己受损的权利呢？[1]因此，宪法司法化对受教育权的保护至关重要。宪法是国家的根本大法，是一切政策法规、制度条文的根源。从宪法权利的角度看，受教育权具有社会权属性，即国家赋予的受到法律保障的受教育权利。[2]它是现代宪法所确立的一项最重要的公民基本权利，也是最能够体现国家权力与公民权利相互关系的一种实体性宪法权利。既然受教育权是一项权利，当权利主体受到侵害时就存在受教育权的可诉性问题。[3]首先，国际上并没有相关的法律条文可作为受教育权诉讼的依据；其次，在我国，由于宪法未实现司法化，通常也不具备可诉讼条件。[4]义务与权利是紧密相随的，义务承担者不履行义务，享受权利者就没有权利，受教育权国家义务的履行应该体现在法制建设、制度保障、经济支持等多方面，这样可诉讼的、有救济的、作为人权的受教育权才能得到应有的保护。无论从世界宪政发展趋势还是从我国宪法理论发展来看，宪法司法适用性具有不可阻挡的趋势，为司法救济公民受教育权提供了有力的理论支持。[5]群体教育公平的实现与否是能否真正达到社会公平的关键标准。[6]政府使得人人平等、人人参与、人人共享的理想成为现实。[7]社会公平不仅是一种美好的价值理想，还是现代社会政治、经济、文化、法律和日常生

---

① 彭志忠，蔡美桂. 公民受教育权的宪法立法思考. 求索，2005，(8)：78-79.

② 徐建和，刘中元. 公民受教育权的法律保障及实现机制. 教育理论与实践，2004，(21)：25-28.

③ 龚向和. 论受教育权的可诉性及其程度. 河北法学，2005，(10)：23-26.

④ 温辉. 受教育权可诉性研究. 行政法学研究，2000，(3)：52-59.

⑤ 王国聚. 我国公民受教育权的宪法保障. 现代教育管理，2010，(1)：54-57.

⑥ 石连海. 义务教育阶段残疾儿童受教育权保障的思考. 中国特殊教育，2010，(4)：3-6.

⑦ 刘文静. 刍议残障儿童的平等受教育权——以《儿童权利公约》和《残疾人权利公约》为视角. 河北法学，2016，(2)：105-115.

活秩序得以建立的价值基石。^①只有不断完善法制，才能有助于实现真正意义上的教育公平。^②

种类 4 为大学生及少数民族受教育权的法律救济研究，包括学生、高校、权利、救济、公民、少数民族、社会权等关键词。高校学生和学校之间既存在接受教育与提供教育服务的平等关系，又存在管理与被管理、命令与服从的不平等关系。^③《教育法》第二十八条规定了学校的九项权利，明确了学校自主管理权的行使必须遵循法治原则。高校自治与管理一般分为两方面：①对外，即在纵向位阶上高校自主管理的实施、高校与行政和司法机关的关系；②对内，即与教师、学生等权利主体的管理关系。近年来，高校与学生间的法律纠纷不断，不少案件都在学术界和司法界引起了广泛的讨论与研究。

究其原因，这一方面可能与人们的权利意识、法治观念的提高密不可分；另一方面则与高校缺乏对师生教育人权的保护，特别是缺乏对师生权益救济的程序性规定有关。^④一道合理的程序优于一打至善的实体规则。^⑤程序正义原则在权利实施过程中至关重要，任何处分从审议到下达的过程都应做到公开、公平、公正，并且给予学生申辩申诉的权利^⑥，最大限度地做到保护相关主体。^⑦合理、透明、合法地实施管理权是现代大学体现法治精神、践行依法治校的关键举措^⑧，是高校自治的最好体现。大学生群体通常在教育活动中处于弱势地位，当受教育权利受到侵犯时，其面对的侵权主体一般是政府、学校等具有社会影响力的机构，权利申诉困难的情况时有发生，申诉定位不清晰常常使学生最终无法获得及时的法律救济。^⑨1998 年的"田×案"是大学生状告母校现象的开端，由于国内各高校申诉制度缺失，无独立的仲裁机构，审查制度、程序不公开透明^⑩，此后大学生

① 石中英. 教育公平的主要内涵与社会意义. 中国教育学刊, 2008, (3): 1-6.

② 王冬云. 流动人口子女教育问题与对策研究. 人口学刊, 2008, (4): 31-34.

③ 董佰壹, 耿彦君. 论高校学生受教育权的法律救济. 河北师范大学学报(哲学社会科学版), 2007, (3): 45-48.

④ 程雁雷. 以制定和完善我国大学章程为契机推进现代大学治理——基于对六校章程的文本分析. 中国教育法制评论, 2014, (12): 68-94.

⑤ 边勃. 高校管理权力与学生法律权利：在冲突中寻求平衡. 重庆师范大学学报(哲学社会科学版), 2007, (4): 112-117.

⑥ 湛中乐. 关于高校学生处分中程序公止问题. 教育发展研究, 2006, (15): 50-51.

⑦ 陈鹏. 高等学校学生处分权的法理学探析. 教育研究, 2004, (9): 37-42.

⑧ 祁占勇. 现代大学制度建设应体现法治精神. 复旦教育论坛, 2011, (1): 37-42.

⑨ 张学亮. 法学视野中的高校学生申诉制度. 国家教育行政学院学报, 2006, (7): 51-54.

⑩ 顾海波. 基于法治原则的教育救济制度探析——以保障高校学生受教育权为视角. 中国高教研究, 2012, (10): 66-70.

状告母校的案件频频发生，一次又一次提醒我国权利救济制度（尤其是宪法救济制度）的不完善。①

宪法作为我国的母法，必然具有政治属性，但不能因此忽略它的法律属性，阻止其进入司法救济程序，法律的滞后性致使立法严重落后于司法实践。"齐××案"的结果使司法界看到了宪法救济的现实性，无论是社会权属性还是自由权属性，受教育权都具有宪法权利的可诉性。②从国家义务视角出发，虽然国家对受教育权负有尊重、保护和给付的法律义务，但在具体的司法实践中，法院所受理的受教育权案件多是涉及国家对公民受教育权尊重义务的未能履行，以及由第三人侵犯公民受教育权导致狭义国家保护义务的发生。除此之外，因国家未能履行受教育权给付义务的案件，在司法实践中还非常罕见。③将高校学生管理行为案件引入诉讼是法治进程中的必然，其受案范围是一个变数，在动态的发展过程中逐渐呈现其开放和扩大的趋势。因此，在确定其划分标准时，既要考虑恰当地保留大学自治的空间，又要符合司法审查的发展趋势；既要考虑现实的可行性，又要有一定的前瞻性。④只有尽早以法律制度形式落实学生的申诉权，赋予学生看得见的民主⑤，实现宪法司法化才能更有利于国家未来的发展。

长期以来，人们很重视民族教育对维护民族团结、巩固边疆地区、维护国家统一的重要作用，事实上，民族教育对少数民族群体本身的发展也具有至关重要的作用。参照当代国际条约、公约和我国法律的规定，基于种族、肤色、性别、语言、宗教、政治见解等的任何歧视排斥、限制或特惠，都可能会损害受教育权利和机会平等。⑥民族教育是少数民族成员的生存需求，也是他们人格发展的需求，更是基本人权的体现。少数民族受教育权是公民受教育权的一部分，如何实现少数民族受教育权的平等，不但影响着少数民族自身的发展，而且关系着国家和社会的进步。⑦我国一直十分重视少数民族群体的教育公平问题，但是由于各区域经济文化教育的水平差异，少数民族教育不平等现象依然存在，教育水平低下，师资力量

① 张冉，申素平. 台湾地区大学生救济权利的最新突破：第 684 号大法官解释评析. 复旦教育论坛，2012，(2)：55-60.

② 秦奥蕾，张禹. 论受教育权的宪法效力——以基本权利的实现为视角. 中国教育法制评论，2004，(3)：41-65.

③ 邓炜辉. 受教育权司法保障的中国之路——基于《人民法院案例选》(1992—2012) 的整体性考察. 广西社会科学，2014，(6)：109-113.

④ 程雁雷. 高校学生管理纠纷与司法介入之范围. 法学，2004，(12)：34-39.

⑤ 陈恩伦. 关于学生申诉立法的思考. 中国教育学刊，2005，(5)：48-51.

⑥ 贾可卿，廖琳. 受教育权平等下的差别对待研究. 教育发展研究，2015，(Z2)：15-16.

⑦ 潘高峰. 试论我国少数民族受教育权及其保障. 西南民族学院学报（哲学社会科学版），2002，(7)：213-218.

不足，导致少数民族群体尤其是未成年人的受教育权利不能充分实现。[①]纵观民族教育几十年的发展历程，民族教育立法明显缺失，远不能应对民族教育发展过程中出现的各类问题。这些问题主要表现在：①民族教育法规不完备；②民族教育法规的民族特色不明显；③民族教育法规落实的监管力度不够。[②]我们仍然需要致力于完善法律体系，提供强有力的法律保障，同时积极发展少数民族地区经济，减少各民族在发展上的差异。[③]此外，民族教育的内容是民族文化，民族教育的目的是传承民族文化[④]，应当继续依法保障少数民族学习本民族语言文化的权利，并以其他多种形式鼓励少数民族保有本民族文化传统，促进民族教育。

四、受教育权研究领域的未来展望

通过共词分析法直观地将 1985—2015 年的受教育权研究热点表现出来，我们可以清晰地看到受教育权研究领域涉及范围广泛，但同时存在着亟待加强的地方。比如，交叉学科研究少，缺乏多学科的交融；对女性、城市儿童等群体的受教育权关注少；研究方法单一，实证实例性研究少，多为文字描述，少有数据统计、计量测量等方式。这就需要受教育权研究在这些方面有所突破和创新。

（一）扩展研究学科领域，形成多学科交叉研究

从本质上讲，受教育权属于教育学与法学方面的相关内容，但如果仅仅局限于这两个学科领域，就会使研究处于闭塞状态，无法发挥学科的延展性。文理渗透、理工结合[⑤]，各个学科之间总会存在千丝万缕的联系，受教育权也与心理学、统计学、社会学等多种学科存在深层次的关系。比如，留守儿童与流动儿童的受教育权问题除了涉及法律政策之外，还涉及儿童心理、社会心理、社会组织结构等问题。因此，我们应该在研究中尽可能地挖掘研究对象与多学科间的关系，用更加开阔的视野使研究达到更深的层次。

---

① 李莉，周镇东. 浅谈少数民族教育立法. 民族教育研究，2008，（1）：25-28.

② 马明霞. 我国少数民族受教育权的保障与实现——以西部民族自治地区为例. 甘肃政法学院学报，2005，（2）：126-132.

③ 余雅风. 论公民受教育权平等保护的合理差别对待标准. 北京师范大学学报（社会科学版），2008，（4）：11-18.

④ 张广才. 黑龙江世居少数民族教育与文化保护. 教育评论，2011，（5）：132-134.

⑤ 谢和平. 综合性大学的学科交叉融合与跨越发展. 国家教育行政学院学报，2004，（5）：44-50.

（二）关注更多的社会群体，增加研究对象

受教育权是人与生俱来的权利，儿童、大学生、残疾人群体等只是人类群体中的一部分，因此应该扩展所关注的群体，丰富受教育权研究对象类型，或者关注到某一类型群体的深处，融合人类学知识，进行更细致的划分，如对难民、城市边缘化儿童的受教育权研究等。[①]研究对象的扩展可以使受教育权的研究内容更加丰富细致，有助于我们观察到更多教育方面的社会本质问题。

（三）丰富研究方法，增加多种类研究方法的创新

传统的研究方法重思辨式分析，容易把问题套入既定的思维公式，或者带入某种固有的经典模式，往往缺乏对规律的深刻认识。研究方法是研究成果产生的必经途径，独特的研究方法能够促进创新的产生，成为研究变革的动力。同时，学术研究的目的不是形成单纯的理论，而是形成能够作用于实践的理论，当前从个案、实例入手研究受教育权问题的成果还比较缺乏，即使有，也通常是有针对性的法理解析，缺少能够反映问题本质、推动社会法制或教育建设的研究成果。这就要求我们增强受教育权的实证研究，从现象探寻问题的根本，使学术研究更具有实际应用能力。

第二节　教育权研究热点的共词可视化

教育权的产生与发展伴随着人类教育活动的演变及权利意识的崛起。现代意义上的教育权始于 19 世纪末 20 世纪初，有广义和狭义之分，广义的"教育权"包括施教主体的教育权利和受教育权利主体的受教育权利，即几乎所有涉及教育的权利都可以认为属于教育权利的范畴。狭义的"教育权"仅指施教主体的教育权利，与受教育权相对应。[②]权利是法律赋予权利主体作为或不作为或者要求他人作为或不作为的资格与能力，教育权利就是法律赋予权利主体对施教对象进行教育和指导的权利。与受教育权研究一样，教育权研究具有广泛丰富的研究对象，

---

① 胡劲松，段斌斌. 论"在家上学"的权利主体及其权利性质——保障适龄儿童受教育权的视角. 教育研究与实验，2014，(4)：50-54.

② 覃壮才. 国家教育权与社会教育权的权利行使模式探析. 中国教育法制评论，2002，(1)：109-123.

尹力以比较教育法制史为视角，详叙了父母教育权的内容。[①]张婷通过《从教育权的演变史看我国的国家教育权问题》，梳理了现代教育权的发展过程。[②]尹力、张虹以恢复高考以来教育部颁发的政策性文件为背景，分析了高校学生婚育权与受教育权之发展演变。[③]可以看出，当前教育权的研究已经有了较为细致的群体划分，但总的来说，鲜少有系统的定量分析，多以文字描述为主，不足以动态地表现出我国教育权相关研究在热点变化、主题演变、发展趋势等方面的动向。

教育权研究热点的研究资料来自"中国学术期刊网络出版总库"，采用标准检索方式。以"篇名"为检索条件，"依法治校"并含"高校""高等学校"为检索内容，限定"期刊"检索，设定期刊年限为"1985—2015 年"，选取期刊来源为"全部期刊"，检索结果为 183 篇。在所得检索结果中排除了人物访谈、会议记录、书评、年会综述等非研究型文献，以保证研究结果的有效性与准确度，最终获得有效文献 181 篇。另外，在研究过程中对有效文献的关键词进行了合并处理，将同义词或近义词进行合并，如"高等学校"与"高校"合并为"高校"等，从而提高生成结果的可靠性。

一、教育权高频关键词的词频统计与分析

通过 BICOMB 软件对我国 1985—2015 年与教育权相关的 181 篇期刊研究文献进行关键词统计，共获得 535 个关键词，最高频次为 81，为使研究结果更具代表性，将词频阈值确定为 5，最终得到 27 个高频关键词，结果如表 2-4 所示。

表 2-4　教育权高频关键词词频排序

序号	关键词	频次	序号	关键词	频次	序号	关键词	频次
1	教育权	81	6	班主任	12	11	教育体制机制	9
2	收回教育权	24	7	社会教育权	11	12	家庭教育	9
3	家庭教育权	16	8	教育文化侵略	11	13	受教育权	8
4	国家教育权	12	9	流动儿童	11	14	教育	7
5	教育法律	12	10	教师教育权	10	15	教育平等权	7

①　尹力. 试述父母教育权的内容——从比较教育法制史的视角. 比较教育研究, 2001, (11)：11-16.
②　张婷. 从教育权的演变看我国的国家教育权问题. 吉林教育(教科研版), 2007, (8)：3-4.
③　尹力, 张虹. 高校学生婚育权与受教育权之发展演变——以 1978 年恢复高考以来教育部颁布的规范性文件为分析文本. 教育学报, 2008, (3)：92-96.

续表

序号	关键词	频次	序号	关键词	频次	序号	关键词	频次
16	国家教育行政权	7	21	批评教育权	6	26	家长	5
17	批评教育	6	22	未成年儿童	5	27	义务	5
18	教会教育学校	6	23	公共教育	5			
19	可诉性	6	24	依法治校	5			
20	法律保护	6	25	义务教育权	5	合计		307

如表 2-4 所示，频次为 5 及以上的关键词有 27 个，占关键词总数的 5.04%，合计频次为 307，占关键词总频次的 32.69%。以上频次排序前 27 位的关键词（包括相同频次在内的频次大于等于 10 的关键词共 10 个）能够概括性地反映出 1985—2015 年我国教育权研究热点集中区域。由此可以初步观察到，高校依法治校领域的研究对象主要包括：①教育权的发展与类型，涉及家庭教育权、国家教育权等关键词。②教育法律体系中的教师教育，涉及班主任、教师教育权等关键词。③社会教育权与社会教育，涉及社会教育权、教育文化侵略等关键词。

二、教育权高频关键词相异矩阵及分析

利用 BICOMB 软件生成可以考察高频关键词之间联系紧密程度的词篇矩阵，为方便直接观察到高频关键词之间的关系，将词篇矩阵导入 SPSS19.0 统计分析软件，选择相似系数 Ochiai 系数，使词篇矩阵转化为一个相似系数矩阵。同时，为方便分析，需要消除关键词共词次数差异所产生的影响，因此，在相似矩阵的基础上，利用"1–相似矩阵"方式得到相异系数矩阵。相异矩阵数值越接近 1，关键词间的关系越远，反之越近。[①]相异矩阵结果如表 2-5 所示。

表 2-5　教育权高频关键词 Ochiai 系数相异矩阵（部分）

关键词	教育权	收回教育权	家庭教育权	国家教育权	教育法律	班主任	社会教育权	教育文化侵略	流动儿童	教师教育权
教育权	0.000	0.863	0.916	0.968	0.764	0.842	0.798	0.730	0.831	1.000
收回教育权	0.863	0.000	1.000	1.000	1.000	1.000	1.000	0.631	1.000	1.000
家庭教育权	0.916	1.000	0.000	0.711	1.000	1.000	0.925	1.000	1.000	1.000
国家教育权	0.968	1.000	0.711	0.000	1.000	1.000	0.913	1.000	1.000	1.000

---

① 郭文斌，方俊明. 关键词共词分析法：高等教育研究的新方法. 高教探索，2015，（9）：15-21.

续表

关键词	教育权	收回教育权	家庭教育权	国家教育权	教育法律	班主任	社会教育权	教育文化侵略	流动儿童	教师教育权
教育法律	0.764	1.000	1.000	1.000	0.000	0.893	0.727	0.909	1.000	0.809
班主任	0.842	1.000	1.000	1.000	0.893	0.000	1.000	1.000	1.000	0.888
社会教育权	0.798	1.000	0.925	0.913	0.727	1.000	0.000	1.000	1.000	0.905
教育文化侵略	0.730	0.631	1.000	1.000	0.909	1.000	1.000	0.000	1.000	1.000
流动儿童	0.831	1.000	1.000	1.000	1.000	1.000	1.000	1.000	0.000	1.000
教师教育权	1.000	1.000	1.000	1.000	0.809	0.888	0.905	1.000	1.000	0.000

如表 2-5 所示，各个关键词与教育权距离由远及近的顺序依次是：教师教育权（1.000）、国家教育权（0.968）、家庭教育权（0.916）、收回教育权（0.863）、班主任（0.842）、流动儿童（0.831）、社会教育权（0.798）、教育法律（0.764）、教育文化侵略（0.730）。其中，教育权、收回教育权与教育文化侵略，家庭教育权与国家教育权，社会教育权、教师教育权与教育法律结合系数较低。从以上结果可以看出，教育权领域的教育文化侵略、家庭教育权与国家教育权的关系、教育法律中社会教育权与教师教育权的体现是教育权研究领域关注的重点。

三、教育权高频关键词聚类及分析

将表 2-5 的高频关键词相异系数矩阵导入 SPSS19.0 软件进行聚类分析，得到的聚类结果如表 2-6 所示。根据聚类分析结果显示的聚团连线距离远近，我们可以直观地看出，教育法学研究高频关键词分为六类：班主任批评教育权研究（种类 1）、收回教育权运动研究（种类 2）、流动儿童平等受教育权法律保护研究（种类 3）、国家教育权与家庭教育权的关系研究（种类 4）、未成年儿童受教育权与家长教育权研究（种类 5）、公共教育视野下教育权的表达及其体制机制研究（种类 6），其中第 5 类、第 6 类应该属于一类，但很难用一句话来概括，因此，经二次分类将其分为两类。

表 2-6　教育权高频关键词聚类结果

种类	关键词
种类 1	班主任、批评教育、批评教育权、义务
种类 2	收回教育权、教会学校教育

续表

种类	关键词
种类 3	教育平等权、法律保护、流动儿童、义务教育权
种类 4	家庭教育权、国家教育权
种类 5	家庭教育、家长、未成年儿童、教育权、受教育权
种类 6	教育体制机制、教育、社会教育权、公共教育、依法治校、国家教育行政权、教育法律

种类 1 为班主任批评教育权研究，包括班主任、批评教育、批评教育权、义务等关键词。教师的权利与义务是基于特定的职业性质而产生和存在的，它们都在教育教学活动中产生并由教育法律规范所规定，都与教师职务和职责紧密相连。[①]班主任进行批评教育是教师教育活动中必不可少的内容，"批评教育权"从字面解析是"批评权"与"教育权"的综合。"批评权"即班主任对违反学校规定或者"有缺点错误"的学生采取的教训、否定评价的权利；"教育权"一般被认为是为保障学生的学习权、培养学生的人格自由发展，而由教师等教育关系的主体享有的权利或职权[②]，是构成教师惩戒权的内容之一。从法律规范上讲，《教师法》第二章第七条教师的权利与义务部分规定教师享有"指导学生的学习和发展，评定学生的品行和学业成绩"的权利，教师应当履行"制止有害于学生的行为或者其他侵犯学生合法权益的行为，批评和抵制有害于学生健康成长的现象"的义务，这意味着教师的批评教育权既是法定权利，又是法定义务。

然而，由于《教师法》缺乏对教师批评教育权维度与内容的说明，形成法律空白，教师与家长之间因惩戒问题产生冲突的现象层出不穷，教育部在 2009 年印发的《中小学班主任工作规定》中特别强调"班主任在日常教育教学管理中，有采取适当方式对学生进行批评教育的权利"，以此明确教师拥有对学生进行适当批评教育的权利。教育部本意是给予班主任实施批评教育权的政策后盾，现实中却引起广泛社会争议。批评教育本就是教师进行日常管理的常规方式，属于教师权利，并不需要教育部特别规定，《中小学班主任工作规定》的出台反而让人质疑：批评教育竟然需要授权？教育部是否认为其他学科教师没有此权利？[③]教师批评教育容易产生两种极端："不敢管"与"过度管理"。个别家长宠溺子女，家长的合理权威受到孩子的挑战，道德约束力逐渐减弱，过分呵护造成孩子心灵脆弱、

① 徐忠颖. 当前我国教师教育权利运作中的问题与对策. 牡丹江教育学院学报，2006，(5)：86-87.
② 吴庆荣. 中小学班主任的批评教育权探析. 教学与管理，2010，(22)：30-31.
③ 曹志辉. 科任教师无批评学生的权利了吗? http://opinion.voc.com.cn/article/200908/200908261523209984.html. [2017-6-21]. 2009-08-26.

感恩意识和尊重意识淡薄，家长对教育活动的规律缺乏了解，不明就里，加上过去人们对《中华人民共和国未成年人保护法》（简称《未成年人保护法》）等法律规定的"教师不得体罚和变相体罚学生"的过度解读①，学校为减少与家长的冲突，对教师的惩戒方式进行苛刻限制，导致教师出于各种考虑对"批评""惩戒"避之不及，甚至无法进行正常的教育管理，几乎放弃了基本的教师教育权利，对学生"不敢管"，酿成"杨不管"事件的惨剧。与此同时，相反的极端化管教现象频频发生。例如，重庆某班主任体罚学生，打断两根扫把棍。②临沂某班主任体罚 9 岁学生，学生被抽掉皮。③这些触目惊心的事件引发社会对教师拥有批评教育权的合理性产生怀疑。

　　实际上，"不敢管"与"过度管理"都是一个"度"的问题，区分"惩戒"与"体罚"是教师批评教育权合理性的关键。"惩戒"是"通过对不合范行为施与否定性的制裁，从而避免其再次发生，以促进合范行为的产生和巩固"④。"体罚"则是教师对学生肉体实施惩罚并使其受到伤害的行为，如殴打、超过身体负荷的极限运动等。⑤体罚主要具有以下特征：教师出于主观的发泄心理；侵犯学生人身人格权；教师个人活动；客观上造成学生身体伤痕等。由定义可以看出，教师惩戒权是基于管理目的对个体的越轨行为进行规范，惩戒权的行使必须"出于善意，着眼于让学生更好地发展。惩戒是对学生的一种教育，它要求学生进行反思，改变现有的不合规范的行为。只有出于爱心和善意的惩戒，才能让学生心悦诚服地接受，进而帮助学生更好地成长，达到积极的效果"⑥。也就是说，惩戒是为了促进学生发展，不能出于报复、泄愤心理。实施惩戒权的前提是学生确有违纪、违规行为，且该行为对日常教学活动造成影响。通常，在校学生的越轨行为种类较多，大体上可以分为两类：影响教学秩序的行为，如打架、斗殴等；阻碍个人发展的行为，如旷课、作弊等。教师对学生违反行为规范且情节较轻的行为具有惩戒权，而较严重的违纪行为，惩戒权应在学校，超越校规校纪的违法行为，则应交出司法机关处理。⑦

① 范国睿，何颖. 2009 年我国基础教育若干政策评析. 教育发展研究，2010，（8）：6-14.

② 澎湃新闻. 老师体罚学生打断两根扫把因作业完成不好. http://mt.sohu.com/20151015/n423343666.shtml [2017-6-22]. 2015-10-15.

③ 齐鲁晚报. 孩子被抽的屁股掉层皮临沂一班主任体罚 9 岁小学生被停职. http://news.ifeng.com/a/20160624/ 49232952_0.shtml[2017-6-21]. 2016-06-24.

④ 劳凯声. 变革社会中的教育权与受教育权：教育法学基本问题研究. 北京：教育科学出版社，2003：375.

⑤ 姚相全. 中小学教师惩戒权探析. 高等函授学报（哲学社会科学版），2009，（3）：53-56.

⑥ 吴开华. 教育惩戒合法化：原则、要求及其保障. 教育理论与实践，2008，（5）：24-25.

⑦ 方益权，易招娣. 论我国教师个体惩戒权法律制度的构建. 教育研究，2011，（11）：29-33.

教师应当保证惩戒的必要性和惩戒措施的适度，总的来说，惩戒与体罚的边界在于出发点与落脚点对主体的客观影响。除了惩戒与体罚的边界模糊，当前社会对批评教育权存有"恐惧"心理的另一个原因是对教师的批评教育作用认识不清。社会价值多元化、信息透明化使所有事物都暴露在大众舆论之下，任何突发事件的大众化解读传播速度远超过真相的传播速度，个别具有不良影响的案例的发生会被公众当作所有校园突发事件中的普遍现象。近年来，各类学校确实发生过一些教师体罚学生的事件，但也发生了一些家长因教师简单的口头批评闹到学校的案例，家长先入为主，一味指责学校与教师，媒体不分青红皂白提高新闻热度，导致学校越来越不敢对学生进行最基本的教育管理，强行限制教师对学生的教导方式，尤其对"赏识教育"这类舶来品极力推崇，对学生说不得碰不得，结果造成学生的人格不健全，只看重成绩与名次，承受不了任何生活中的打击，甚至老师一句轻微的批评都可以引发学生自杀的严重后果，这样的教育不是健康的教育，也不能教育出健康的人。孙云晓曾说："没有惩罚的教育是不完整的教育，没有惩罚的教育是一种虚弱的教育、脆弱的教育、不负责任的教育。"[1]批评、惩戒和奖励、表扬一样，都是合理正当的教育方法。合理地运用批评、惩戒，有助于引导学生及时纠正不规范行为，遏制不良后果的产生，有效防止人格发展的偏失。

班主任批评教育权的被认可需要多方面的共同努力。首先，从班主任自身来讲，相对于一般教师，班主任对学生身心发展、生活学习有更多的管理职责与义务，是学校教学系统中协调各种人际关系、整合各类教育资源的重要人员。[2]苏联教育家苏霍姆林斯基把班主任热爱学生作为教育的奥秘，认为班主任理当热爱学生，从爱出发实施教育活动，爱学生就要为学生的终生发展负责。对于有碍学生健康人格形成的不良习惯、错误言行或有悖于社会公德乃至触及刑律的恶劣行为，学校和教师有义务更有责任对其进行适当的批评和惩罚。[3]其次，社会舆论需要加深对批评教育的理解与认识，"批评"并不是一个纯粹的贬义词，"鼓励"也不完全会产生好结果，引导学生接受生活不只是吸纳所有美好的事物，应该引导他们可以接受"好"，也能容纳"不好"，拥有健康的心理。最后，依然需要加强教育法制的建设和完善，虽然《中小学班主任工作规定》明确肯定了批评教育权，但是仍然缺乏详细的实施说明，这就给诸多社会矛盾留下滋生之地，法律后

---

① 孙云晓. 没有惩罚的教育是不完整的教育. 中国教育报, 2002-10-28(2).

② 金根琴, 陈存国. 论新课程背景下班主任的权利失范及其危害. 成功(教育), 2011, (18): 212.

③ 赵宇. 教育管理中的惩戒权. 重庆职业技术学院学报, 2004, (3): 32-33, 97.

盾是权利落实的基石，也是社会秩序稳定的保障。关于班主任批评教育权的研究将有助于推动社会对教育本质的认识，了解教育活动的复杂性，促进教师权利的保障及中国教育法制的进一步完善。

种类 2 为收回教育权运动研究，包括收回教育权、教会学校教育等关键词。所谓收回教育权，是指收回外国人依据不平等条约在华建立基督教学校及发展其他教育事业的权力，实施本国的教育。[①]"收回教育权运动"就是 1924—1927 年在中国社会发生的以反对教会教育、收回教会学校管理权为主旨[②]的运动。教会学校是由各国设教总会管理的设在中国领土的外国学校。教会学校曾经对中国近代教育事业的开创做了贡献，西方传教士来华并引入西方新教育，到 20 世纪初，中国已经发展到拥有包括初等教育到高等教育的各级各类学校，其对中国教育主要产生了两方面影响："一方面，教会学校的大量兴办，根本目的是为西方殖民利益及宗教利益服务的，带有浓厚的殖民侵略和宗教侵略色彩，阻碍着中国近现代教育的正常和健康发展；另一方面，在华教会教育毕竟是西方近代教育的产物，它为中国近现代教育发展提供了一种新模式，在相当程度上为中国传播了西方近代的教育思想和方法。"[③]但是，总的来说，教会教育侵犯了中国的教育主权及国家主权，因此，近代以来反教会教育运动一直没有停止，尤其是五四运动以后，国家民族主义觉醒，国民"希望通过新型学校所提供的新教育培养出肩负拯救中国大任的一代新人时，自成系统、依仗治外法权、宣传西方宗教和生活方式的教会学校理所当然地成为最直接的攻击目标"[④]，掀起了新一轮反教会运动的高潮。

20 世纪 20 年代是中国教会教育史上的关键时期，也是重要的转折点。"在国民急于寻找改造中国新路径的背景下，被视为'西亚病夫'的土耳其人收回教会教育权以及'巴顿调查团'所作中国教育状况调查，刺激了国人的民族情感，'国家主义'教育理念遂成社会共识。"[⑤]由于深受新文化运动、和平主义思潮及杜威教育思想等影响，国家主义教育思潮一度隐失于五四运动前后的教育界。[⑥]借由五四运动掀起的思想文化风潮，国家主义、民族主义再度登上历史舞台。于是中

① 傅长禄. 大革命时期收回教育权运动初探. 史学集刊，1988，(1)：48-53.
② 杨思信. 国、共、青三党与收回教育权运动. 甘肃社会科学，2010，(2)：195-198.
③ 刘卫，徐国利. 胡适论西方在华教会教育. 安徽大学学报，2005，(5)：85-90.
④ 高时良. 中国教会学校史. 长沙：湖南教育出版社，1994：224.
⑤ 杨天宏. 民族主义与中国教会教育的危机——北洋时期收回教育权运动之背景分析. 社会科学研究，2006，(5)：131-138.
⑥ 肖海燕. 陈启天与 20 年代中期收回教育权运动——兼谈国家主义教育思潮. 历史教学(高校版)，2009，(2)：32-36.

国风起云涌的收回教育权运动与日益高涨的民族民主革命交织在一起，对教会教育产生了前所未有的冲击。1924 年 4 月，由英国基督教圣公会主办的广州圣三一中学率先举起了反对教会教育的旗帜，发动了大规模的学潮，酝酿已久的抵制教会教育的思想转化为实际行动，掀起了一场轰轰烈烈的收回教育权运动。[①]圣三一中学的学潮催生了注册制度，当时的北洋政府教育部于 1925 年颁布《外人捐资设立学校请求认可办法》，提出教会学校的私立性质，迫使教会学校向中国政府立案报备，学校管理权收归政府所有，教会学校迫于生存，不得不调整学校的存在方式，逐渐世俗化、中国化，可以说，这次学潮成为改变中国近代教育的重大契机，"收回教育权的呼声，首由广州学生喊将出来，随后遍及中国"[②]。随后，上海、芜湖、长沙、南京等地的教会学校相继爆发了大规模的学潮，据不完全统计，当时全国共有 10 个省、19 个城市、47 所学校发生退学风潮[③]，不仅初等教育学校展开了对收回教育权运动的回应，高等教育学校也借此时机开始了如火如荼的改革运动。1924 年，在以抗议在华教会大学文化侵略为主旨的全国收回教育权运动中，不少教会大学的师生出于民族义愤，纷纷罢教退学，自谋组建私立大学。1925 年，上海圣约翰教会大学离校师生共同创办了光华大学。[④]1927 年初，收回教育权运动取得较大进展。广州岭南大学学生总会向学校建议进行改组，经各方商定，于 1927 年 2 月议定将校董事会由纽约迁至广州，校长由中国人担任，同年 7 月，经广东革命政府批准，该校收回管理权，由中国人自办，并正式更名为私立岭南大学。其他教会学校从 1927 年起陆续向中国政府注册立案，到 20 世纪 30 年代初，所有的教会大学，除上海圣约翰大学以外，都已向中国政府履行了注册手续。[⑤]这为中国高等教育展开新的篇章做出了重要铺垫。

收回教育权运动在中国教育史上有重大意义，它对教会学校进行的体制改造使教会学校的资源本土化，教会学校原有的传教与教育两位一体的体制得以改变，它们不再以"传播福音"为主要使命，而是通过具体的较高质量的人才培养来发挥影响[⑥]，真正为中国所用，成为推动中国教育发展的重要资源，结束了教会学校完全由外国人控制的历史。收回教育权运动也在客观上激发了国人的爱国思想，出现了一批志士，为中国思想文化及教育事业的传承和发展贡献力量，为中国的

---

① 夏泉，程强强. 广州圣三一中学学潮与收回教会教育权运动的发轫. 民国档案，2010，(4)：63-67.
② 陈独秀. 陈独秀文章选编. 北京：生活·读书·新知三联书店，1984：535.
③ 中国新民主主义青年团中央委员会办公厅. 中国青年运动历史资料(1926—1927). 1957：119.
④ 宋秋蓉. 20 世纪上半叶中国私立大学产生与发展的历史轨迹. 高等教育研究，2006，(11)：98-105.
⑤ 何晓夏，史静寰. 教会学校与中国教育近代化. 广州：广东教育出版社，1996：71.
⑥ 薛晓建. 论非基督教运动对中国教育发展的影响. 北京行政学院学报，2001，(3)：77-81.

民族觉醒、国家崛起奠定基础。对于收回教育权运动的回顾性研究可以让教育者更好地探讨不用种类的教育类型的融合，学习对外来事物所应采取的合理态度，从而促进中国教育的发展。

种类 3 为流动儿童平等受教育权法律保护研究，包括教育平等权、法律保护、流动儿童、义务教育权等关键词。教育平等实现程度是衡量一个国家教育发展水平的标准之一，自 1954 年《中华人民共和国宪法》（以下简称《宪法》）颁布以来，我国一直致力于普及义务教育，并且完成了全国"普九"这一跨越式目标，但是与"全覆盖"与"均衡化"还有相当大的差距。儿童是天然的弱势群体，自身不具备自我保护能力，权利实现需要依靠法律的强制规定与社会自觉，这一群体中，客观因素形成的流动儿童群体处于社会边缘，其教育平等问题长期困扰着国家教育事业的发展。流动儿童是指跟随家长移动迁徙、没有居住地户口的儿童，包括但不限于从农村流向城市的儿童（即农民工子女群体中的大多数）。[1]平等受教育权是指公民依法享有的要求国家积极提供均等的受教育条件和机会，从而通过接受教育以获得平等的生存和发展机会的基本权利。[2]

从受教育过程的角度划分，儿童受教育权包括入学权、在校期间获得帮助权和升学权。[3]入学权是指适龄儿童进入学校接受教育的权利，主要是义务教育阶段儿童依据相关政策法规就近入学的权利；在校期间获得帮助权是指学生在校学习期间，有权获得学校和教师无差别帮助的权利。升学权是指小学毕业生、初中毕业生、高中毕业生进入下一教育阶段进行学习的权利。流动儿童的平等受教育权指其在入学权、在校期间获得帮助权和升学权方面，获得与其他儿童群体平等的权利享受与保护。流动儿童是伴随着农村剩余劳动转移而出现的一个特殊群体，《中国流动儿童数据报告（2014）》统计结果显示，截至 2014 年底，上海流动儿童占当地儿童总量的比例已超过 4 成，高达 41.51%；北京、浙江此比例超过 3 成，分别为 32.78%、30.25%；内蒙古、福建此比例超过 2 成。[4]可见，流动儿童不仅数量庞人，而且分布范围广，并不像一般所理解的那样局限于经济发达区域。区域间经济发展、城市建设成熟程度、教育资源供给、人口和教育政策规定等千差万别，客观上造成流动儿童的平等受教育权问题复杂化，很难形成统一解决全国

---

① 韩世强. 流动儿童受义务教育权的实现及司法救济——兼论超法规路径的行政诉讼变革. 华中师范大学学报（人文社会科学版），2008，（5）：121-128.

② 尹力. 受教育权的基本理论问题探试中国教育法制评论（第 1 辑）. 北京：教育科学出版社，2002.

③ 祁雪瑞. 流动儿童受教育权保护问题探析. 中州学刊，2013，（11）：56-58.

④ 石睿. 《中国流动儿童数据报告（2014）》发布. http://www.cssn.cn/zx/zx_gjzh/zhnew/201409/t20140923_1338700.shtml[2017-06-21]. 2014-09-23.

流动儿童教育平等问题的方案。但是，权利保障与实现来自法律授权，从法律角度讲，法律规范是可以且必须具有统一内容与效力的。因此，在国家层面上从基本范围框架上解决流动儿童平等受教育权问题，应当主要从法律制度的建设入手。

1949 年以来，国家一直十分关注教育事业的发展，关于儿童受教育权保障，形成了以《宪法》为根本，以《教育法》《义务教育法》《未成年人保护法》为基础，以各类其他政策规章为补充的法律体系。单就法律建构讲，可以说是层级分明，然而，流动儿童受教育权面临的入学难、教育资源差、升学机会少等诸多困境依然没有得到根本性解决，这说明立法在权利保障的执法与司法环节存在设计缺陷。根据《宪法》规定，义务教育是适龄儿童和青少年都必须接受，国家、社会、家庭必须予以保证的国民教育。但现实情况是，流动儿童数量急速增加，作为国家行政权力代表的流入地政府没有相应的预案机制，无法及时、快速、有效地妥善处理"突如其来"的流动儿童。国家虽然提供了硬性法律规定，但是对于具体的执行缺乏详细内容，也就是说，法律阐述了权利授予，却没有说明国家如何确保权利实现。暂时无法获得居住证或房产证明的流动儿童如何免费就学，"就近入学"原则下区域内学校因满额等客观原因拒收适龄儿童应如何解决等一系列问题无法从上述法律条文中找到答案，有些地方政府忌惮于政绩评定，不敢作为，导致诸多问题一拖再拖。因此，保证执法层面的可操作性和对政府行为的有价值的指导十分重要。

促使流动儿童接受义务教育是一种社会演进过程的派生义务，理所当然应由国家来承担，这是现代政治国家的职责，即国家必须将已经出现的流动儿童群体纳入同等的公民保障体系中，为他们的生存、发展、接受教育、政治参与等做出合理的、无任何歧视色彩的制度安排。只有坚持这样的逻辑前提，我们才能合理地处理流动儿童接受义务教育方面的问题。[①]流动儿童客观上占用流入地的教育资源，如果没有国家层面切实可行的强制要求，很难保证流入地政府对流动儿童平等受教育权需求的满足。立法、执法、司法三位一体才是法律具有实践效用的保证。义务教育本身属于公共性质，其教育权实施主体是国家。受教育者权利受侵害时需要面对的是政府等行政机关，它们是国家公权力的代表，这意味着受教育者维护权利的方式通常是通过行政司法程序提起行政申诉。受教育权受到什么

---

① 韩世强. 流动儿童受义务教育权的实现及司法救济——兼论超法规路径的行政诉讼变革. 华中师范大学学报(人文社会科学版)，2008，(5)：121-128.

样的侵犯可以提起行政申诉；入学条件、教育资源的不平等或其他无实际衡量指标的条件是否在可诉范围内；义务教育阶段私立学校的受教育侵犯该如何维权……这些问题值得探讨。司法审查与司法救济是权利维护的关键环节，流动儿童群体及其父母大多处于社会较底层位置，法律意识较淡薄，对于权利侵犯常常被动应对，因此急需国家健全司法制度，完善司法救济程序，促进流动儿童平等受教育权的实现。

种类 4 为国家教育权与家庭教育权的关系研究，包括家庭教育权、国家教育权等关键词。随着国家社会主义市场经济体制的逐渐发展，市场体制逐步融入教育事业机制改革当中。在以往的国家体制下，教育基本属于公权力范围内的事物，国家教育权的存在隐藏于公权力之下而被大众忽略。家庭教育权的权利主体为父母，父母身份的特殊性决定其天然具有亲权与教育权，父母对孩子进行教育是理所当然的事，教育方式与内容一般不受他人干涉，同样较少受到公众关注。近年来，公民与学校、教育行政主管部门纠纷增多使国家这一公共事业的主要责任人从幕后走到台前，同时，家长虐待儿童、家长与学校冲突等事件频发，促使各界探讨家庭教育权的内涵与性质。国家教育权与家庭教育权两个抽象的教育权概念，渐渐成为学界探究的热点。

国家教育权作为一个法学概念，指的是国家按照法律规定对国民教育进行合理统治、发展与管理的公权力，它属于国家抽象主权中的一种，包括立法权、行政权、司法权等具体的职权内容。[1]提供教育等公共服务产品是国家的义务与职能，相较于其他社会构成，国家掌握更多的教育资源，这决定了国家拥有教育的公权力。

家庭教育权指国家法律许可并且维护的父母对子女进行教育的权利。家庭教育权因其所具有的原生性的义务与权利,受到一切文明社会法律的确认和保护。[2]2006年，上海"孟母堂"事件是体现家庭与国家教育权利冲突的典型案例。在这个案例中，家长志愿组准备以行政诉讼和民事诉讼叫上海市相关教育主管单位提起诉讼。虽然没有看到事件的最后结果，但是这一案例促使我们探究教育权中各方主体间的法律关系：国家教育权与家庭教育权分别对未成年人承担什么样的责任与义务？未成年人（尤其是义务教育阶段的未成年人）的教育问题谁是更主要的责任主体？二者的纠纷是否符合民事诉讼条件？

---

① 刘大洪，苏丽芳. 人权视野下的国家教育权理论探析. 武汉大学学报(哲学社会科学版)，2012，(3)：70-73.
② 秦惠民. 对市场经济条件下国家教育权作用的再认识. 国家高级教育行政学院学报，2000，(2)：41-45.

从权利源起及其合法性上讲，家庭教育权在出现时间上早于国家教育权。人类社会形成之初，家庭教育权就伴随着人类的繁殖活动以自发性和道德意义上的权利状态而存在，更多的是伦理层面的权利与义务，发展到现代社会，父母的教育权利自子女出生便产生，但同时需要遵循法律规定范围内的义务与责任。国家教育权伴随着人类社会阶层的确立及学校成为教育的普遍机构而出现，现代社会的国家教育权分为抽象职权和具体职权两方面。抽象职权是国家作为政体所具有的国家主权的一部分，具体职权则是其对教育事业进行相关规定及基本管理。家庭教育权的合法性除了生育权、亲权等自然存在的来源外，主要来自国家法律的授权，我国的《宪法》、《中华人民共和国民法通则》（简称《民法通则》）、《教育法》都有对家庭教育权的法定性描述，而国家教育权与国家责任具有同一性，国家责任即意味着国家享有相应的权力，以保证其能够履行自己的责任，国家因公民受教育权、义务教育的存在而产生的一项有关教育方面的责任，进而也是一项有关教育方面的权力，是一项基于国家教育责任而产生的权力。①从权利对象上讲，家庭教育权的实施对象主要是具有血缘关系的亲族，尤其是父母对子女。国家教育权在权利对象上范围更广，包含所有具有受教育权的公民，父母与子女也是国家教育权的权利对象。从法律关系性质上讲，家庭教育权与社会教育权相同，多数情况下学生无民事行为能力，权利行使由监护人代理，与其他机构或个人形成民事法律关系，在不涉及教育行政部门等行政机关的情况下，法律纠纷一般通过民事诉讼、仲裁、协议等途径解决。国家教育权一般适用于公法，主要是行政法，其权利义务基于行政权力的运作而产生，在权利主体和权利相对方的关系上不具有对等性，权利纠纷解决途径主要是行政申诉。

总的来说，当国家教育权与家庭教育权发生冲突而产生法律纠纷时，不能用单纯的行政或者民事诉讼来解决，而需要综合考量各主体在具体行为中的性质，尤其是在法律救济方面，家长作为法定监护人，与行政机构相比不具有公权力，属于弱势群体，因此，为其提供行政诉讼救济途径十分重要。对国家教育权与家庭教育权法律关系的探究将有助于更深刻地了解我国的宪法权利，推动宪法司法化进程。

种类5为未成年儿童受教育权与家长教育权研究，包括家庭教育、家长、未成年儿童、教育权、受教育权等关键词。家长与未成年儿童都是具有特殊身份的

---

① 温辉. 国家教育权：一个宪法学概念的由来. 大学自治、自律与他律. 北京大学宪法与行政研究中心，2005：13.

权利主体，并且双方相互是对方权利存在的基础。我国《宪法》规定受教育权属于人权范畴，意味着人从出生起自动拥有受教育权，并且在适龄期必须履行接受义务教育的义务，也意味着父母在孩子出生后即拥有家长教育权，其以亲权关系为纽带，受国家法律保护。父母对孩子履行抚养与教育的义务，同时作为孩子的监护人，拥有代替未成年儿童进行教育选择的权利。未成年儿童受教育权与家长教育权最紧密的联系表现在入学权利上，从儿童受教育权方面讲，儿童有选择入学接受教育的权利，但是作为无民事行为能力人，其监护人有代为选择的权利。那么不进入学校接受教育，尤其是义务教育，是否构成对儿童受教育权的侵犯？"桃花源"事件、广州"在家上学联盟"事件使这一问题再度成为热点。首先，"在家上学"具有合法性。《宪法》规定了儿童的受教育权，虽然没有明确说明是否必须进入学校接受教育，但是从宪法意义上保证了公民受教育权利作为一项基本权利的不可侵犯性，而"在家上学"作为公民受教育权利的重要内容，是符合宪法精神的。①父母作为法定监护人有代理儿童行使教育选择权的权利。其次，"在家上学"合乎教育目的，具有正当性。联合国教育、科学及文化组织在《教育——财富蕴藏其中》报告中指出，教育要使学习者学会认知、学会做事、学会共同生活和学会生存。"在家上学"使家长和学生有机会选择多种形式的学习方式，并且有利于儿童依据自身特性满足个性化学习需求，模式化的学校教育不利于儿童个性化需求的探索。这种方式的主要问题在于家长不可违背儿童意愿，强行阻止儿童进入学校学习。

　　家长履行的是监护责任，而非教育选择权的权利享有者。监护权"是一种强者行使于较弱者，有完全行为能力人行使于不完全行为能力人的权力。所以这种权力若是绝对的话，恐难免发生祸害。为整个人类及受这些权力支配的人们的利益计，这种权力应当有各种限制"②。因此，需要一定的法律手段确保儿童意愿，避免父母滥用教育权利，对儿童造成伤害。作为教育行为的实施者，父母教育行为方式的选择与科学性需要得到保证，以确保儿童能够顺利进行应有的知识学习，并且不会因为缺乏公共环境而被动丧失与社会沟通的能力。另外，"在家上学"具有合法性并不意味着可以没有管理监督，教育主管部门理应对父母教育行为进行定期访问，以确保儿童其他权利未被剥夺，立法部门需要完善法律条文，尤其是宪法权利上的明确。如果能在保证儿童受教育权及其他权利的情况下，采取开放

---

① 王录平，胡劲松. 论"在家上学"作为一种权利. 教育科学，2014，(3)：23-27.
② 路易·若斯兰. 权利相对论. 王伯琦译. 北京：中国法制出版社，2006：55.

态度，完善法制建设与制度监管，那么"在家上学"也不失为一种教育形式多元化的探索。

种类 6 为公共教育视野下教育权的表达及其体制机制研究，包括教育体制机制、教育、社会教育权、公共教育、依法治校、国家教育行政权、教育法律等关键词。公共教育概念的发展伴随着社会结构的变化，从公共教育制度建立到 20 世纪 80 年代，"公共教育"就是国家举办、管理的教育，80 年代后，教育经历市场化改革，私学蓬勃发展，已经无法单纯地将公共教育等同于国家教育，公共教育内容逐渐丰富，向现代化发展。时至今日，我们将现代化的公共教育定义为在社会文明发展到一定历史阶段形成的，由国家、团体或个人向社会单独或者混合提供的，被全体社会成员共享并服务于社会的公共物品或者准公共物品。从这个概念可以看出，公共教育的重要意义在于其公共性，即教育基于正当性或正义性而关涉公民社会的公共事务及公民品质，公共教育包括这样几个方面的内涵：①无论是公立教育还是私立教育，都具有公共性质，因而都应当以对公共事务的关怀和公民品德的培养为旨归。②具有公共性的教育，应当以社会正义而非社会成就为价值追求，教育应当努力引导年轻人进入国家的精神生活，使公民个体融入政治共同体之中。③无论是家庭教育、学校教育还是社会教育，只要立足于培养公民的正义观念和正义感，都具有公共性特征。[①]

从公共性考虑，公共教育的教育权不是国家独有的，而是包括国家与社会两方面（由于家庭属于社会组成的基本单位，且家庭教育权更倾向于伦理上的教育亲权，这里一并归为社会教育权）。社会教育权是除国家外的机构或个人依法享有的从事教育活动的权利，社会教育权"是依赖于契约性法律和习惯法而存在和运作的，因此社会教育权的权利主体之间的关系是平等的"[②]。公共教育角度下社会教育权的表达，取决于社会教育权权利主体的类型，虽然教育本身是公益事业，不以营利为目的，但是社会发展引发教育资源差异化，进一步导致教育市场化，出现了有优劣之分的教育产品，并使人们具有教育产品的选择权。这使得具有社会教育权的权利主体的性质变得复杂，即同时具有公权和私权两种性质，既接受国家教育权的指导和监督，又是国家教育资源的补充。

相较于社会教育权，国家教育权仍然是最主要的公共教育权的主体，是最基本教育资源的提供者。不过，随着公共教育的市场化转变，国家教育机制也由单

---

① 朱家存，周兴国. 论公共教育的公共性及实践表征. 华东师范大学学报(教育科学版)，2007，(4)：38-43，51.
② 覃壮才. 国家教育权与社会教育权的权利行使模式探析. 中国教育法制评论，2002，(1)：109-123.

一走向多元。我国的国家教育机制改革开始于 1985 年《中共中央关于教育体制改革的决定》的出台。机制改革主要强调办学自主权的下放，国家以宏观调控与监督职能为主，将微观的具体执行权力下放到地方政府和社会机构，并且给予学校适度自主管理权。公共教育服务的供给主体从国家转向国家、市场和公民社会三元主体，这意味着资源配置格局的转变，逐渐形成了"政府-市场-公民社会"共同合作的新型关系，从而调整了教育相关主体的利益关系。[①]教育权实际上包含了所有权、投资权和控制权（经营权）。[②]国家对办学机制的改革，实际上是承认非政府力量的教育机构，一定程度上分化了投资权和控制权，在减轻政府负担的同时增加教育市场活力，促进教育资源的优化。并且通过校长负责制、教师代表大会制度、校长业务职级制、三级课程管理体制等推动学校自主管理，有效激发学校自主创造力，同时强化了家庭教育权，使家长参与到学校工作中，不再将家庭教育权局限于家庭教育，切实体现家庭教育权的权利属性。实际上，国家教育机制的改革是公共教育权下放和分化的过程，一方面，促进权力分解，增加相关主体，灵活权力执行；另一方面，国家通过将自身置于监管全局的宏观地位，达成权力集中。权力下放与权力集中相互制衡，以达到最优效果。

四、教育权研究领域的未来展望

通过共词分析法，教育权的研究热点被直观地表现出来，我们可以清晰地看到教育权研究主要围绕不同主体的教育权体现、儿童受教育权保护、教育权的历史发展与机制建设等方面，这些研究有助于厘清教育权与受教育权的关系，促进教育权法制规范的建设，推动国家依法治国战略在教育方面的落实，使中国教育事业更加繁荣。[③]同时，我们在研究中发现了一些亟待加强或改进的地方。比如，梳理、计量性质的研究少，实例实证性研究少，多为文字描述及思辨性分析；与其他学科的交融性不足；教育权体系化研究关注度不足；领域内研究内容单一。这就需要教育权研究在这些方面有所突破和创新。

---

① 吴景松. 政府职能转变视野中的公共教育治理范式研究. 华东师范大学博士学位论文, 2008：146.

② 朱利霞. 我国办学体制改革中公共教育权的变迁及其表征. 四川理工学院学报（社会科学版）, 2008,（3）：134-137.

③ 马凤岐. "依法治校"还是大学自治. 高教探索, 2008,（1）：14-17.

（一）丰富研究类型与方法，增加多种类研究方法的创新

对过去的总结有助于更好地展望未来，学术方面同样如此，对学术成果的梳理可以使我们看到领域内的发展脉络及缺陷，而传统研究方法重思辨，易带入到某种固有经典模式，有碍我们发现更加本质客观的规律，创新研究方法能够促进研究变革，推动一个领域的发展。法律是对组织机构运行及建设起重要辅助作用的管理途径，法律研究需要充分考虑研究结果的可实践性，教育法律同样应当注重对案例的分析及实际操作的可行性，使教育相关法律真正成为能够解决教育问题的工具，这就要求我们增强教育权相关理论的实证研究，从现象探寻问题的根本，使学术研究成果能够为法律及政策提供切实建议，具有实际应用价值。

（二）扩展研究学科领域，形成多学科交叉研究

法律是社会存在的基石，因此，法律相关研究也是各学科都会涉及的领域，教育法律自然同时包含多个学科的相关内容，如果仅仅局限于教育学与法学，就无法实现学科的延展性。以教育权为例，其还应该包括社会学、经济学、政治学、管理学等。例如，国家教育权对义务教育与非义务教育的经费分配和使用问题，就会涉及学校财政体系、国家教育经费制度等，即涉及经济学研究；不同受教育权权利主体与教育权权利主体的冲突，如家长行使教育权的行为对未成年儿童的心理影响问题涉及心理学研究；社会教育权对社会群体道德意识的反映问题涉及社会学及心理学研究。因此，应该在研究中尽可能地挖掘各领域间的联系，融会贯通，打通学科间的壁垒，用更加开阔的视野使研究达到更深的层次。

（三）增加领域研究深度，扩大研究群体

由于教育权的狭义概念，教育权研究通常局限于国家教育权、社会教育权、家庭教育权，又因为教育权权利主体的抽象性，学术成果数量较少，各方面的研究都不够深入。本书建议，可以从以下几个方面继续深入探究教育权的内涵：①加强对三种教育权相互关系的探究。国家、社会、家庭三个主体既联系紧密又各具特点，国家是公权力的代表，社会群体种类丰富，家庭是构成社会的基本单位，可以说，三者之间的关系在法律制度等各个方面的表现各不相同，值得深入研究。②建立纵向上各种教育权利的体系化研究。国家、社会、家庭都是人类组织结构

方式的一种，各自具有组织特征、组织构成、组织模式，可以从这些方面出发，与教育权相结合，建立完整的研究体系。③扩展研究群体类型。狭义的教育权是与受教育权相对应的权利，受教育权研究群体种类繁多，分类详细，可以尝试从对应角度拓展教育权的研究，如对社会教育权中民办学校与一般教育机构教育权的探讨。总的来说，教育权的研究体系还不够完善与详细，丰富教育权的研究内容有助于教育法律的完善，也有助于教育学科的发展。

第三章

教育法务研究热点的共词可视化

教育是衡量社会进步、经济发展、文化繁荣的重要标志之一。为了保证教育的顺利发展，需要建立一套完整的教育法律体系来保障教育的运行。而教育法律体系的建构，首先要有教育方面的立法，这样才能实现有法可依、有法必依。同时，教育立法的目的是教育法的实现与适用，只有达到这一目的才能做到有法必依、执法必严、违法必究，实现公正司法和全民守法。因此，完整的教育法务系统应该包括教育立法、教育执法、教育司法、教育法律救济、教育守法等环节。当然，从我国现有教育法务研究热点来看，有关教育立法、教育法律救济的研究较多，而教育执法、教育司法、教育守法等方面的研究还没有引起学界广泛的关注和重视。因此，有关教育执法、教育司法、教育守法的研究热点囿于数量不足而只能暂时搁浅。

第一节 教育立法研究热点的共词可视化

所谓教育立法，是指由特定立法主体在一定的法定权限内，依照法律程序所从事的制定、修改或废止教育法律法规的专门活动。根据我国教育立法的实践，教育立法可以从广义和狭义来理解。广义的教育立法指国家机关按照特定职权和程序制定各种教育法律文件的专门活动。教育立法机关包括各级国家权力机关及其授权机关，如全国人民代表大会及其常务委员会、国务院、地方人民代表大会、地方人民政府。教育立法内容包括教育法律、教育法规和教育行政规章。狭义的教育立法是特指国家最高权力机关制定教育法律的专门活动，主要是全国人民代表大会及其常务委员会制定教育法律的专门活动。从我国现行的立法体制和教育立法实践来看，我国的教育立法属于广义的教育立法。加强教育立法建设，实施教育的法制化运行，体现了现代教育普及化、公共化、法治化、民主化等的要求，有助于满足人们的基本生存、生活要求，有利于丰富人们的精神生活，有助于我国的科学文化技术的繁荣，有利于保障最大多数人的最大利益。

教育立法研究热点的研究资料来源于"中国学术期刊网络出版总库"，采用标准检索，将期刊年限设定为"1985—2015 年"，指定期刊类别为"全部期刊"，以"篇名"为检索条件，设定"教育立法"为检索内容，共获得相关文献 767 篇，为了保证研究的可靠性与有效性，采取排除会议纪要、人物专访、报纸评论、刊物征稿要求、征订启事、刊物总目录信息等非研究型文献的方法，得到 733 篇有效文章，形成研究的资料来源。

一、教育立法研究高频关键词词频统计与分析

通过对我国教育立法研究文献的关键词进行统计，共得到 1857 个关键词，最终确定高频、低频词阈值为 9，统一同义词后，得到 55 个高频关键词，其排序结果如表 3-1 所示。

表 3-1　55 个教育立法研究高频关键词排序

序号	关键词	频次	序号	关键词	频次	序号	关键词	频次
1	教育立法	274	15	《职业教育法》	29	29	举办者	16
2	立法	176	16	职业教育	27	30	学前教育	15
3	教育法规	70	17	教育基本法	25	31	可行性	14
4	终身教育	53	18	教育改革	24	32	地方性法规	13
5	教育法律	45	19	教育法制建设	23	33	日本	13
6	依法治教	43	20	职业技术教育	22	34	法律关系	12
7	启示	35	21	高等教育	22	35	特殊教育	12
8	民办教育	35	22	《教师法》	20	36	法制建设	12
9	民族教育	33	23	教育法制	20	37	特点	12
10	教育事业	32	24	职业教育立法	19	38	社会主义法制	12
11	环境教育	32	25	教育法律法规	19	39	少数民族教育	11
12	美国	32	26	必要性	17	40	教育工作	11
13	成人教育	32	27	法律责任	17	41	法律规范	11
14	成人教育立法	31	28	立法问题	16	42	特殊教育立法	11

序号	关键词	频次	序号	关键词	频次	序号	关键词	频次
43	高等教育立法	11	48	少数民族	10	53	航海教育	9
44	教育体制改革	11	49	市场经济体制	9	54	中国教育	9
45	职业教育法	11	50	环境教育立法	9	55	少数民族教育	9
46	法律保障	11	51	立法依据	9			
47	立法研究	10	52	家庭教育	9	合计		1525

如表 3-1 所示，55 个高频关键词总呈现频次为 1525，占关键词出现总频次的 35.74%。通过前 55 位的关键词排序，我们初步地了解到 1985—2015 年我国教育立法研究领域的集中热点和趋势。其中，前 14 位关键词频次均大于 30，依次为教育立法（274）、立法（176）、教育法规（70）、终身教育（53）、教育法律（45）、依法治教（43）、启示（35）、民办教育（35）、民族教育（33）、教育事业（32）、环境教育（32）、美国（32）、成人教育（32）、成人教育立法（31），其余 41 个关键词出现频次均大于或等于 9。这一结果初步说明，教育立法研究多围绕教育立法与教育法规、终身教育与教育法律、民办教育与民族教育等方面的主题展开。

二、教育立法研究高频关键词的相异矩阵及分析

利用 BICOMB 共词分析软件，将上述 55 个高频关键词进行共词分析，生成词篇矩阵后，再将矩阵导入 SPSS19.0 软件，选取 Ochiai 系数并将其转化为一个 55×55 的共词相似矩阵。在进行多维尺度分析时，将此相似矩阵采用"1-相似矩阵"转化为相异矩阵，结果如表 3-2 所示。

表 3-2　教育立法研究高频关键词 Ochiai 系数相异矩阵

关键词	教育立法	立法	教育法规	终身教育	教育法律	依法治教	启示	民办教育	民族教育	教育事业	环境教育	美国	成人教育	成人教育立法
教育立法	0.000	1.000	0.581	0.934	0.712	0.696	0.969	0.888	0.800	0.733	0.861	0.904	0.957	1.000
立法	1.000	0.000	1.000	0.803	1.000	1.000	0.809	0.873	0.895	1.000	0.880	0.893	0.747	0.986
教育法规	0.581	1.000	0.000	0.951	0.644	0.708	1.000	0.960	0.854	0.789	1.000	1.000	1.000	0.914
终身教育	0.934	0.803	0.951	0.000	0.939	0.874	0.907	0.977	0.976	0.951	0.976	0.951	0.976	0.778

关键词	教育立法	立法	教育法规	终身教育	教育法律	依法治教	启示	民办教育	民族教育	教育事业	环境教育	美国	成人教育	成人教育立法
教育法律	0.712	1.000	0.644	0.939	0.000	0.591	1.000	0.950	0.974	0.842	0.921	1.000	1.000	0.786
依法治教	0.696	1.000	0.708	0.874	0.591	0.000	1.000	0.871	0.867	0.865	1.000	1.000	1.000	0.808
启示	0.969	0.809	1.000	0.907	1.000	1.000	0.000	1.000	1.000	1.000	1.000	0.821	0.821	0.970
民办教育	0.888	0.873	0.960	0.977	0.950	0.871	1.000	0.000	0.971	0.910	1.000	1.000	1.000	1.000
民族教育	0.800	0.895	0.854	0.976	0.974	0.867	1.000	0.971	0.000	0.969	1.000	1.000	1.000	1.000
教育事业	0.733	1.000	0.789	0.951	0.842	0.865	1.000	0.910	0.969	0.000	0.906	1.000	1.000	0.968
环境教育	0.861	0.880	1.000	0.976	0.921	1.000	1.000	1.000	1.000	0.906	0.000	0.969	1.000	1.000
美国	0.904	0.893	1.000	0.951	1.000	1.000	0.821	1.000	1.000	1.000	0.969	0.000	0.906	1.000
成人教育	0.957	0.747	1.000	0.976	1.000	1.000	0.821	1.000	1.000	1.000	1.000	0.906	0.000	0.841
成人教育立法	1.000	0.986	0.914	0.778	0.786	0.808	0.970	1.000	1.000	0.968	1.000	1.000	0.841	0.000

如表 3-2 所示，各关键词与教育立法的距离由远及近的顺序依次为：立法（1.000）、成人教育立法（1.000）、启示（0.969）、成人教育（0.957）、终身教育（0.934）、美国（0.904）、民办教育（0.888）、环境教育（0.861）、民族教育（0.800）、教育事业（0.733）、教育法律（0.712）、依法治教（0.696）、教育法规（0.581）。这个结果说明，人们在谈论教育立法时，将"教育立法"与"教育法规""依法治教""教育法律"结合起来论述的成果较多。同时，通过对表 3-2 中的系数大小进行进一步分析发现，"依法治教"与"教育法规""教育法律"经常呈现在一起；"终身教育"与"成人教育立法"较多地呈现在一起。这初步说明，关于教育立法的研究成果中，学界会经常研究依法治教和教育法律法规、终身教育及成人教育、美国启示等问题。

三、教育立法研究高频关键词聚类及其分析

将表 3-2 的高频关键词相异系数矩阵导入 SPSS19.0 软件进行聚类分析，得到的聚类结果如表 3-3 所示。根据聚类分析结果显示的聚团连线距离远近，可以直观地看出，教育立法研究高频关键词分为六类：少数民族教育立法研究（种类 1）、成人教育立法和学前教育立法及终身教育立法的必要性与可行性研究（种类 2）、

家庭教育立法与高等教育立法研究及日本的经验（种类 3）、特殊教育立法与职业教育立法的特点及美国经验的启示（种类 4）、环境教育立法研究（种类 5）、依法执教与教育法制建设研究（种类 6）。具体分布如表 3-3 所示。

表 3-3　教育立法研究高频关键词聚类结果

种类	关键词
种类 1	教育、少数民族、必要性、可行性、立法
种类 2	成人教育立法、市场经济体制、少数民族教育
种类 3	日本、家庭教育、高等教育、高等教育立法
种类 4	职业教育、立法研究、美国、特殊教育立法、启示、特点、职业教育立法、特殊教育
种类 5	环境教育、环境教育立法
种类 6	民办教育、举办者、中国教育、立法问题、社会主义法制、民族教育、教育工作、教育体制改革、教育法律法规、法律保障、法制建设、法律规范、教育事业、法律责任、教育立法、教育法规、教育法律、依法治教、教育基本法、《教师法》、教育改革、教育法制建设、教育法制、地方性法规、法律关系、《职业教育法》、职业技术教育、职业教育法、立法依据、航海教育

种类 1 为少数民族教育立法研究，包括教育、少数民族、必要性、可行性、立法等关键词。少数民族是中华民族的重要组成部分，加强少数民族教育立法是发展民族教育、确保少数民族群体接受教育的重要保障。但是，少数民族教育如今还存在着与东部发达地区发展程度有较大差距的问题，虽然国家制定了许多政策来规范少数民族地区的教育问题，但是因为政策落实不到位，所以需要通过立法来规范少数民族地区的教育问题。

纵观我国民族教育的发展进程，目前还存在如下问题：①民族教育法规体系不够完善，法律层级较低。从现行的民族教育法律法规来看，其中大多数是民族教育行政规章及其他规范性文件，法规很少，我国至今没有民族教育单项法，更没有居于《宪法》和《教育法》之下的统领民族教育法规、规章的民族教育基本法，民族教育法规体系没有建立起来。民族教育法规体系不完善、法规层级过低，必然导致法规刚性不足，从而影响其效力的发挥，很难起到应有的对民族教育的保障和促进作用。[①]法律体系不完善，就无法从宏观上把握我国民族教育的发展，这将不利于民族教育事业尽快走上法制化道路。②指导民族教育立法的思想不够全面。少数民族有保持和发展自己独有的民族传统和特色的权利，包括学习、使

---

① 陈立鹏. 对我国少数民族教育立法几个重要问题的探讨. 民族研究，2006，(1)：11-20.

用其民族语言的权利。这也是党和政府处理民族语言问题的根本原则。[①]传承民族文化是保存民族多样性的重要手段，民族语言是文化中最精华的部分，但在现行的民族教育法规中，通常重视对汉语的学习和掌握，而忽视了对民族语言的学习，不少少数民族已经被完全汉化，失去了本来的民族特色，导致民族文化的流失。因此，教育立法既要注重普遍性的规定，又要结合民族实际进行，为各民族成员能有效行使权利保驾护航。③少数民族教育经费短缺严重。我国少数民族教育经费总量少并且来源渠道狭窄，实践表明，现今少数民族教育经费仍然以政府投入为主。教育经费的短缺一定程度上影响了民族教育的很多优惠政策的实施，造成教育条件长期得不到改进和完善，制约了民族教育事业的发展。

正是因为存在诸多问题，所以制定一部专项的民族教育法律就尤为重要。目前已经具备良好的理论基础，从总体来看，学者研究的内容大致体现在以下几个方面：①从横向与纵向分析少数民族专门立法在我国法律体系中的位阶与效力，指出少数民族教育法或者少数民族教育条例对少数民族教育发展的重要作用。②研究少数民族教育立法的法律立法和法理依据，提出以《宪法》为基础，制定专门少数民族教育法或行政法规，保障少数民族的受教育权。③研究少数民族教育发展的历史与现状，从民族教育的实际状况出发，分析少数民族教育及其立法中的问题，并期待通过专门立法予以解决。④研究分析少数民族教育立法的必要性和可行性，并归纳总结出少数民族教育立法的基本原则、指导思想与基本内容。⑤对比分析中外少数民族教育立法与实践，总结国外立法经验给我国带来的启示。⑥专门研究民族地区的地方性立法。有学者通过自己的调查和研究，给出了自己的立法草案。[②]

有了坚实的理论基础做积淀，还要有宏观性的原则做指导：①法制统一原则。我国《宪法》《中华人民共和国民族区域自治法》《教育法》等法律中均涉及民族教育的相关规定，法律统一原则是制定民族教育法律时应当遵循的总原则。在社会主义立法过程中，下位法要与上位法相适应，在上位法的范围内进行细化设定，不得自行创设法律。在教育立法的总体规划下对民族教育立法进行起草、修订、废止等工作。②从实际出发原则。民族教育实践既是民族教育立法的源泉，又是民族教育立法的基础，是检验民族教育立法合理性的唯一标准。只有根据民族地区自身的特点和实际，把民族教育立法建立在民族教育实际状况上，才能确保立

---

① 李劼. 中国少数民族教育的历程与民族发展. 民族教育研究，2000，(3)：49-54.

② 李旭东. 有关《少数民族教育法》立法的建议. 民族教育研究，2012，(1)：5-10.

法内容的创新并具有针对性。①③民主原则。《中华人民共和国立法法》第五条规定："立法应当体现人民的意志，发扬社会主义民主，坚持立法公开，保障人民通过多种途径参与立法活动。"民族教育立法也不例外，在制定过程中，坚持"从群众中来，到群众中去"的工作方法，发扬民主，集思广益，以群众的智慧和意见制定出反映各民族人民意志、令群众信服的法律法规。

有理论基础和指导原则后，在制定民族教育法律中的主要内容包括：①清晰界定法律适用对象与适用范围。什么是少数民族教育？理论上对少数民族教育概念的界定主要有地区说、语言说、学校说、服务说、文化说、泛指说、对象说、民族和地区结合说、民族-地区-文化结合说共 9 种主张。其中，对象说直接指出少数民族教育针对 55 个少数民族成员的教育制度，反映出了我国少数民族教育的实质，能更好地说明我国少数民族教育的目的和方向。所以我国少数民族教育法应明确少数民族教育是指以少数民族成员为专门或主要培养对象的教育。②②重视对民族教育经费的规定。民族教育经费是民族教育发展的物质前提，也一直是影响民族教育的瓶颈。首先继续坚持以国家与地方政府的财政投入为主的财政体制，并根据各地经济发展状况建立动态的教育财政投入增长机制，切实保障少数民族教育的开展。其次，总结实践做法，借鉴国外少数民族教育经费立法与管理的经验，通过吸引私人投资办学、资助的形式，增强民族教育的财政实力。③③明确规定实行双语教学，少数民族语言文字是少数民族文化的重要载体。我国绝大多数民族都保存有自己的语言文字或有语言、无文字，有些民族地区甚至不通行汉语，少数民族语言文字即为当地通用的语言文字。因此，在民族教育中，双语教学就显得尤为重要。④此外还有重视少数民族地区汉族教师的优惠政策，加强少数民族文化传统教育等内容。

种类 2 为成人教育立法和学前教育立法及终身教育立法的必要性与可行性分析，包括成人教育立法、市场经济体制、少数民族教育等关键词。成人享有接受教育的权利，通过完备的成人教育立法，成人的受教育权利才能得到保障。成人受教育权是现代很多国家教育立法重视的问题，我国的成人教育立法工作正处于起步阶段，有必要借鉴一些先进的立法理念。

成人教育，广义上的解释是各类在职（从业）人员的教育，狭义上的解释是

---

① 李莉，周镇东. 浅谈少数民族教育立法. 民族教育研究，2008，(1)：5-28.
② 王铁志. 论民族教育的概念. 民族教育研究，1996，(2)：3-8.
③ 李旭东. 有关《少数民族教育法》立法的建议. 民族教育研究，2012，(1)： 5-10.
④ 陈立鹏. 我国地方少数民族教育立法的内容及特点. 黑龙江民族丛刊，2005，(1)：19-22.

在职（从业）人员的学历教育。[①]世界成人教育的发展大体可分为四个时期：民众文化时期、制度化时期、成人教育体系形成时期和终身教育时期。在社会发展和成人教育发展过程中，成人受教育权逐步得到法律上的确认。通过对几个国家的成人教育法的分析，概括起来，其有以下两个特点：①对成人受教育权利的法律规定是成人教育立法的核心。19世纪末20世纪初，成人教育开始走向法制化，并且出现成人教育立法，其目的就是要从法律上确认成人受教育的权利。②成人受教育权利的含义主要有追求受教育权利的平等、改善工作和生活境况、实现自我价值。[②]

目前，我国成人教育立法也在逐步发展。成人教育立法是我国教育立法的重要组成部分。成人教育立法必须以邓小平理论和"三个代表"重要思想为指导，以科学发展观和构建社会主义和谐社会为指针，以"科教兴国"和"人才强国"战略为依托，以《宪法》和《教育法》为依据，全面贯彻《国家中长期教育改革和发展纲要（2010—2020年）》《中共中央关于完善社会主义市场经济体制若干问题的决定》《面向21世纪教育振兴行动计划》《中共中央关于构建社会主义和谐社会若干重大问题的决定》等文件的基本精神，确立成人教育的发展方针，推动成人教育的办学体制和管理体制的改革与发展，建立中国特色现代成人教育制度，维护成人教育关系中有关主体的合法权益，为成人教育的管理逐步走上"依法治教"的轨道提供重要的法律依据。[③]成人教育立法已有一定的理论和实践基础：首先，教育立法依托于法律和国家政策依据；其次，教育立法在实践中有进一步发展；最后，国外相关法律的建设为我国提供了有益的启示。

通过对国内国情的分析和对国外法律法规的借鉴发现，我国的成人教育立法在建设过程中仍要从以下几方面着手：①用法律形式确保成人享有受教育权。"我国幅员辽阔，加之改革开放进程的日益加快，造成了地区间经济发展的不平衡，地区间教育水平也有很大的差异，给贫困地区的人们和社会的弱势群体接受教育带来了一定的困难，造成了教育机会的不平等。当前成人教育要尽可能多地满足所有公民受教育的机会，切实满足公民的教育需求，力求实现受教育机会的均等。还要通过立法来保障公民享有继续教育的权利与义务，特别要关注贫困地区人们和社会弱势群体的教育和学习，在政策上给予他们一些优惠和支持。这本身也是

---

① 李冠东. 成人教育立法刍议. 中外企业家，2007，（5）：88-90.

② 马林. 成人享有接受教育的权利——我国成人教育立法的探讨. 华南师范大学学报（社会科学版），2002，（6）：89-92.

③ 宁正法. 成人教育立法过程中几个问题的探讨. 苏州大学学报（哲学社会科学版），2007，（3）：125-127.

我们国家重视公民生存权利的一个重要表现。"[1]我国应平衡成人受教育权的方方面面，从法律层面保障成人教育。②保障成人教育经费的来源。筹集足够的经费是办好成人教育的重要物质条件，经费严重短缺是制约我国成人教育进一步发展的最大瓶颈。我国虽然也有关于筹措成人教育经费方面的规定，但由于缺乏法律的约束力，执行情况还不够理想。特别是在目前我国经济还比较落后的情况下，更应该通过立法手段，保证成人教育经费能有稳定的渠道和足够的数额。另外，保证按时按量地筹措成人教育经费，应成为企事业法人代表的基本职责之一，没有完成的应受相应的处罚。[2]③规范成人教育立法，将成人教育纳入我国法制化建设的轨道。在复杂的社会形势下，如果不加快解决成人教育立法方面的问题，会导致成人教育发展受到约束和限制，发生纠纷的时候就会无章可循、无法可依。

学前教育是基础教育的重要组成部分，在促进个体良好发展、巩固和提高义务教育质量和效益、全面提高国民素质等方面有着重要的作用。众多研究表明，学前教育不仅能促进个体全面健康发展，而且能有效地提高教育的整体效益和家庭生活的质量，维护社会稳定。特别是对弱势群体的学前教育还可保障教育的起点公平而打破贫困的代际循环，促进社会公平，对社会、政治、经济和教育的可持续发展产生长期而巨大的影响。因此，学前教育具有显著的公益性，公益性是学前教育的根本性质。[3]但现在我国学前教育存在很多问题，这些问题制约了学前教育的良性发展，违背了其公益性的性质。问题主要有如下几点：①经费严重匮乏，缺乏财政保障。目前，许多地方的学前教育发展都遇到经费不足的问题，首先，在国家和地方的财政预算中，没有设立学前教育专项资金或者专项资金所占比例比较小。目前，学前教育投入占教育总经费的比例国际水平为3.8%，发达国家投入比例达8%～11%，我国投入比例为1.2%～1.3%。[4]其次，学前教育过度市场化，由于学前教育的定位一直不明确，通常认为其不属于义务教育的范畴，政府不用为其投资太多。最后，民办学前教育机构应当如何征税、获益等方面的规定不够清楚，影响了民间资本投资的积极性。②开办学前教育机构体制与管理体制的变化。从全国情况看，在设有学前教育管理机构和管理人员的地区，管理部门也仅是对少数的公办幼儿园进行管理，而占大多数的企事业单位办幼儿园和民办幼儿园尚未被纳入教育行政部门的行政与业务的管理范围之内，导致这部分

---

① 刘凤存. 发达国家成人教育立法的特点及启示. 职教论坛, 2006, (5): 62-64.

② 周则桐, 周庆欣. 我国成人教育立法探究. 职教论坛, 2009, (28): 30-32.

③ 庞丽娟, 韩小雨. 中国学前教育立法: 思考与进程. 北京师范大学学报(社会科学版), 2010, (5): 14-20.

④ 庞丽娟. 加快学前教育法的立法进程. 教育研究, 2011, (11): 39.

幼儿园的办园规范和教育质量缺乏监管。除了存在行政力量不足的问题，管理法律依据也不能满足需要。目前，我国学前教育管理主要是依据《幼儿园管理条例》和《幼儿园工作规程（试行）》，这些规定都是 20 世纪 90 年代颁布的，其条文内容显然已经无法应对当前学前教育发展中出现的一系列问题。虽然 2010 年国务院颁布了《国务院关于当前发展学前教育的若干意见》，但这些条例、规程和意见仅仅是一些行政规定，缺乏法律的权威性和约束力。[①]③教师待遇低且水平欠缺。现在学前教育教师的工资福利待遇普遍比较低，一些社保措施也不到位，教师的权益得不到保障。同时，招收教师的门槛比较低，各方面保障不到位也导致一些学生毕业后不愿意从事学前教育工作。

关于如何完善学前教育立法，有学者提出从以下四方面进行完善：①把学前教育立法的完备与特定的时空条件结合起来。在非常急迫的情况下，可以先立法，哪怕该法有缺点，然后再加以完善。在正常情况下，没有理由忽视立法技术问题，应当尽量制定出完备的法律。②在学前教育立法的完备问题上，既要看到学前教育立法的完备需要一个过程，因而需要有必要的耐心和严肃慎重的态度；又要注意抓住时机，采取积极主动的态度。学前教育立法的完备需要有一个社会实践和积累经验的过程，不能简单地照抄别人、别国的东西，也不能随心所欲地按主观意愿搞理想化的学前教育立法。③学前教育立法的完备既然是一个过程，就要求人们在实现立法完备的过程中，善于分清轻重缓急。在注意立法协调发展、立法完备的同时，先抓住重点，甚至可以先在一定程度上放松一些要求，进行立法。④要认识到学前教育立法的完备是相对的。实现学前教育立法的完备，就要注意对学前教育法及时进行修改补充。同时，要实现学前教育立法的完备，就不能过于追求完备；否则，不仅难以实现立法的完备，还会耽搁立法。

终身教育是指人们在一生各阶段当中所受各种教育的总和，是人所受不同类型教育的统一综合。迄今为止，国际社会中已经有不少国家出台与终身教育有关的法律，其中主要包括：①美国的《终身学习法》，其主要目的在于通过学校后的继续教育，尤其是高等教育层面的职业技能培训，使普通公民不断学习新知识、新观念与新技能，适应急剧变化的社会，以及处在这一社会转型中的政治、经济与文化的发展。②日本的《生涯学习振兴法》，其内容包括把终身学习纳入国民教育体系，以及以文部省与通商产业省为主体的联合推进体制主导终身学习进程。③韩国的《终身教育法》及《终身教育法实施细则》。《终身教育法》不仅规定了

---

① 王丞，周洪宇. 关于学前教育立法的思考. 教育探索，2013，（2）：136-139.

保障公民享有接受终身教育的权利，而且强调满足公民接受终身学习需求的宗旨，其最终目的在于建立开放的、延续的学习型社会。《终身教育法实施细则》不仅界定了终身教育的概念，而且规定了国家、省级、基层三级终身教育支持体系，也强调了终身教育专职人员的培养与培训机制，明晰了终身教育法与其他法律的关系。

世界终身教育不断发展，我国在终身教育建设中还存在如下问题：①尚未建立起统一的终身教育理论基础，在当今我国终身教育体系的构建过程中，关于如何定位终身教育还存在分歧：有的研究者将终身教育视为成人教育、职业技能教育、终身学校教育等；有的研究者提出国民教育与终身教育分属两个体系：这些分歧表明，我国终身教育研究在基本概念、研究范围、逻辑框架、核心观点等方面缺乏共识，这直接导致学术界缺乏有效的学术对话与交流基础。①②体系建设方面存在缺陷。终身教育的最终目的就是实现学习化社会，而学习化社会思想是在终身教育基础上对教育问题更深层次的思考。但是，现实中终身教育体系的建设有诸多困难，如观念上的、组织制度上的、资金上的、教学上的困难，既有教育体系外的因素，又有教育体系内的因素。教学观念上存在目的性偏差，较为重视办学的短期效益，忽视整体和长期效益。学校教育对社会的开放性不够，个人学习深造的路径相对封闭和单一，教育内容和方式不能适应建设终身教育体系和学习型社会的要求。普通教育片面追求升学率，成人教育功能性观念突出，片面强调经济性功能，忽视社会文化教育功能。②因为缺乏立法的规范，所以体系建设就显得比较困难。③法律体系中存在固有的特性。虽然终身教育的提法已经出现许久，但是终身教育也一直没有得到《宪法》的支持和认可，这导致在终身教育立法过程中，遇到许多棘手的问题。关于终身教育立法的进一步推进，主要包括八个方面：终身教育的立法宗旨、终身教育的立法理念、终身教育法的基本内涵与适用范围、终身教育需要完成的重要任务与使命、终身教育设施及专职人员的培养、终身教育经费的来源与分配、终身教育协调机构、学习成果认定等。

种类 3 为家庭教育立法与高等教育立法研究及日本的经验，包括日本、家庭教育、高等教育、高等教育立法等关键词。现代家庭教育所具有的关涉公共利益的社会活动的属性，使得家庭教育立法具有可能性与合理性，家庭教育对于青少年学生成才成长具有重要意义，因此家庭教育立法迫在眉睫。近些年来，学校与

---

① 刘波. 终身教育立法的理论与实践：现状、困境及对策. 中国职业技术教育，2016，(23)：17-25.
② 兰岚. 我国终身教育立法困境探析. 现代远距离教育，2015，(6)：16-23.

社会教育方面的立法工作已取得了可喜的成绩，但作为构成现代教育体系的三大组成部分的家庭教育，无论是在管理体制、组织形式方面，还是在家庭教育的具体实施、保障措施等方面，却仍未得到有效的法制保障。这种状况已成为我国家庭教育科学化、法制化、规范化发展的阻碍因素。①

在传统意义上，家庭教育属于典型的"私人领域"，不受公法约束和调整，但随着时代的进步，已经很难找到完全不受法律干预的纯粹私人领域。某一领域是否需要通过立法进行干预，主要决定于该领域对公共性与社会性的影响程度，尤其决定于该领域所体现出的公共利益性。如果该领域对于国家与社会利益至关重要，即可视为获得了进行立法干预的必要性。这就是为什么现在我们要研究家庭教育立法。加快建设家庭教育立法的必要性体现在：①保障家庭教育法律地位和教育整体发展，家庭教育是整个教育系统的起点。我国迄今为止尚未专门针对家庭教育及其管理系统进行立法，家庭教育仍然处于极度边缘、薄弱的地位，其在国民教育体系中远没有得到重视与确立。由于家庭教育缺少立法，家庭教育的法律地位长期得不到确认，家庭教育工作人员的选任与管理、家庭教育市场的发展与培育、家庭教育工作经费的投入与保障、家庭教育理论研究的深入等也都受到严重影响。因此，加快家庭教育立法，赋予家庭教育应有的法律地位，是确保家庭教育重要地位、促进教育体系整体协调发展的迫切要求。②②解决家庭教育领域中的种种矛盾。为促进教育的发展，国家制定了《教育法》《义务教育法》《教师法》《高等教育法》《民办教育促进法》《职业教育法》等一系列有关教育的法律。然而，这一系列的教育立法凸显的是学校教育，家庭教育立法尚处于空白。家庭是每个人生活的第一个环境，家庭教育是每个人接受时间最早、内容最广泛、影响最大的教育，是学校教育和社会教育的基础，因此，我们必须把家庭教育工作作为一项重大而紧迫的战略任务，以对国家和民族负责、对历史负责的态度，高度重视家庭教育工作，积极推动家庭教育法制化，为家庭教育的正确发展提供法律保障。③③保障青少年和儿童健康发展，现代社会中存在一些家庭暴力或者家庭不和睦的现象，青少年在这种环境下生活，会受到不良影响。有些父母虐待孩子，甚至剥夺儿童的健康权和生命权。家庭教育立法可以规范家庭生活中的不妥当的地方，引导家庭教育走向科学性，确保青少年在家庭中的合法权益。

纵观世界家庭教育立法的发展，第二次世界大战之后，日本相继制定了一系

---

① 徐建，姚建龙. 家庭教育立法的思考. 当代青年研究，2004，(5)：24-28.
② 熊少平. 关于家庭教育立法问题的若干思考. 教育学术月刊，2010，(4)：46-49.
③ 李明舜. 家庭教育立法的理念与思路. 中国妇运，2011，(1)：22-25.

列家庭教育方面的法律法规，其教育立法一直处于领先水平，这对于我国现在家庭教育立法的进程有重大借鉴意义。首先，要建立多层次的家庭教育法律体系。日本从普及家庭教育的理念出发，重视顶层设计，根据社会的发展变化，在《教育基本法》中不断提升家庭教育的立法地位，形成了比较完善的家庭教育体系。[①]我国要在《教育法》中确定家庭教育法的地位，从宏观上先进行把握，把家庭教育中立法的问题普及到社会各个层面。其次，保障家庭教育经费投入。目前，我国在家庭教育的组织管理、人员投入、政策保障等方面都较难令人满意[②]，教育经费短缺是家庭教育发展缓慢的重要原因之一。在日本的家庭教育工作中，除了对立法的支持，建设有效保障的经费机制也是其关键所在。现在，我国应该加大对家庭教育的投资力度，广泛拓展各种投资渠道，促进教育事业发展。再次，坚持一般家庭与特殊家庭教育并重发展。日本在家庭教育中注重满足各类型家庭教育的需求，尤其是对弱势群体的保护，并且制定了相应的法律法规。现在，我国也存在许多不同类型和层次的家庭，对有特殊情况的家庭要实行特殊法律保障，尤其是针对特殊儿童、留守儿童、流动儿童等群体的法律保障。最后，注重各地区的家庭教育立法。不同地区的整体家庭经济水平、文化背景不相同，与之对应的教育体系也不同，所以要推动各地区结合实际情况制定相关法律法规和条例。

高校是为社会培养高级人才的地方，在建设国家的过程中起到榜样作用，只有完善高等教育法制才能完成这些目标。1980 年，我国第一部高等教育领域的法律《学位条例》诞生，系统的高等教育法制建设由此起步，但还有很多不完备的地方：①长期受"重实体轻程序"观念影响，现行法律法规程序性规范少，具体操作难，可诉性较弱。由于我国曾长期实行计划经济体制，高等教育体制和模式深受其影响，教育立法中明显地存在"重管理者权力赋予、轻被管理者权利救济"的陈旧观念。例如，规定政府和主管部门管理职权的规范多，规定其相应责任的条款少；规定政府和主管部门行使管理职权的方式和手段多，被管理者的权利救济途径少；宣示权利的条款多，保障权利的条款少。虽然近几年上述情况有所好转，但由于较大的历史惯性，这种观念和现象一时还很难消除。例如，《高等教育法》第三十二至第三十八条虽规定了高等学校的 7 项办学自主权，但没有规定保障这些自主权的最终实现的法律救济途径。[③]这就导致了当与此相关的内容发生纠纷时诉讼无门的结果，不利于促进高校的发展与进步。②缺乏完整性。除了近

---

① 刘兰兰. 日本家庭教育立法及其对我国的启示. 教育评论, 2015, (1)：155-157.

② 谭虎. 我国家庭教育管理体制刍议. 中国家庭教育, 2007, (2)：35.

③ 程雁雷. 必须重视和加强我国高等教育立法. 高等教育研究, 2000, (2)：49-52.

几年的几部法律，现行的大多是适应某一项工作的急需而临时制定的专门性法规文件，这反映了我国高等教育立法还没有形成一个完整统一的高等教育法规体系。①基于这样的现状，高等教育立法过程中存在的漏洞较多，许多规范实施难以落到实处，造成管理过程中混乱的现象。

纵观世界高等教育立法的发展情况，大多数发达国家早已建立专门的高等教育法，加之本国的教育基础法律和相应的法规条例规定，基本形成了比较系统和完整的高等教育法律体系。结合我国本身存在的问题，未来高等教育发展应该着眼于：①加强程序性法律的制定。法律面前人人平等是指程序性的权利平等，实质性的权利是无法平等的。在有了实体法规定的情况下，要加紧建立健全程序法，不能让法律规定成为一纸空文，要使其能真正发挥作用，落到实处，这样才能体现司法的重要性。②完善高等教育法律内容。一是适时修订《学位条例》《高等教育法》等文件，并出台配套的法规、规章，增强其可操作性与可诉性。二是加强法律责任和程序性条款的规定。在我国现行的高等教育法律法规中，涉及法律责任的往往参照其他法律规定进行，或是只进行原则性的规定，这无形中扩大了教育行政主管部门的权力，限制并弱化了高校的权力和受教育者的权利。高等教育司法监督应在推动教育法制建设、维护当事人的合法权益、推进依法行政等方面发挥作用。高等教育立法应当明确权利行使者的法律责任，增加相关的监督条款和受理者的权利救济途经。三是法律条款中应包含体现高等教育所追求的平等、自由、正当的原则和精神。②③重视对高等教育法学的理论研究，将学术研究与立法结合在一起，为立法构建完备的理论基础和知识框架，融入众人的智慧，努力架构良好的法律体系。

种类4为特殊教育立法与职业教育立法的特点及美国经验的启示，包括职业教育、立法研究、美国、特殊教育立法、启示、特点、职业教育立法、特殊教育等关键词。2006年"两会"期间，特殊教育备受关注，立法的呼声也越来越高。特殊教育事业是中国特色社会主义教育事业的重要组成部分，特殊教育事业的发展是以人为本理念的具体体现，也是发扬人道主义精神、完善基本人权保障的重要举措，更是促进残疾人全面发展及达到"平等、参与、共享"目标的有效途径，对于推动我国教育事业的全面发展和繁荣、残疾人合法权益的有效保护及社会公平正义的实现具有重要意义。③特殊教育法律事业的发展，会使得残疾人的受教

① 姚维曦，赵利. 试论我国的高等教育立法. 政法论丛，1998，(4)：32-34.
② 刘淑华. 试论我国高等教育立法的完善. 教育与职业，2010，(9)：171-172.
③ 刘延东. 提高特殊教育水平 保障残疾人受教育权. 中国残疾人，2009，(6)：15.

育权受到保护。

我国特殊教育立法经历了从无到有的过程，在不断发展的同时，还存在一些问题：①特殊教育法律体系不完备，立法层次较低。虽然现行特殊教育法律已经开始自成体系，成为教育法律体系的一个子系统，但从体系化的角度来看，我国当前特殊教育立法显然没有形成一个内容和谐一致、完整统一的法律体系。从我国特殊教育法律的纵向体系来看，尽管现行特殊教育法律、法规存在于每一层的教育法律、法规中，但是目前尚没有出现和各大教育部门法相并列的独立的"特殊教育法"，导致与普通教育立法相对应或并列的特殊教育立法缺乏平等的法律地位和应有的效力层次，使其他相关特殊教育立法处于群龙无首的状态。从我国特殊教育法律的横向体系来看，也存在诸多的立法空白，如在特殊教育对象评估、鉴定制度及受教育权保障和救济制度等方面都缺乏明确规定，许多应有法律调整的特殊教育关系无法可依。[①]②现行特殊教育法律规范过于原则化、笼统，缺乏可操作性。特殊教育的立法与其他教育法律规范都有同样的通病，立法滞后，法律规范仍停留在宏观层面上，做一些宣示性的规定，过于原则化、笼统、内容空洞，与现实生活和特殊教育实践相脱节，很多规定不具有可操作性，严重损害法律的权威。很多条款带有"号召""鼓励"之意，缺乏强制性及具体法律责任和惩罚措施，在实施中变成了"软法"或"宣传资料"。[②]③在立法过程中，法律用语不规范。在现代立法中，许多用语的界定不够统一，导致使用过程中出现分歧，不利于立法的进一步发展。在教育司法制度整体薄弱的情况下，特殊教育立法发展的道路就更为艰难。

基于存在的问题，我国的特殊教育立法未来要走的路还很长，努力方向主要包括：①重视特殊教育立法，完善法律体系。注重立法的规范性，加强对立法过程中对象类别和定义的严格统一，建立起一套完整的，具有科学性、权威性、可操作性的特殊教育对象的鉴别和评估标准。"对残疾学生的定义与分类作出法律意义上的科学完整的界定；对特殊教育对象的鉴定小组成员构成、鉴定人员的资格、鉴定的原则与程序进行严格的规范；确立非歧视性评估原则，在评估程序、评估技术和评估人员等方面保证鉴定和评估的公正性、客观性和系统性；对特殊教育对象鉴定结论实行责任制，对出现错误的按照其主观和造成的后果严重程度追究法律责任。"[①]同时也要注重地方立法对法律法规的细化规定。②确立残疾人受教

---

① 于清. 中国特殊教育立法问题探讨. 社会科学战线, 2010, (11)：196-198.
② 陈久奎. 特殊教育立法问题研究——人文关怀的视角. 中国特殊教育, 2006, (6)：47-52.

育权法律救济制度。对残疾人群体来说，特殊教育立法的首要作用是权利宣示和确认，但仅有宣示和确认还远远不够。有权利必有救济，法律对公民权利规定得再完备、列举得再全面，如果缺乏相应的救济手段，那么这些法律只能是一纸空文，相关权利也无法得到实现。残疾人在生理方面和社会地位上是双重的弱势群体，其受教育权最容易受到侵害，极易被漠视，法律救济是残疾人最重要的维权途径，是残疾人权利的坚强后盾。[①]③把执行落到实处。这就要求各级各类相关部门必须做到有法必依，依法行政，自觉履行各项职责。

职业教育及培训对于提高劳动者就业能力及提升整个国家的竞争力都有重要作用，各国都制定相关的法律加以规范。十一届三中全会以来，随着国家各个方面恢复发展，职业教育研究也进一步深入，主要体现在以下几个方面：①职业教育立法从效仿苏联模式转向立足本土、吸收西方先进经验。在中苏关系恶化之后，我国开始探索符合中国国情的职业教育立法发展模式，开展了工农业余教育立法，创立半工半读的人才培养模式。改革开放后，中国逐渐融入世界，职业教育立法博采众长，积极学习借鉴西方发达国家先进经验。[②]②加强对职业教育发展全方位的研究。我国职业教育法存在职业教育法制地位不明确，职业教育经费投入不足，多部门管理、部门之间不协调，师资队伍薄弱，对民办职业教育不重视，缺乏违反职业教育法的处罚规定等问题。[③]还有学者认为，《职业教育法》的修订应明确投入责任和标准，加大经费投入；明确企业承担发展职业教育的责任；增加法律责任条款；建立就业准入制度；理顺职业教育管理体制；落实校企合作培养模式；改进职业教育立法技术；增强职业教育法规的操作性等。[④]这都要求在发展职业教育的过程中，要注重统筹全局，全面发展。

因此，未来对职业教育立法的探析应该从以下方面着手：①研究职业教育立法的价值问题。立法价值就是在立法过程中，"立法主体通过立法活动所要研究的道德准则和利益"[⑤]。我国职业教育研究对职业教育的事实问题关注较多，但是对其价值的研究还是空白，研究缺乏对立法的价值选择和体系构建的整体思考与具体分析。《职业教育法》除具有正义、秩序、利益等法的一般价值外，还具有公益性、职业性等自身价值。职业教育立法的价值选择是对表现出来的各种价值进

① 韩兴华. 关于我国特殊教育立法的思考. 教育探索. 2014，（7）：22-25.
② 陈久奎. 中国职业教育立法的百年历程及反思. 现代教育管理. 2014，（10）：63-69.
③ 曾诚，庞利. 对我国《职业教育法》的分析与思考. 职业教育研究. 2007，（1）：127-129.
④ 陈美玲. 关于我国《职业教育法》修订与完善的思考. 职教论坛，2009，（10）：49-51.
⑤ 李林. 试论立法价值及其选择. 天津社会科学，1996，（3）：102-107.

行平衡、整合的过程。①②要明晰职业教育法与职业教育政策之间的关系。国务院、教育部等有关职业教育的大量政策不断出台，代替法律成为真正指导地方立法及政府部门工作规范性的重要依据。反观当前职业教育立法，国务院至今未出台与《职业教育法》配套的行政法规，教育部等各部委制定的部门规章数量也极为有限。在职业教育立法结构上，一直以来都是中职教育立法多、高职教育立法少，学历教育立法多、非学历教育立法少。由于职业教育的高移化及城镇化建设的需要，必须改进和完善职业教育立法，促进其立法条例的结构平衡和协调。②另外，要注意职业教育法与其他法律之间的关系及职业教育和培训管理体制等方面。

在世界职业教育立法的发展过程中，美国属于比较先进的国家之一，其职业教育制度的水平处于领先地位，美国职业教育立法的内容，对我国职业教育发展有如下几点启发：①健全职业教育法律体系。通过建立完善的职业教育法律体系，促进职业教育规范、持续和快速地发展，这是美国职业教育立法的主要特色之一。相比较而言，我国职业教育法律体系有待完善和健全。③②关注立法的时效性。美国的职业教育立法是随着社会进步而不断进行调整的，相对而言，我国对职业教育立法的调整显得比较缓慢。有学者提出，面对"学习型社会""终身教育""人力资源开发"等社会发展趋势，目前我国未能对职业教育的发展提供基础性和有远见的法律引导。④职业教育也要与时俱进，具有时代精神。③增强法律的可操作性，在注重原则性规定的同时，更要注重把理论运用到实践，确保法律能得到有效实施。④加强对弱势群体的保障。借鉴美国立法的经验，我国也应该把弱势群体作为保护的重要内容，明确界定弱势群体的范围，并通过专门立法对弱势群体进行教育上的培训和生活中的帮助。

种类 5 为环境教育立法研究，包括环境教育、环境教育立法等关键词。环境教育的根本目的是培养社会公众的环境意识。环境意识是人类社会进步的一个重要标志，是环境保护的基本工程，是可持续发展将概念落实到行动的关键。在环境教育的价值中，除了专业教育是为了培养环境科学方面的专门人才外，其主要价值在于普及环境科学知识，培养公民的环境意识和环境道德、法律规范，进而提高利用、改造、调控和优化环境的能力。培养公民的环境意识是环境教育的核

---

① 欧阳恩剑. 我国职业教育立法研究述评. 职业技术教育，2011，(19)：42-45.
② 陈久奎. 中国职业教育立法的百年历程及反思. 现代教育管理，2014，(10)：63-69.
③ 李云姝. 美国职业教育立法的特殊及启示. 中国成人教育，2014，(23)：150-152.
④ 阮奎全. 论我国职业教育立法——兼论《职业教育法》的修订. 社会科学家，2013，(9)：94-97.

心价值，也是开展环境教育的基础。①过去为发展经济，以牺牲环境为代价的环境价值观使人类社会产生了严重的生存危机，现实要求我们必须树立可持续发展的新的环境价值观，其含义是经济、社会的发展必须同资源的开发利用和环境保护相协调，在满足当代人需要的同时，应不危及他人和后代人的需求能力，以保持人与自然的共同繁荣。②环境问题已然成为我国现代化建设中不可忽视的问题，环境教育立法的必要性体现在：①通过环境教育立法，提高人们的环境意识，形成良好的环境素养。环境教育立法通过规范环境教育，不仅要培养人们正确的环境意识与环境观念，更为重要的是要有效地唤醒人类的生态伦理良知。生态伦理良知是人与生态环境交往过程中，行为的善恶标准在个体人格中的内化。一个人的价值取向和行为只有趋向于保护生物群落的完整性与和谐性时，他的观念和行为才可能是正确的。③②统一人们对环境保护及相关政策法律的认识。没有一致的认识就难以有一致的行动。基于社会广泛参与的环境保护事业需要社会对环境保护形成一致的认识。环境教育通过传递环境科学知识和国家环境政策、法律，可以把社会引导到统一的环境保护方向上来。④③实施可持续发展战略的需要。在长期经济发展和人口增长的双重压力下，人口与环境和资源的矛盾日益突出，环境问题成为制约社会进一步发展的大问题，通过环境教育立法，提高公众的环境意识水平，使得人们增强保护环境的自觉，为自己生活的大环境做出努力。

纵观世界环境教育立法的发展，目前，为环境教育专门立法的国家有美国、巴西、日本、韩国、菲律宾等。⑤美国于1970年率先制定了《美国环境教育法》，1990年又颁布了《国家环境教育法》；巴西于1999年制定了《巴西国家环境教育法》；日本于2003年7月制定并颁布了《增进环保热情及推进环境教育法》；韩国于2008年3月通过了《韩国环境教育振兴法》；菲律宾政府于2008年12月颁布了《菲律宾国家环境意识和环境教育法2008》。④环境教育立法既是国家发展的迫切需要，又是国际情势下的必然产物。

现今，我国还没有形成环境教育法律体系的框架，指导环境教育工作的主要是一些政策性文件，其远远不能支撑环境教育的发展，构建专门的环境教育法需

① 王小龙. 我国环境教育立法刍议. 法学家，2006，(4)：58-64.
② 鄂艳. 解读环境教育的德育价值. 中国教育学刊，2004，(6)：18-20.
③ 谢安军. 环境教育立法研究. 河北法学，2005，(8)：87-90.
④ 时军. 我国的环境教育立法及其发展. 中国海洋大学学报(社会科学版)，2014，(5)：87-91.
⑤ 丁金光. 借鉴外国经验　尽快制定我国的环境教育立法. 环境教育，2010，(12)：39-42.

要解决好的问题有：①应确定政府主导、社会参与的环境教育模式。在政府主导的基础上，应强调环境教育离不开公众参与。一方面，环境教育不仅是学校教育，还是一种广泛的全民教育，其目标是提高全社会的环境意识和认识水平，为实现经济社会可持续发展打下良好的思想基础。另一方面，公众自觉、自发地参与到环境保护活动中来是做好环境教育的基础，也是环境教育立法的重要目标。我国人口众多、地域广阔，环境教育不应该仅仅依靠政府向公众灌输环境保护知识，更重要的是要通过为公众参与环境保护提供法律途径，从制度上保证广大公众获取环境知识和环境信息，使公众在参与环境保护的活动中加深体会、提高认识，从而产生学习环境保护相关知识的主观愿望，主动寻找、创造各种学习渠道。总之，我国环境教育立法要确定政府主导、社会参与的环境教育模式，明确政府作为环境教育责任主体的地位，鼓励社会公众积极参与、共同推进环境教育的蓬勃发展，最终促进整个社会的可持续发展。①②细化环境教育法的规定。现行《中华人民共和国环境保护法》第五条是对环境教育的一条原则性规定，但是该法中很多内容还不够细化，需要进一步制定一部专门的、可操作性强的环境教育法，从而结束我国教育立法没有专门法律指导的局面。③根据地域的不同区别环境教育方式。环境教育的区域性根源于环境问题的区域性。我国地域辽阔，版图跨越纬度大，形成了地区之间的自然、经济、文化的区域性差异。各地区经济发展、文化教育、自然资源、环境条件千差万别，出现的环境问题也不相同。东部地区城市经济发达，主要面临的是工业发展造成的空气污染、水质污染和噪声污染等环境问题。西部地区经济相对落后，农村地区广大，主要面临的是自然资源破坏性开采所带来的环境问题。不同的发展观、资源观、环境观表现为民众环境保护意识的强弱。地区经济发展水平与公众环境知识水平呈显著相关，经济的落后制约了社会其他方面的发展，环境教育也不例外。经济发达地区教育水平高，信息来源广泛；欠发达地区科学文化教育水平较低，环境问题与发达地区也不相同。因此，开展环境教育应有不同的方法。比如，教育公众回收利用废旧家电和尽量少建玻璃幕墙建筑以避免产生光污染就主要针对的是发达地区的城市居民。环境教育要符合国家利益，也要符合区域性特点，要发展切合实际的区域性环境教育。②

种类 6 为依法执教与教育法制建设研究，包括民办教育、举办者、中国教育、立法问题、社会主义法制、民族教育、教育工作、教育体制改革、教育法律法规

---

① 姜明. 论可持续发展视野下的环境教育立法. 中州学刊，2009，(4)：82-85.
② 王小龙. 我国环境教育立法刍议. 法学家，2006，(4)：58-64.

等关键词。依法治教是高校实现依法治校的必然要求，在学校整体治理中有重要价值。依法执教是指教师要根据法制原则，严格依照法律规定开展教育教学活动，它是教师教育教学权法治化的体现。

我国高校教师依法执教的条件在于：①完备的法律制度是实现依法执教的前提。只有具备完备的法律制度才能做到有法可依、有章可循。这里的法律制度既包括国家层面的宪法、法律法规，如教育法律法规（尤其是高等教育法律法规），又包括学校层面的以大学章程为主的规章制度。目前，我国"已经初步形成以宪法确定的基本原则为基础，以教育基本法为核心，以教育专门法和行政法规为骨干，以教育规章、地方性法规和规章为主体的中国特色社会主义的教育法律体系"。同时，学校也形成了以大学章程为主的规章制度体系，为依法执教打下了良好基础。①②教师应当树立自觉守法的意识。日本有学者认为，一部制定得良好的法律并不必然导致人们对它的服从，其中守法精神是一个不可或缺的中间环节。守法精神要求的是主体不仅遵守法律，更重要的是把守法内化为道义上的一种义务，变被迫守法为自愿守法，变强力守法为良心守法，变他律守法为自律守法，并把这种行为视为为自己承担义务。②所以，教师守法才能把法律规定落到实处，才会有利于法律规范的良好实行。同时，严格教育法制监督和规范教育行政执法都是保障依法执教的重要路径。

衡量教师依法执教的标准大致分为八种：教师主体资格合法、教师的教育教学活动符合法律规定的培养目标、教师教育教学活动的内容符合法律规定的要求、教育教学活动的形式符合法律要求、依法行使教育教学改革权和对学生学业成绩评定权、维护教育教学秩序、确保未成年学生的安全、教育教学行为尊重学生权利。

教育法制建设是党的十一届三中全会所确立的依法治国方略的一个重要组成部分，是与改革开放同步进行的社会变革。完善教育法制是推进教育事业科学发展的重要保障。

劳凯声指出，当前我国教育法体系按结构特征大致分为五个层次和六个部分，五个层次主要指：①《教育法》。《教育法》是以《宪法》为依据制定的基本法律，主要规定了我国教育的基本性质、地位、任务、基本法律原则和基本教育制度等。《教育法》是全部教育法规的"母法"，是协调教育部门内部及教育部门与其他社

---

① 姚建涛. 我国高校依法执教的逻辑理路及重心. 江西社会科学, 2016, (9)：236-241.

② 柯卫. 法治与法治意识. 山东社会科学, 2007, (4)：97-100.

会部门相互关系的基本准则，也是制定教育部门其他法律法规的依据。②部门教育法。部门教育法主要调整教育部门内外部的关系。根据规范内容的不同及我国的具体国情和实际需要，大致由《义务教育法》《职业教育法》《高等教育法》《教师法》等部门教育法组成。③教育行政法规。教育行政法规主要是为实施教育法和各单行法而制定的规范性文件。此外，凡属于较为具体的问题，或《教育法》或各单行法未予规范的问题，都可由行政法规加以调整。教育行政法规是我国教育法的主体，且应根据教育事业发展的需要不断地进行调整和完善。④地方性法规、自治条例、单行条例。其中，地方性法规是省、自治区、直辖市和设区的市人民代表大会及其常务委员会为执行国家宪法、法律、行政法规，根据本行政区域的实际需要而制定的规范性文件。自治条例、单行条例则是民族自治地方的人民代表大会在自治权范围内依照当地民族的政治、经济和文化的特点而制定的规范性文件。它们共同规范着各地方政治、经济和文化等各方面的活动，其中有关教育活动的法律规范是教育法体系的重要组成部分。⑤政府规章。其效力要低于行政法规。政府规章的制定主要依据法律和行政法规，并且其内容可以因实际工作的需要而决定。由于各地实际情况的差异，这一层次的法律规范因地而异。①

已经建立起的法制体系还存在一些不可忽视的问题，主要包括：①法律法规的整体性不强，统一性不够。比如，《教育法》第三十一条确立了学校具有法人地位，《义务教育法》《高等教育法》《民办教育促进法》分别明确相关领域学校的法人身份。但是学校法人制度，特别是其法人财产权相关制度安排，究竟具有怎样的内涵，当前法律并未予以规定，从而导致教育产权关系模糊、各方权益缺乏法律保障。②②存在"重权力、轻权利"的现象。法律往往规定了可以行使的权力，但是对于权力侵犯合法权益，应该如何救济及保障权利的规定较少。③立法程序有待进一步完善。教育法制建设工作的不足，与教育立法水平、经验和立法技术方面存在的缺陷密切相关，同时暴露了我国教育立法程序中存在的突出问题。③由于缺乏细致严格的立法程序规定，教育立法的前期调研不足、立法中公开征询意见力度不够、利益相关群体缺位，使得教育立法时未能充分把握教育发展中的具体问题与需要，且未能充分凝聚社会各界的智慧。④教育执法方面存在问题。我国教育法律文本规定存在过于笼统的问题，原则性、方向性表述多，实操性内容少，

---

① 劳凯声. 我国教育法制建设的回顾与展望. 中小学管理，2000，(1)：34-37.
② 巩丽霞. 我国民办高等教育立法的困惑. 探索与争鸣，2007，(12)：28-31.
③ 蒋后强.《教育法》修改中法律责任的立法技术研究. 山东社会科学，2007，(5)：109-112.

且缺乏关于责任追究的规定。[①]

为了进一步推进教育法制的发展，应该着手以下几方面工作：①完善教育立法的价值取向。立法价值取向是立法者根据一定的标准、原则对众多价值进行权衡、排序、取舍从而做出的价值判断。完善我国教育立法价值取向的关键，是根据新时期的社会经济、政治形态，依据教育发展的规律，依据国家、社会和个人对教育的不同需求，及时调整价值判断的标准，精确地安排众多价值在教育法律中的权重，从而有助于解决各主体之间的利益冲突。具体来说，就是解决好秩序和自由、公平和效率的冲突，并加强程序保障，体现程序正义。[②]②及时发现教育法律缺陷，填补立法的空白。当前，我国教育立法还存在诸多空白地带，还存在不够准确或完善之处，教育实践中出现的许多新情况，还需法律法规进行规范。特别是教育法律对公民受教育权利的保障力度不足，公民受教育权利的合理自主行使缺乏有力的法律支持，在学校法人制度的具体内容、学前教育的政府责任、受教育者权利的法律救济、考试规范的法律制度等若干方面存在立法缺失。我国应结合《国家中长期教育改革和发展规划纲要（2010—2020 年）》和现实状况，从方方面面对教育立法进行完善。③加强教育执法与司法的薄弱环节。目前，教育法制建设面临十分尴尬的处境：一方面，大力主张依法治教，依法保障公平受教育权，依法保障学校办学自主权；另一方面，在教育管理活动中，法律并没有成为最高准则，行政指令依然是政府管理教育的主要方式，学校办学自主权仍难以落实到位，公共教育权利依旧被束之高阁。这些问题的存在，严重影响了教育法制工作本身的严肃性。要解决这些问题，必须加强教育执法和司法。在立法层面，要进一步强化有关教育责任追究的内容。在执法层面，要加快政府职能转变和简政放权，要以适当方式，对教育法律法规执行情况进行检查。在司法层面，要进一步畅通教育诉讼的渠道，完善公民教育权利法律救济的体制机制。[③]

四、教育立法研究领域的未来展望

通过共词分析法，我国 1985—2015 年的教育立法研究热点被直观地展现出来，研究者围绕民族教育立法、高等教育立法、终身教育立法等进行了卓有成效的探索。同时，通过多维尺度分析，我们可以进一步发现，教育立法研究还需要在立法技术、学校立法、考试立法等方面有所突破和创新。

---

① 李小球. 当前教育执法存在的问题与对策. 当代教育论坛, 2006, (14)：29-31.
② 陶琳, 陈鹏. 论我国教育法制建设的价值取向及其完善. 学术探索, 2014, (5)：53-58.
③ 管志琦. 我国教育法制建设的历史回顾与展望. 国家行政学院学报, 2013, (2)：69-73.

（一）强化教育立法的技术规范性研究

立法技术关系立法的质量和实施效果，增强教育立法技术是教育立法的当务之急。首先，在立法语言上强调准确性和明确性。因为语言本身就具有模糊性，法律规定经常需要各种解释才能适用，所以在制定法律的过程中就要注重语言的精准性。其次，注重法律法规与社会发展的紧密结合。立法内容要随着时代变化而变化，对那些比较陈旧的法律规定要及时修改或废……增加新的与时代相适应的内容。最后，在立法过程中注重公众参与的程度。法律制定后要通过公民的守法、用法才能得以实现，设立令人民都能信服的法律，在实行的过程中才能省去很多麻烦，并且加大民众参与度也是法律制定过程民主原则的体现，可以集合更多人先进的思想，制定出能有效实施的法律。

（二）深化教育立法的现状与问题研究

总结历史才能更好地发展未来，教育立法在过去的几十年已经取得很大的进步，通过不断的努力和探索，教育法体系的框架已经初步建立。通过对现在教育立法中存在的不足和问题进行研究，例如，家庭教育法从提出到现在，一直还没有制定出相应的法律法规，而家庭教育在人一生接受教育的经历中又有着重要的地位，是每个人的最初教育启蒙，这就要求我们进一步探索家庭教育立法中还缺乏哪些理论基础支撑，以及未来应该从什么方向上去探索，这样才能加快立法的进程，从多个维度分析问题，从而得到解决问题的方法。

（三）加强学校立法研究

从幼儿园一直到大学甚至更高学历的学习过程中，人们大多数时间处在学校的管理活动中，因此，明晰学校立法中的方方面面既是对学校建设的发展，又是保障学校内部各主体之间权利的有效途径。例如，明确学校在现今我国法制体系下享有什么样的法律地位，就可以知道在发生纠纷时，学校要承担什么样的责任及如何承担。在学校立法进程中，可以使学校与教师、学校与学生、学生与教师等多对主体间的法律关系逐渐明确，这样就可以在学校发生事故时，不至于导致法律关系混乱。不清楚应该如何界定纠纷类型，很多时候会造成诉讼无门，不利于保障主体的合法权益。

（四）加大考试立法研究

国家教育考试是政府意志的体现，考试是选拔人才的重要手段，关乎政府公信力、社会的公平正义和安全稳定的大局。现在的考试管理中还存在很多问题，并且犯罪的手段也越来越高明，没有相关法律规定的约束导致作弊的情况越演越烈。每一个国家的教育考试都是公民最为关注的考试，考生人数多、考试难度大的考试尤其如此。我国已经进入全面推进依法治国的关键阶段，有法可依、有法必依、执法必严、违法必究是法治社会必不可少的条件，用法律的手段约束考试过程中的行为，是推进社会主义法制建设的必然要求，也是消除舞弊行为的良好方式。

（五）重视中国特色教育法律体系研究

中国特色教育法律体系是中国特色社会主义事业的重要组成部分，是全面实施依法治国基本方略、建设社会主义法治国家的基础，是中华人民共和国成立特别是改革开放以来经济社会发展实践经验制度化、法律化的集中体现。这一体系的形成，把国家各项事业发展纳入法制化轨道，从制度上、法律上解决了国家发展中带有根本性、全局性、稳定性和长期性的问题，为社会主义市场经济体制的不断完善、社会主义民主政治的深入发展、社会主义先进文化的日益繁荣、社会主义和谐社会的积极构建，确定了明确的价值取向、发展方向和根本路径，为实现中华民族伟大复兴奠定了坚实的法制基础。

第二节　教育法律救济研究热点的共词可视化

法律救济是指法律关系相关主体的权利受到侵犯或者损害时，终止侵害获取弥补的法律制度。权利与义务是构成法律的基本要素，法律救济正是确保权利享有与义务履行的重要条件。自十一届三中全会后，中国的教育法制进入全面建设时期，初步建立了中国特色教育法律体系，即以《教育法》为基本法律，纵向上分为基本法、单行法、行政法规、地方性法规、政府规章五个层次，横向上包含《学位条例》《义务教育法》《教师法》《职业教育法》《高等教育法》《民办教育促进法》六个教育法律部门法。[①]劳凯声的《我国教育法制建设五十年回顾与展望》总结了中华人民共和国成立以来我国教育法制建设的进程；范履冰在《受教育权法律救济制度研究》中梳理了受教育权法律救济制度的发展历程及中国所面临的制度建设问题；姚云通过对美国高等教育法治化演进及其特征的研究，为我国提

---

① 秦惠民，谷昆鹏. 对完善我国教育法律体系的思考. 北京师范大学学报(社会科学版)，2016，(2)：5-12.

供了美国高等教育法制建设的先进经验。可以发现，教育法法律救济领域的制度建设研究、域外比较研究等都有比较成熟的发展。但同时，当前研究鲜少有系统的定量分析，多以文字描述为主，不足以动态地表现出我国教育法制相关研究在热点变化、主题演变、发展趋势等方面的动向。

教育法律救济研究热点的研究资料来自"中国学术期刊网络出版总库"，采用标准检索方式，以"篇名"为检索条件，分别以"教育"并含"救济""教育司法"、"教育"并含"诉讼"、"教育"并含"仲裁""教育法庭""教育复议""教育申诉""教育纠纷"、"司法审查"并含"教育"、"司法审查"并含"学校"、"司法介入"并含"教育"、"司法介入"并含"学校"为检索内容，限定"期刊"检索，设定期刊年限为"1985—2015 年"，选取期刊来源为"全部期刊"，检索结果总量为 306 篇。在所得检索结果中排除了人物访谈、会议记录、书评、年会综述等非研究型文献，以保证研究结果的有效性与准确度，最终获得有效文献 290 篇。

一、教育法律救济高频关键词词频统计与分析

通过 BICOMB 软件对我国 1985—2015 年与教育法救济相关的 290 篇期刊研究文献进行关键词统计，共获得 624 个关键词，最高频次为 50，为使研究结果更具代表性，将词频阈值确定为 6，最终得到 31 个高频关键词，其排序结果如表 3-4 所示。

表 3-4　教育法律救济高频关键词词频排序

序号	关键词	频次	序号	关键词	频次	序号	关键词	频次
1	受教育权	50	12	纠纷	11	23	救济途径	7
2	教育纠纷	42	13	行政复议	10	24	学生权利	7
3	法律救济	35	14	解决机制	10	25	美国	7
4	教育仲裁	31	15	教育权	9	26	行政诉讼法	6
5	司法救济	18	16	大学生	9	27	具体行政行为	6
6	司法审查	16	17	法律关系	9	28	教育法律	6
7	高校	15	18	高等教育	9	29	教育行政诉讼	6
8	救济	15	19	高等学校	8	30	救济制度	6
9	行政诉讼	15	20	教育	8	31	司法介入	6
10	申诉制度	14	21	权利救济	7			
11	受案范围	14	22	诉讼救济	7	合计		419

如表 3-4 所示，频次为 6 及以上的关键词有 31 个，合计频次为 419，占关键词总频次的 32.6%。以上频次排序前 31 位的关键词能够概括性地反映出 1985—2015 年我国教育法制研究热点集中区域。包括相同频次在内的频次大于等于 10 的关键词共 14 个。由此可以初步观察到，教育法制领域的研究对象主要包括：①受教育权纠纷的法律救济与仲裁，涉及受教育权、教育纠纷法律救济等关键词。②高校的司法介入，涉及高校、司法救济、司法审查等关键词。③行政诉讼的范围与制度，涉及行政诉讼、申诉制度、受案范围等关键词。④教育纠纷的解决机制，涉及纠纷、行政复议、解决机制等关键词。

二、教育法律救济高频关键词相异矩阵及分析

利用 BICOMB 软件生成可以考察高频关键词之间联系紧密程度的词篇矩阵，为方便直接观察到高频关键词之间的关系，将词篇矩阵导入 SPSS19.0 数据分析软件，选择相似系数 Ochiai 系数，使词篇矩阵转化为一个相似系数矩阵，为方便分析，需要消除关键词共词次数差异所产生的影响，因此，在相似矩阵的基础上利用"1−相似矩阵"方式得到相异系数矩阵。相异矩阵结果如表 3-5 所示。

表 3-5　教育法律救济高频关键词 Ochiai 系数相异矩阵（部分）

关键词	受教育权	教育纠纷	法律救济	教育仲裁	司法救济	司法审查	高校	救济	行政诉讼	申诉制度	受案范围	纠纷	行政复议	解决机制
受教育权	0.000	0.978	0.713	1.000	0.567	1.000	0.927	0.890	0.854	1.000	0.849	0.957	1.000	1.000
教育纠纷	0.978	0.000	0.948	0.418	1.000	0.923	0.761	0.960	1.000	1.000	1.000	1.000	1.000	0.512
法律救济	0.713	0.948	0.000	0.939	0.960	1.000	0.913	1.000	1.000	0.819	0.819	0.949	0.786	1.000
教育仲裁	1.000	0.418	0.939	0.000	1.000	0.910	0.954	0.907	1.000	1.000	1.000	0.946	1.000	0.886
司法救济	0.567	1.000	0.960	1.000	0.000	1.000	1.000	1.000	0.939	1.000	0.937	1.000	1.000	1.000
司法审查	1.000	0.923	1.000	0.910	1.000	0.000	0.935	1.000	1.000	1.000	1.000	0.774	1.000	1.000
高校	0.927	0.761	0.913	0.954	1.000	0.935	0.000	1.000	1.000	1.000	1.000	0.922	1.000	0.837
救济	0.890	0.960	1.000	0.907	1.000	1.000	1.000	0.000	1.000	1.000	0.844	1.000	1.000	1.000
行政诉讼	0.854	1.000	1.000	1.000	0.939	1.000	1.000	1.000	0.000	1.000	0.724	1.000	1.000	1.000
申诉制度	1.000	1.000	0.819	1.000	1.000	1.000	1.000	1.000	1.000	0.000	0.714	1.000	0.408	1.000
受案范围	0.849	1.000	0.819	1.000	0.937	1.000	1.000	0.844	0.724	0.714	0.000	1.000	0.831	1.000
纠纷	0.957	1.000	0.949	0.946	1.000	0.774	0.922	0.844	1.000	1.000	1.000	0.000	1.000	1.000
行政复议	1.000	1.000	0.786	1.000	1.000	1.000	1.000	1.000	1.000	0.408	0.831	1.000	0.000	1.000
解决机制	1.000	0.512	1.000	0.886	1.000	1.000	0.837	1.000	1.000	1.000	1.000	1.000	1.000	0.000

如表 3-5 所示，各个关键词与救济距离由远及近的顺序依次是：法律救济（1.000）、司法救济（1.000）、司法审查（1.000）、高校（1.000）、行政诉讼（1.000）、申诉制度（1.000）、受案范围（1.000）、行政复议（1.000）、解决机制（1.000）、教育纠纷（0.960）、教育仲裁（0.907）、受教育权（0.890）、纠纷（0.844）。这一结果初步表明，人们在谈论救济时，将"救济"与"纠纷""受教育权"结合起来论述的成果多。同时，对表 3-5 中的系数进一步分析后，可以发现，"受教育权"与"司法救济"结合系数较低，"教育纠纷"与"教育仲裁""解决机制"结合系数较低，"申诉制度"与"行政复议"结合系数较低，可见教育权领域的受教育权的司法救济问题、教育纠纷的解决机制问题、申诉制度中的行政复议问题是教育法制研究的重点方向。

三、教育法律救济高频关键词聚类及分析

将表 3-5 的高频关键词相异系数矩阵导入 SPSS19.0 进行聚类分析，得到的聚类结果如表 3-6 所示。根据聚类分析结果显示的聚团连线距离远近，我们可以直观地看出，教育法学研究高频关键词分为五类：受教育权的法律救济研究（种类 1）、高等学校司法介入研究（种类 2）、美国高等教育的法律救济研究（种类 3）、教育纠纷的司法审查研究（种类 4）、高校权利的救济途径研究（种类 5）。

表 3-6　教育法律救济高频关键词聚类结果

种类	关键词
种类 1	申诉制度、行政复议、教育法律、行政诉讼法、具体行政行为、学生权利、行政诉讼、受案范围、教育权、法律关系、受教育权、法律救济、司法救济、大学生
种类 2	高等学校、司法介入
种类 3	高等教育、美国
种类 4	司法审查、纠纷、救济、教育
种类 5	高校、教育行政诉讼

种类 1 为受教育权的法律救济研究，包括申诉制度、行政复议、教育法律、行政诉讼法、具体行政行为、学生权利、行政诉讼、受案范围、教育权、法律关系、受教育权、法律救济、司法救济、大学生等关键词。2016 年"王××事件"[①]再度

[①] 黄欢. "王娜娜事件"仅 9 人被处分　幕后"主谋"仍未查出. http://news.163.com/16/0321/08/BILU0IU800014AED.html[2017-6-22]. 2016-03-16.

将冒名顶替上学问题拉入公众视野，当事人以受教育权被侵犯提起行政诉讼。经过媒体曝光，相关行政机关人员得到处理，但是当事人却迟迟没有等到法庭判决。这是继"罗××案"之后，受教育权的法律救济问题再次成为社会焦点。

法律救济是对已经发生的并且造成一定损害的侵权行为通过法律进行的纠正、矫正，救济行为要以实体权利的存在为前提，其实质上也是一种权利，即当实体权利受到侵害时从法律上获得自行解决或请求司法机关及其他机关给予解决的权利。①受教育权的法律救济就是指当受教育权受到学校、社会或他人的不法侵犯时，受教育者有权要求侵权者停止侵权行为，并获得补偿与救济的权利。②法律救济的发生到完成大体上需要满足三个条件：①侵权行为发生且造成损害；②权利当事人向司法部门提请相关诉讼或申诉；③司法机关依相关法律裁定结果并执行。由此可以看出，确保法律救济权实现的首要问题是确定权利性质。

就我国的受教育权而言，其首先具有宪法权利性质。我国《宪法》第四十六条规定，公民有接受教育的权利与义务，并且受教育权是一项重要的人权。虽然有生存权、学习权、公民权之说，但受教育权作为公民基本权利的定位是没有异议的，关键问题在于受教育权属于公法性质权利还是私法性质权利。受教育权入宪始于 1919 年德国《魏玛宪法》，该法规定了国民小学及完全学校实行免费教育。不过，各国教育立法则从 19 世纪中叶开始，将接受教育视为"国家之富强进步，个人之安定康乐"③的重要条件。我国也将义务教育阶段定位为免费教育阶段，并且由国家强制实施，从多个方面来看，公民的受教育权更多的是国家义务，是一项具有公法性质的宪法权利。同时通过《教育法》等基本法的具象化，受教育权还具有行政法权利属性。我国的教育本身是公共性质事业，其资源配置是国家主导，资源利用是社会共享，这决定了国家主要拥有教育事业的控制权。当公民受教育权被侵权，通常会与学校、教育行政机关等公共性质机构发生纠纷，这就使行政诉讼成为权利救济的主要途径。因此，我国受教育权的法律救济应当从宪法救济与行政诉讼两方面考虑。但是，由于受教育权相关主体的特殊性，我国目前的法律救济制度还存在一定缺陷。

从宪法救济上讲，缺陷主要在于宪法没有司法化的问题。受教育权虽然是宪法权利，但是发生法律纠纷时，宪法规定并不能直接作为案件判决的依据。在大多数情况下，法院选择民事或行政诉讼的救济方式，或者直接不予受理。虽然"齐

---

① 范履冰. 受教育权法律救济制度研究. 西南大学博士学位论文，2006.

② 孙霄兵. 受教育权法理学——一种历史哲学的范式. 北京：教育科学出版社，2003：514.

③ 温辉. 受教育权的可诉性研究. 行政法学研究，2000，（3）：52-59.

××案"被视作中国宪法司法化的第一案，但也有学者认为"本案并不是真正的宪法诉讼，在救济方式上，宪法保护并没有处于优先地位，如果一般法律规定的保护方式足以达到保护受教育权的目的，那么，就没有必要援用宪法的规定采用宪法诉讼方式，宪法救济只能是在穷尽其他救济手段后的最后一种救济。因此，齐××案只能算作一般的民事诉讼，在此案中法官完全可以不直接引用宪法，而是适用《教育法》第八十一条规定"[①]。我国的宪法救济实际上并没有真正展开，只存在于极个别案例环节中。由于我国的违宪审查制度极其复杂，宪法在没有司法化的情况下很难直接保护公民权利。在我国现有的体制下，违宪审查权属于全国人民代表大会及其常务委员会。人民法院在审理具体案件时，如果认为行政法规、地方性法规、自治条例、单行条例同宪法相抵触，应裁定中止诉讼，逐级上报至最高人民法院，再由最高人民法院向全国人民代表大会常务委员会提出审查请求，由全国人民代表大会常务委员会最终决定这些法律规范是否违反宪法规范。因此，法院只有违宪疑问权，没有判断权。[②]这导致宪法在大多数情况下只做宏观规定，无法转化为具有根本法性质的权利保障。

从行政诉讼上讲，受教育权的可行政诉讼权利来源于《中华人民共和国行政复议法》（简称《行政复议法》）第六条，有关可申请行政复议的范围的第九款"申请行政机关履行保护人身权利、财产权利、受教育权利的法定职责，行政机关没有依法履行的"规定，法律明确指出公民可以就受教育权申请行政复议，但是问题在于《行政复议法》针对的是行政机构，并没有将公立学校等具有公共性质而不属于国家行政机关的机构纳入主体范围，当学生与学校发生纠纷时就无法采取行政诉讼途径，其他法律也没有对抽象权利，如学校处分权、教师批评权等权利的详细规定，造成多数学校处分只是凭借一家之言，学生提出质疑也很难得到妥善解决。宪法是国家根本法，是所有基本法律的依据与底线，如果宪法权利只是停留在抽象的条文描述中，那么宪法就失去了存在的意义。因此，推动宪法司法化，并在此基础上完善行政诉讼救济制度，补充行政诉讼受理范围，才能有助于受教育权的更好实现。

种类 2 为高等学校司法介入研究，包括高等学校、司法介入等关键词。高等教育的法制建设是教育法制建设的重要内容，普通高校作为培养国家新一代建设者的主要阵地，其学校建设的法制化已经成为必然。[③]依法治国背景下的中国高

---

① 李红雁. 受教育权的司法救济制度研究. 中南林业科技大学学报(社会科学版), 2008, (4): 27-28, 32.
② 王晓怡, 陈君. 受教育权及其司法救济. 北京理工大学学报(社会科学版), 2006, (3): 33-36.
③ 王霞. "依法治校"下普通高校学生管理法治化探析. 广西大学学报(哲学社会科学版), 2009, (S1): 378-380.

校急需完成现代大学制度的建立，以"法人治理结构"为运行机制，建立以"大学自治、学术自由、科学治理、公益为本"为根本特性的一系列规则体系。①总的来说，高校法制体系包含三个基本部分：大学法律章程、大学使命宣言、大学治理结构。②

　　高校的司法介入实质上是对大学自主管理过程的介入。在高校的管理运行机制中，学校与师生是构成高校组织的基本主体，对司法介入的探讨，实际上就是司法对学校与教师、学生的权利关系协调及师生权利保障的探讨。受特别权力关系的影响，学生与学校的纠纷一直属于内部行政管理纠纷，不具有可诉讼性，学生对学校进行的成绩评价、处分决定、学位授予通常没有话语权。直到1999年的"田×案"开创了高校行政诉讼的先河，被最高法院首肯作为司法先例公告③，特别权力关系才开始发生解构。"受教育权作为公民的一项受宪法保障的基本权利，而教育又涉及公权力的行使和公共利益，当宪法要求对公权力和公众事务的管理进行司法控制的时候，司法对大学自治的介入就是一个非常自然的结果。"④我国高校起初是基于国情的需要而建立，多为国家行政机关的附属机构，没有自主权利，随着社会制度及市场经济变化，政府权力下放，将一部分自主管理权交由高校自身，并在《教育法》《高等教育法》中进行了规定。但是，自主不代表绝对自由。当高校发生侵权行为时，无论是行政诉讼还是其他权利救济途径，其处理过程的公正、公平、合法应该受到保证。作为由法律授权的高校自治权理应受到法律监督，以司法审查为表现形式的司法介入具有必要性。对于在学校学习和生活的这一特殊公民群体来说，他们的基本权利理应与其他公民一样，受到同等的尊重。⑤

　　司法审查的介入有助于高校自治的规范化，有助于确保高校自治的合法性与正当性，同时为学生的受教育权、学习权、自由权等一系列基本人权提供保障。但是，高校相较于其他类型学校有很大的特殊性。高校是培养人才与创造知识并存的机构，学术自由是高校的特征之一。因此，司法介入需要范围限制。司法介入范围的实质，即司法权在多大的边界内、多强的程度上可以对行政行为加以控

---

① 祁占勇. 现代大学制度基本特征的法律透视. 国家教育行政学院学报，2011，(4)：17-21，26.

② 史静寰. 现代大学制度建设需要"根""魂"及"骨架". 中国高教研究，2014，(4)：1-6.

③ 程雁雷. 高校退学权若干问题的法理探讨——对我国首例大学生因受学校退学处理导致文凭纠纷案的法理评析. 中国教育法制评论，2002，(1)：92-102.

④ 程雁雷. 论司法审查对大学自治的有限介入. 行政法学研究，2000，(2)：33-36.

⑤ 王柱国. 学校管理司法介入的限度. 行政法学研究，2006，(2)：7-12.

制。[①]在"刘××案"的审查过程中，法院主要审查的是北京大学对刘××下达相关处分的程序正当性，并没有对其的博士学位论文是否达到学校要求进行评定，避开了学术评定。也就是说，司法介入的范围应当不包括对具有专业学科性质的学术内容的介入，如论文的等级评定。不过，学术评定过程中的程序正当性依然属于司法介入的范围。"和世界大学相比，中国大学的问题和处境是十分独特的"，大学中运行着官、学、商三种功能、目标完全不同的机制[②]，三种机制相互交错，使得中国大学自主管理的司法介入与改革往往需要考虑到整个社会体系。司法介入作为国家和社会对高等教育进行干预的一种方式，守护的是一个国家和社会的行为底线，是一个大学行使管理权时不能触碰的最后一道底线。[③]所以，做好司法介入与学术自由的关系平衡，是确保大学自治的基础，也是对大学存在本意的尊重，对学术自由、法律正义都具有积极意义。"失去了自治，高等教育就失去了精华。"[④]高校治理过程中的司法介入必须以我国的国情为基本，以法治为根本[⑤]，保证大学自治的同时发挥司法作用，保障各权利主体的权利。

种类 3 为美国高等教育的法律救济研究，包括高等教育、美国等关键词。美国是世界公认的高等教育强国，拥有数量众多的世界顶尖高校、规模庞大的高等教育机构和专业人才、一流的高等教育资源。但实际上，美国高等教育的历史算不上最为悠久，国土面积、人口素质和资源也称不上首屈一指。系统考察美国高等教育走向强大的发展轨迹，可以发现，以法制化超生态存在运行形态为标志的司法化运行是美国实现高等教育强教强国的根本机制。[⑥]美国教育和教育证书制定的司法化历史很短，一直没有对教育担负起应有的责任。1787 年《美国联邦宪法》起草时，还没有现代公立教育，该宪法生效几十年后，各州才开始成为州内教育事务的责任主体。随着公共教育成为大众教育，管理和控制教育的是州政府，而不是联邦政府，形成了"州办教育，地方管理教育"的教育模式。虽然联邦政府依法无权过问教育，但政府的司法部门通过审理案件，对美国教育政策的制定产生了重大影响。[⑦]

---

① 韩欣欣. 司法审查介入高校学生管理纠纷的范围和原则. 辽东学院学报, 2006, (4)：119-121, 125.

② 赵本全. 现代大学精神的阐释与建构——基于纽曼自由教育思想之思. 内蒙古师范大学学报（教育科学版）, 2016, (1)：1-4.

③ 马雷军. 论大学内部事务的司法介入. 中国教育政策评论, 2012, (00)：260-270.

④ 布鲁贝克. 高等教育哲学. 王承绪, 郑继伟, 张维平, 等译. 杭州：浙江教育出版社, 1987：31.

⑤ 杜伟. 依法治校：现代大学发展战略的支点选择. 现代教育管理, 2015, (2)：42-46.

⑥ 傅松涛, 刘小丽. 司法化运行——美国高等教育强国职能的根本机制. 比较教育研究, 2011, (5)：25-30.

⑦ 程晋宽. 美国教育司法制度论析. 外国教育研究, 2002, (1)：52-57.

与中国差异较大的是，美国的法律体系是由成文法与判例法的结合构成的，其教育立法体现的是典型的分权制特征，早期没有适用高等教育的基本法律制度。与美国的政体一样，高等教育管理权归属各州，形成分权制的教育行政体制。在多数情况下，联邦政府无权干涉大学内部事物，涉及高等教育的法律纠纷解决依据以宪法为主，"特别是与保护公民的基本和平等权利的宪法条款有关，因为联邦政府有法律保护师生的公民权"[①]。美国宪法当中没有具体的教育问题规定，但是联邦法院通过对一些涉及宪法问题的教育案件的审理对全国高等教育政策产生了影响，其中美国宪法第一条、第四条、第十四条修正案是与公共学校宪法权利有关的法源[②]，也是师生权利保障的重要依据。尤其是美国宪法第十四条修正案规定"任何一州不得制定或实施限制公民自由的特权或豁免权的任何法律；不经正当法律程序，不得剥夺任何人的生命、自由或财产；在州管辖范围内，也不得拒绝给予人以平等的法律保护"，强调了正当程序原则。《权利法案》中的正当程序原则分为程序性正当程序与实质性正当程序。正当程序是指要求一切权力在剥夺私人的生命、自由或财产时，必须听取当事人的意见，当事人具有要求听证的权利；实质性正当程序要求国会所制定的法律必须符合公平与正义。如果国会所制定的法律剥夺了个人的生命、自由或财产，不符合公平与正义的标准，法院即宣告这个法律无效。[③]这保证了法律的独立性，尤其是当事双方的行政对位不平等时，可以免受行政公权力的干扰，从而获得公正的司法审查。

就师生群体而言，正当程序原则有助于保证学校在下达课程评价、处分、聘用与解聘、职务评级等各个方面决定时的程序合法性，并且确保师生在对决定有异议时可以依据该原则获取法律救济。美国高等教育法律的法源十分丰富，这决定了其师生权利救济途径的多样化。横向上可以获得行政法、民法、教育法的救济，纵向上可以获得联邦法律、州法律的救济，并且依据判例法制度，其原则是遵循先例，即先前判例对此后同类判例具有法律约束力，可以成为后者的判案依据[④]，这使得判例法也能够在师生的法律救济中起到重要作用。总的来说，正当程序原则是一切法律救济过程的基础，高校内部建立了类似议会的管理制度和类似司法机构的司法制度，其主要表现就是在校内建立席位制度、委员会制度、民选制度、申诉制度等比较规范的救济制度[①]，从而为教育主体相关权利

---

① 白健. 中美高等教育依法治教之比较研究. 广西师范大学硕士学位论文, 2003: 45.

② 马立武. 二战后美国高等教育领域中的宪法权利保障探析. 河北大学博士学位论文, 2004: 156.

③ 陈轶. 自然正义与正当法律程序比较研究. 东南大学学报(哲学社会科学版), 2006, (S2): 120-122.

④ 黄明东, 武陈金莲, 黄俊. 美国高校教师法律救济制度探析. 高等教育评论, 2013, (1): 101-109.

提供保障。另外，保证教育公平是各国教育事业追求的目标之一。在残疾人高等教育法律救济方面，美国也有众多法案及完整的法律救济体系，主要包括《康复法案》《美国残疾人法》《残疾人教育法》等，法律救济方式有行政调解与法律诉讼。美国是一个法律制度比较成熟的国家，法律条文内容详细，涵盖范围广，其丰富的高等教育法律救济经验可以为我国教育法律救济研究提供参考。与美国相比，我国法制建设起步晚、时间短，尤其近年来我国教育事业发展迅速[1]，出现问题时常常面临无经验可借鉴的困境，因此需要积极进行教育法制的比较研究，吸取可行经验[2]，总结不足，将教育法制继受与自我内生相结合[3]，加速推动我国教育法制改革，促使依法治国战略的顺利实行。

种类 4 为教育纠纷的司法审查研究，包括司法审查、纠纷、救济、教育等关键词。目前，我国的教育法律体系主要由《学位条例》《义务教育法》《教师法》《教育法》《职业教育法》《高等教育法》等基本法律[4]，以及国务院制定的行政法规，各部委及地方政府制定的规章制度共同构成[5]，形成了具有一定层级、涵盖范围广的教育法律制度。

但是，随着社会深入持续的变迁，现有的教育法制显现出了滞后、实际操作困难等法律应用问题，尤其是司法审查制度不健全，如"西北大学申×案"就是因为程序正义的缺失，西北大学最终选择诉诸法院。[6]早日实现宪法法律化、践行程序正义原则、健全司法审查制度已经成为解决教育纠纷问题的重要内容。

就目前我国的教育类型来讲，基础教育公共性质较强，教育纠纷一般是民事纠纷，司法程序比较明确，因此，在此主要探讨高校教育纠纷的司法审查问题。我国公立高校的内部领导制度是 1988 年《高等教育法》确立的党委领导下的校长负责制，其旨在强调一种与整个国家的政治领导体制相一致的领导机制[7]，注重民主集中原则，凸显大学的公共性特征。这一制度的权力架构主要包括四个层面：处于决策层面的政治领导权力、操作层面的行政执行权力、监督层面的民主制约权力及专业性组织行使的学术权力。[8]四个层面的协调与否关系到高校结构是否

① 李素敏，闫效鹏. 法国教育法制的特点及启示. 河北大学学报(哲学社会科学版)，2002，(2)：53-55.
② 刘咏梅. 中美高校法制教育之比较. 前沿，2004，(3)：120-123.
③ 张铤. 论日本教育法制及其对我国的启示. 现代教育科学，2010，(1)：123-126，158.
④ 劳凯声. 理性选择：我国教育法制建设的发展. 中国教育报，2001-08-04(4).
⑤ 李恩慈. 论中国教育法律体系. 首都师范大学学报(社会科学版)，2001，(1)：102-110.
⑥ 湛中乐. 西北政法大学"申博"案的思考与解析. 中国教育法制评论，2009，(7)：261-279.
⑦ 龚发云，汪本聪. 我国高等学校领导制度探析. 国家教育行政学院学报，2011，(1)：20-24.
⑧ 孙世一. 基于高校内部治理的教代会制度建设. 黑龙江高教研究，2013，(5)：40-42.

稳定。虽然有依法治校政策推行及大学自治理念的实施，但是目前我国高校的内部结构并没有在这四个层面上达到平衡[①]，存在诸多冲突与矛盾，如学术权力与行政权力冲突、教师代表大会等监督机制流于形式等[②]。虽然高校具有较强的学术专业性，不便有过多其他机构的干涉，但是高校内部的行政管理模式有一定局限性，权利主体地位差异明显，适度的司法审查将有助于保障主体的权利，增加教育纠纷解决过程的合理合法性。

归纳总结目前我国教育领域的教育纠纷案件，教育纠纷主要集中在学校处分、学术评价、学位授予、职称评定等方面。综合分析"田×案""刘××案"等典型案例的案情经过可以发现，这些案件的发生都是基于教师或学生认为学校下达的评议决定存在不公平，而在教师或学生胜诉的案件当中，法庭判决多数对学校决议下达的程序性问题及是否侵犯公民的宪法权利提出了质疑。这可以反映出，教育纠纷中司法审查的重点在于程序正义与宪法权利。例如，美国在宪法中将程序正义归为法律的基本原则，程序正义"是法律的程序结构派生而来的一种伦理形态，简言之，程序之中的伦理"[③]，它强调的是司法、立法、行政过程中的公平、合理、正义，即过程的正当性。

程序正义的作用在于：①有助于获得"好效能结果"。"好效能结果"的概念来自罗伯特·萨默斯（Robert S. Summers），指的是"如果一项法律程序是实现某一好结果的有意义手段，它就在这一方面成为好的程序"[④]。在高校人事案例过程中注重程序正义，听取大众建议，有助于程序的参与性管理获得好的结果。②有利于体现决议过程中的民主性。严格遵循程序正义意味着决议产生的每一个环节都是在公众监督下产生，公众能够参与其中，所产生的结果也具有较高的说服力。③能够体现对每个人的尊重。人人都享有被公正对待的权利，程序正义是公正的另一种体现，对当事双方、事件关注者、其他实践参与者来说，程序正义代表着过程的严谨公正，是对每个人的尊重。④程序正义有助于保持权力均衡，保障利益主体的权利。

人事管理权力在各个领域中都具有高敏感性的特征，容易滋生权力失控或者其他不良现象，高校的人事管理也不例外。"基于权力易于扩张从而容易滥用和

① 赵新亮. 论高校内部治理结构的权力失衡与变革路径——基于权力分配的视角. 国家教育行政学院学报，2015，（5）：64-68.

② 田虎，陈鹏. 论大学"去行政化"的价值设定与治理选择. 内蒙古社会科学（汉文版），2015，（3）：150-155.

③ 宋显忠. 程序正义及其局限性. 法制与社会发展，2004，（3）：123-133.

④ 陈瑞华，通过法律实现程序正义. 北大法律评论，1998，（1）：181-204

腐败的本性，既需要通过权力的富裕和其他权力的设置从外部对其进行制约，也需要通过程序的设置在内部对其进行控制……正当程序就是其中一种有效手段。"①司法审查介入教育纠纷，可以督促高校内部管理权的合法正当行使，是其他权利主体获取权利救济的重要保障。司法审查介入教育纠纷的前提是教育纠纷的发生，只有当事人提出申诉或提起诉讼，司法机关才有权介入高校进行相关调查。也就是说，司法审查的目的是权利保障，而不是干预高校管理。"保障学术自由与强化司法监督并不矛盾，既要保障学术自由又要强化司法监督。只要司法审查是合理的、有限度的，而且仅限于制约侵害权利和程序的现象，而不涉及实质性的教学和学术问题，司法审查介入教育纠纷和高校自治是可以实现动态平衡的。"②

另外，司法审查对推动高等教育中宪法司法化有重要作用。司法审查是司法介入的主要方式，教育范围内最重要的权利就是公民的受教育权，宪法对公民受教育权的保护毋庸置疑。不过，由于法制体系问题，我国公民受教育权的宪法权利性质没有受到充分重视，尤其是有一定自主管理权的高校。司法审查有意强调受教育权的宪法属性，推动宪法司法化进程。法治是人类进步的重要标志，一个法治国家的法律制度、法律组织、法律设施所具有的全部文化特征都围绕法治的社会结构和功能展开。③立法、司法与执法是法治社会的法律框架，应该包含在社会的各个领域中，司法审查介入教育纠纷是依法治教的重要体现。当前我国受教育权的权利救济途径还比较局限，有关教育纠纷中司法审查的研究能够加快权利救济途径的拓展，促进教育法制体系建设。

种类5为高校权利的救济途径研究，包括高校、教育行政诉讼等关键词。高校是一个较开放的系统，学生群体、机构设置、社会关系等都具有特殊性，建设及管理不仅需要规范，还需要民主④，高校远比其他类型学校状况复杂。近年来，高校与师生的纠纷有增加趋势，学位学历纠纷、学术作风等问题使得法治融入治校实践迫在眉睫。⑤从积极的方面看，这是社会走向法制化的体现。通过正当的法律途径向学校叫板，主张自己的权利，说明了社会法制的进步和大学生法律意

---

① 周湖勇. 大学治理中的程序正义. 高等教育研究, 2015, (1)：1-11.

② 胡大伟, 晋国群. 司法审查介入高校教育纠纷的合理限度——学校与学生关系之维度. 江苏大学学报(高教研究版), 2005, (2)：1-6.

③ 刘斌. 法治文化三题. 中国政法大学学报, 2011, (3)：22-26, 158.

④ 祁之泰. 高校要实现依法治校和以德治校的有机结合. 陕西师范大学学报(哲学社会科学版), 2002, (S2)：37-42.

⑤ 徐之清. 对高校实践依法治校的再认识. 山西财经大学学报, 2012, (S1)：256-257.

识的增强①。在高校的法治化管理中，受特别权力关系的影响②，师生身处相对弱势地位，权利受侵犯现象时有发生，虽然我国目前有相关的行政、司法救济制度，但是高校的法律地位界定不一，常使得权利救济没有标准性质的法律依据，"无救济的权利不如无权利"，权利救济机制的缺失导致高校纠纷中私力救济越来越普遍③，由此造成的后果常无法估量，如中国政法大学的"弑师案"就是权利救济制度缺失的极端例证。因此，完善权利救济制度不仅关系到依法治国方略的实现，还关系到国家行政机关和司法机关的公信力④，是对"法治"二字的最好诠释⑤。

由于教育事业的社会公共性，行政机关对学校的管理渗透比较明显，导致高校带有行政机构性质，教师和学生的权利救济方式单一，绝大多数只能走行政申诉途径。管理问题可以寻求行政申诉、劳动仲裁，但是如果涉及学术评价问题，就很难有学校以外的机构有资格作为裁决问题的审查者。因此，急需拓展权利救济途径，并完善权利救济体系。行政申诉制度提供了高校权利救济的渠道，但是，行政申诉意味着机构内的人员要去裁决机构自身的问题，那么裁决过程和裁决结果的公正性如何保证？同样，学术评议中学术委员会的地位至关重要，当前我国的行政申诉及学术评议制度并没有完善的第三方监督机制，极易造成权利救济结果的不公正。此外，中国司法历来有"重实体轻程序"的倾向，实际上程序规范一直是法治理念的重中之重，过程不公正，结果公正就无从谈起。高校的管理方式通常是上令下达，不注重决议产生过程的公开、公正、透明，易造成相关方面的不信任，从而引发一系列问题。程序正义是实体公正的保障，设立听证制度⑥、完善行政申诉及仲裁制度⑦等将有助于高校法制的建设，推动依法治校策略的实行，向法治国家建设目标迈进。法制是规范社会秩序的基本框架⑧，高等教育需要良好的法制环境才能够健康发展，没有明确的权利救济制度及切实的监督机制，极大地阻碍了中国高校的现代化进程及建设"一流大学"夙愿的实现，中国高校内部结构亟待强有力的手段对其予以调整。⑨

---

① 张良毅，万建华. 坚持依法治校维护学生权益——高校学生管理制度探析. 江苏高教，2004，(2)：107-109.

② 祁占勇. 高等学校学生自治的权利边界与法律保障. 高等教育研究，2012，(3)：29-34.

③ 沈月娣. 论我国高校师生权利救济缺陷及其制度建设. 高等教育研究，2009，(3)：32-36.

④ 冯爱玲. 法律信仰：大学依法治校的内驱力. 现代教育科学，2009，(1)：98-101.

⑤ 张文峰. 高校依法治校刍论. 高教探索，2004，(1)：35-37.

⑥ 尹晓敏. 高校学生管理引入听证制度的法律思考. 高等工程教育研究，2005，(4)：29-31.

⑦ 申素平. 申诉、诉讼与高校学生的权利保障. 学位与研究生教育，2006，(3)：26-30.

⑧ 于海燕，祁占勇. 论职业教育的实践逻辑. 职教通讯，2014，(19)：5-10.

⑨ 祁占勇. 落实与扩大高校办学自主权的三维坐标——高校与政府、社会关系的重塑及内部治理结构的完善. 高等教育研究，2013，(5)：26-31.

完整的法律体系应当是保证权利与义务相平衡的体系，除了"法不禁止即自由"，还应包括完善的过程规范制度和权利救济制度。因此，我国需要尽快健全法律体系、法律职能机构和监督机制，注重立法的有效性和科学性[①]，拓展高校权利救济途径，规范申诉制度，建立配套的监督审查机制，真正做到执法必严、违法必究[②]，为公民的受教育权保驾护航。

四、教育法律救济研究领域的未来展望

通过 BICOMB 软件的应用，1985—2015 年教育法救济的研究热点经共词分析法直观地展现出来，教育法律的研究热点主要集中在高等教育的法律救济、受教育权的法律救济及法律救济的司法介入等方面。同时，我们可以进一步发现，教育法律救济研究还需要在实证性研究、强化实操性、增强研究对象种类等方面有所突破和创新。

（一）丰富研究类型与方法，增加多种类研究方法的创新

法律救济领域的特殊性在于其与社会生活息息相关，相关学术研究成果较易转换为社会实践方式，对学术成果的梳理可以使我们看到领域的发展脉络及缺陷，注重研究方式的多样性将有助于教育法制的多方面呈现。传统研究方法仅重思辨，缺乏多角度、多方面地看问题，有碍于发现更加本质客观的规律。在法律救济领域采用多种研究方法能够促进研究变革，切实推动教育法制的完善，使法律救济领域成为观察教育发展状况的窗口，有助于真实反映教育领域问题，促进教育事业更好的发展。

（二）变换思维方式，探寻其他途径研究法治策略，注重与社会实际相结合

无救济则无权利，能够解决现实问题的法制才是国家真正需要的法制。当前已有的教育法律救济以案例剖析为切入点的研究相对较少，但实际上，现有的案例才是制定法律最好的参照物。教育法律救济的研究者需要转换思维，增加案例探究，应该提出更加具有可操作性的、能够真正为社会建设所用的策略规划。

---

① 李伟. 论我国职业教育法制的问题及对策. 中国劳动关系学院学报，2010，(3)：118-120.
② 王光照. 我国教育立法的现状与教育司法的对策. 河南师范大学学报(哲学社会科学版)，2000，(5)：39-41.

（三）扩展研究对象种类及范围

通过分析可以发现，教育法律救济研究对象多为高校学生、流动儿童等占据社会主流地位的受教育群体，而缺少对残疾人、学龄前儿童等数量较小群体的研究，缺乏对研究对象的进一步细致划分。中国教育事业包含的种类丰富，无论是否属于社会主流，都是教育的一部分，都存在一定的社会群体，是社会不可或缺的构成部分，我们应当增加对其他对象的关注度，使研究延伸到教育领域的各个方面，这样才能使教育事业均衡发展，使整个社会处于平衡状态，最终有益于国家的稳定与长远发展。

第四章
教育活动法研究热点的共词可视化

依法治教是指依据法律治理教育，中国特色教育法治体系的建立、形成和完善依赖于各级各类教育法的颁布，包括学前教育法、义务教育法、高中阶段教育法、高等教育法、职业教育法、特殊教育法、民族教育法、家庭教育法、终身教育法等。时至今日，我国已先后颁布了《教育法》《义务教育法》《高等教育法》《职业教育法》《民办教育促进法》等教育法律，虽然在《国家中长期教育改革和发展规划纲要（2010—2020 年）》中也明确提出，到 2020 年前，要对家庭教育、终身教育进行立法，但目前看来，其立法难度非常大，短时间内不可能实现预期的目标。在国家立法的过程中，有关教育活动法方面的研究成果层出不穷，这些研究成果不仅为国家制定或修订有关教育法律提供了智力支撑，而且有力地促进了我国教育法治建设。

第一节　义务教育法研究热点的共词可视化

义务教育法的基本目的是在兼顾公民个人权利与社会利益背景下保障公民依法接受义务教育的权利。义务教育法是国家制定的用来调整与规范社会关系中义务教育活动的行为规则，国家义务教育事业的发展需要义务教育法保驾护航，义务教育法既具有社会作用，又具有规范作用。改革开放以来，我国义务教育法体系已初具规模并不断完善，塑造出了先进的立法理念和完备的规范体系。特别是新修订的《义务教育法》不但实现了从"义务本位"到"权利本位"的转变，而且扩充了教育公平的价值内涵，重构了义务教育法律体系和内部的规范结构，增加了程序性保护条款。近年来，随着中国特色社会主义教育法律体系基本形成，依法治教、依法治校、法治学校也逐渐走进了人们的视野。但是《义务教育法》仍有一些需要完善之处，以义务教育法为基本研究对象的义务教育法研究在教育法学发展过程中仍需受到重视，义务教育法在教育学与法学中的地位日益突出。

义务教育法研究热点的研究资料来源于"中国学术期刊网络出版总库"，采用标准检索，将期刊年限设定为"1985—2015 年"，指定期刊类别为"全部期刊"，以"篇名"为检索条件，设定"义务教育"并含"法"为检索内容，共获得相关文献 315 篇，315 篇论文均为有效文章。除此之外，将有效文献中的关键词进行标准化处理，如将"农村学校教育""农村普及教育"统一规范为"农村教育"等，从而形成研究资料。

一、义务教育法高频关键词的词频统计与分析

通过对我国义务教育法研究文献的关键词进行统计，共得到 973 个关键词，最终确定高频低频词阈值为 9，统一同义词后，得到 58 个高频关键词，其排序结果如表 4-1 所示。

表 4-1　58 个义务教育法高频关键词排序

序号	关键词	频次	序号	关键词	频次	序号	关键词	频次
1	教育经费保障	62	21	地方人民政府	18	41	教育管理体制	12
2	教育均衡	58	22	中小学教师	18	42	公益性	12
3	均衡配置	44	23	法律规范	17	43	师范教育	11
4	义务教育	40	24	新《义务教育法》	17	44	副主任	11
5	教育立法	40	25	流动人口子女	17	45	现代化建设	11
6	法律责任	40	26	战略地位	17	46	法律实施	11
7	义务教育法	39	27	学生合法权益	15	47	科教兴国战略	10
8	法律保障	30	28	教育收费	15	48	农民子女	10
9	法制建设	28	29	问题	15	49	教师工资待遇	9
10	国家义务	28	30	农村地区	14	50	强制性	9
11	教育事业改革	27	31	农村义务教育	14	51	体罚与变相体罚	9
12	重点学校	26	32	教育工作者	13	52	教育史	9
13	教育质量	24	33	直接责任人员	13	53	民办教育	9
14	修订	23	34	残疾儿童教育	13	54	职业技术教育	9
15	教育公平	22	35	生均公用经费	13	55	素质教育	9
16	依法治教	21	36	财政拨款	13	56	民族地区教育	9
17	教育法律法规	21	37	初中教育	12	57	标准	9
18	教育行政行为	20	38	督导评估	12	58	政策研究	9
19	受教育权	20	39	十二次	12			
20	执法检查	19	40	入学问题	12	合计		1100

如表 4-1 所示，58 个高频关键词总呈现频次为 1100，占关键词出现总频次的 45.9%。通过前 58 位的关键词排序，初步地了解到 1985—2015 年我国义务教育法研究领域的集中热点和趋势。其中，前 10 位关键词频次均大于等于 28，依次为教育经费保障（62）、教育均衡（58）、均衡配置（44）、义务教育（40）、教育立法（40）、法律责任（40）、义务教育法（39）、法律保障（30）、法制建设（28）、国家义务（28），其余 48 个关键词出现频次均大于或等于 9。这一结果初步说明，义务教育法研究多围绕教育均衡与义务教育、教育立法与义务教育、法制建设及国家义务等方面的主题。

二、义务教育法高频关键词的相异矩阵及分析

利用 BICOMB 共词分析软件，将上述 58 个高频关键词进行共词分析，生成词篇矩阵后，再将其矩阵导入 SPSS19.0 软件，选取 Ochiai 系数并将其转化为一个 58×58 的共词相似矩阵。在进行多维尺度分析时，将此相似矩阵采用"1−相似矩阵"方法转化为相异矩阵，结果如表 4-2 所示。

表 4-2   义务教育法高频关键词 Ochiai 系数相异矩阵（部分）

关键词	教育经费保障	教育均衡	均衡配置	义务教育	教育立法	法律责任	义务教育法	法律保障	法制建设	国家义务
教育经费保障	0.000	0.641	0.764	0.979	0.893	0.794	0.958	0.834	0.925	0.847
教育均衡	0.641	0.000	0.734	0.979	0.870	0.709	0.979	0.784	0.848	0.742
均衡配置	0.764	0.743	0.000	0.905	0.851	0.905	0.879	0.890	1.000	0.852
义务教育	0.979	0.979	0.905	0.000	0.896	0.850	0.797	0.971	0.970	0.969
教育立法	0.893	0.870	0.851	0.896	0.000	0.740	0.868	0.850	0.842	0.774
法律责任	0.794	0.709	0.905	0.850	0.740	0.000	0.975	0.856	0.878	0.814
义务教育法	0.985	0.979	0.879	0.797	0.868	0.975	0.000	0.971	0.969	1.000
法律保障	0.834	0.784	0.890	0.971	0.850	0.856	0.971	0.000	0.754	0.893
法制建设	0.925	0.848	1.000	0.970	0.842	0.878	0.969	0.754	0.000	0.774
国家义务	0.847	0.742	0.852	0.969	0.774	0.814	1.000	0.893	0.774	0.000

如表 4-2 所示，各关键词与教育经费保障距离由远及近的顺序依次为：义务教育法（0.985）、义务教育（0.979）、法制建设 （0.925）、教育立法（0.893）、国家义务（0.847）、法律保障（0.834）、法律责任（0.794）、均衡配置（0.764）、

教育均衡（0.641）。这个结果说明，人们在谈论义务教育法时，将"教育经费保障"与"教育均衡""均衡配置""法律责任"结合起来论述的成果较多。同时，通过对表4-2中系数大小的进一步分析发现，"教育均衡"与"教育经费保障""法律责任"经常呈现在一起；"均衡配置"与"教育经费保障""教育均衡"较多地呈现在一起；"法律责任"与"教育均衡""教育立法"较多地呈现在一起。这初步说明，关于义务教育法的研究成果中，学界经常研究教育经费保障与教育均衡、均衡配置与法律责任及教育立法等问题。

三、义务教育法高频关键词聚类及其分析

将表4-2的高频关键词相异系数矩阵导入SPSS19.0软件进行聚类分析，得到的聚类结果如表4-3所示。根据聚类分析结果显示的聚团连线距离远近，可以直观地看出义务教育法研究高频关键词可分为六类：义务教育法律建设与学生受教育权及其经费保障研究（种类1）、义务教育执法研究（种类2）、义务教育教师法律问题研究（种类3）、依法治教视域下义务教育的战略地位研究（种类4）、义务教育教师待遇与学生入学的法律实施研究（种类5）、基于教育公平的义务教育公益性特征及其问题研究（种类6）。

表4-3　义务教育法高频关键词聚类结果

种类	关键词
种类1	地方人民政府、直接责任人员、民办教育、学生合法权益、体罚与变相体罚、十二次、教育行政行为、教育工作者、教育管理体制、教育立法、教育法律法规、法制建设、受教育权、法律保障、法律责任、修订、国家义务、法律规范、强制性、教育质量、教育收费、残疾儿童教育、督导评估、标准、生均共用经费、财政拨款、教育经费保障、教育均衡、重点学校、均衡配置、流动人口子女
种类2	执法检查、副主任
种类3	初中教育、师范教育、教育事业改革、教育史、中小学教师、职业技术教育、素质教育
种类4	农村义务教育、民族地区教育、科教兴国战略、农民子女、农村地区、依法治教、战略地位、现代化建设
种类5	入学问题、法律实施、教师工资待遇
种类6	义务教育法、问题、义务教育、新《义务教育法》、教育公平、公益性

种类1为义务教育法律建设与学生受教育权及其经费保障研究，包括地方人民政府、直接责任人员、学生合法权益、教育行政行为、教育管理体制、教育立法、教育法律法规、法制建设、受教育权、法律保障、法律责任、法律规范、教育质量、教育收费、残疾儿童教育、督导评估、标准、教育经费保障等关键词。

法律通常是指由社会认可，国家确认的立法机关制定的行为规则，并由国家强制力（主要是司法机关）保证实施的，以规定当事人权利和义务为内容的，对全体社会成员具有普遍约束力的一种特殊行为规范（社会规范）。

　　义务教育法是为了保障适龄儿童、少年接受义务教育的权利，保证义务教育的实施，提高全民族素质，根据宪法和教育法而制定的法律。《义务教育法》于1986 年 4 月 12 日由第六届全国人民代表大会第四次会议通过，1986 年 7 月 1 日起施行。2006 年 6 月 29 日，全国人民代表大会常务委员会审议通过了新修订的《义务教育法》，该法于 2006 年 9 月 1 日起实施。《义务教育法》的伦理价值之一是公平，也就是公正平等，是指一定社会中人们之间各种利益关系和权利关系的合理分配；其伦理价值之二是人道，泛指一切以人、人的利益、人的价值或幸福、人的发展或自由为主旨的观念或哲学思想；其伦理价值之三是理性，即思维与行为的合逻辑性，在一定程度上，它是"万物的尺度"，是"价值判断"的标准。[①]义务教育法律建设，即在义务教育法律法规的范围内，遵照其框架，按照平等原则和少数服从多数原则来共同管理义务教育的法律制度。其表现在三个方面，即完善立法、严格执法、大力普法。我国完善《义务教育法》需要增强立法的强制性，确保《义务教育法》的权威和效能；确立教育法制的人本理念，寻求各主体间的综合平衡；切实保障义务教育的投入，实现义务教育的完全免费；提高立法技术，增强义务教育法规的可操作性。[②]我国《义务教育法》需要严格执行，这一点可以借鉴法国的经验。在法国教育系统内部，各级教育行政部门本身就是教育法的执行机构和执法监督机构，上级机构领导并监督下级机构，下级机构对上级机构负责，这种制约关系构成了颇为有效的教育系统内部的执法与执法监督机制；作为国家权力在地区和省的代表，地区行政长官和省长在履行维护国家利益及社会秩序的职责时，有权对包括教育在内的所有部门依法进行行政监督。根据1982 年法国《权力下放法案》，大区、省、市镇三级地方政府对教育的介入得到了加强。[③]我国国务院有关部门和省、自治区、直辖市要尽快研究制定新的《义务教育法》配套法规、实施办法和义务教育经费保障的具体办法等配套规定，要在全社会宣传《义务教育法》，营造推动其实施的良好舆论环境。[④]《义务教育法》

---

① 吴艳艳. 对新《义务教育法》的伦理解读. 思想理论教育，2008，(16)：40-45.
② 李赐平. 国外义务教育立法与我国《义务教育法》的完善. 行政法学研究，2005，(3)：98-103.
③ 高如峰. 法国教育立法、执法、司法制度研究. 外国教育研究，1997，(1)：18-23.
④ 陈至立. 学习好、宣传好、实施好新《义务教育法》——在学习宣传和贯彻实施新《义务教育法》座谈会上的讲话摘要. 理论，2006，(15/16)：2-4.

规定了受教育者的合法权益，受教育权是受教育者的合法权益之一，它作为宪法确认的基本权利，不仅是个人对国家主张的主观防御权，还是宪法的"基本价值决定"。

但是，当前我国受教育权的不平等主要表现为受基础教育权利与受高等教育权利的不平等。其中，受基础教育权利的不平等表现为受基础教育的机会不平等与过程不平等，这要求我们全面实施《义务教育法》，推进受基础教育权的平等。[①]受教育权具有绝对权利属性，国家要积极保障受教育权的实现，积极促进受教育权的落实。同时，国家教育的积极作为应以不侵犯受教育权为限，侵犯受教育权的各类现象应当引起足够重视，要保障义务教育主体的受教育权，应坚持平等原则、补偿原则、公开原则，并遵守国际法义务。[②]当前，城乡之间基础教育不平等的现象十分突出，主要表现在融资制度差异、可及性差异和办学条件差异等三个方面。实证分析表明，城乡基础教育差异对居民的收入差距有显著性影响。[③]义务教育经费差距也是义务教育均衡发展过程中需要解决的关键问题。随着我国教育经费的增长，经费分配的公平和使用效率等结构性问题将引起更多重视。[④]虽然农村义务教育经费保障新机制的实施，极大地改善了我国义务教育经费政府投入不足的状况，但是依靠中央加大转移支付力度增加的义务教育投入，不仅难以满足义务教育实际需求，而且没有从根本上改变义务教育投入分配不公平的格局。实地调查发现，义务教育事权上移在一定程度上降低了义务教育供给效率。所以，为了进一步完善我国义务教育财政制度，上级政府要采取合适的干预机制，在平衡地方财力的同时，要着力解决县级义务教育财政支出激励不足的问题，适当增加乡镇和村参与义务教育财政决策的机会。[⑤]另外，尽早出台和实施新的全国统一的农村义务教育学校公用经费标准，切实提高农村教育经费保障水平；尽快研究出台和完善新机制的相关配套政策与措施，保障并落实农村教师应有的待遇；确保地方承担部分经费的全额到位；由于我国城乡、区域差异大，情况复杂，新机制在全国城市地区应注意稳步推进和加强试点研究。[⑥]

---

① 谢海燕. 受教育权不平等：基础教育与高等教育的双重视野. 宁夏社会科学，2003，(4)：139-142.

② 刘冰. 义务教育阶段受教育权的绝对权利属性及保障. 东北师大学报，2006，(2)：142-146.

③ 石绍宾. 城乡基础教育不平等与收入差异的实证分析. 统计与决策，2008，(23)：99-102.

④ 陈晓宇. 我国教育经费结构：回顾与展望. 教育与经济，2012，(1)：21-28.

⑤ 范丽萍，李祥云. 我国义务教育经费保障"新机制"分析. 中南财经政法大学学报，2010，(5)：68-73.

⑥ 庞丽娟. 完善经费保障机制　扎实推进免费义务教育. 教育研究，2008，(5)：10-11.

种类 2 为义务教育执法研究，包括执法检查、副主任等关键词。执法，亦称法律执行，义务教育执法是指国家行政机关依照义务教育法的法定职权和法定程序，行使行政管理职权、履行职责、贯彻和实施法律的活动，其特征是具有强制性和权威性。监督同级政府及有关行政部门是宪法赋予各级人民代表大会及其常务委员会的职权。全国人民代表大会常务委员会《关于加强对法律实施情况检查监督的若干规定》中明确规定："全国人大常委会和全国人大专门委员会的执法检查，主要是检查监督法律实施主管机关的执法工作，督促国务院及其部门、最高人民法院和最高人民检察院及时解决法律实施中存在的问题。"执法多由省人民代表大会常务委员会副主任来执行。受全国人民代表大会常务委员会委托，《教育法》明确规定："国务院和县级以上地方各级人民政府应当向本级人民代表大会或者其常务委员会报告教育工作和教育经费预算、决算情况，接受监督。"①但是，在一些地方，常常可以听到基层干部和学校教师发出感慨："真没想到，要学生上学读书成了当今的难事！"②不难推断，当下义务教育法的执法过程是一个困难的过程，山东省人民代表大会常务委员会于 2013 年9 月 3—6 日对《义务教育法》实施以来的贯彻落实情况进行了为期 4 天的执法检查，其对这次执法检查高度重视，为保证执法检查工作的顺利进行，8 月 28日上午，检查组在济南举行会议，听取山东省政府及有关部门汇报，山东省人民代表大会常务委员会时任副主任宋远方出席并讲话，强调要充分认识这次执法检查的意义，增强使命感和责任感，扎扎实实搞好这次执法检查活动，为山东省教育事业科学发展创造良好法制环境。③

种类 3 为义务教育教师法律问题研究，包括初中教育、师范教育、教育事业改革、教育史、中小学教师、职业技术教育、素质教育等关键词。狭义的教师是指接受过专门教育和训练，并在教育机构（学校）中担任教育、教学工作的人。《义务教育法》中与教师相关的条款主要是从第二十八条到第三十三条。因此，教师是具有一定的法律身份的群体。教师的法律身份是关于教师与其他各类教育主体之间法律关系的规定，是建构教师权利、责任与义务体系的核心依据，明确教师的法律身份是教师队伍建设中的前置性与根本性问题，我国现行相关法律对义务教育教师法律身份界定不明已经严重影响教师的权益保障与队伍建设。当前，以法律形式确立义务教育公办教师的国家教育公务员身份是我国义务教育事业发

---

① 朱源星. 要健全人大对政府教育执法的检查监督. 人民之声, 1998, (Z1)：19-20.

② 裴德重. 关于义务教育的执法思考. 中国民族教育, 1999, (6)：12-13.

③ 郭福成, 王如奎. 省人大常委会就义务教育法实施情况进行执法检查. 山东人大工作, 2013, (9)：1.

展的必然选择与现实需求，同时应抓紧研究建立国家教育公务员制度及相关的职业、待遇、培训、法律救助和监督问责等保障机制与配套政策。①

在教师均衡配置方面主要涉及教师的流动问题。教师流动并非简单的岗位转移，而是指教师资源在教育与其他行业之间，在教育系统内部不同学校、不同地域之间进行重新配置的过程。从教师流动的方向看，流动可以分为单向流动和双向流动。单向流动为教师通过公开招聘或者国家分配进行单方向流动。双向流动是指在一定区域内，在教师内部或校际的一种合理有序的互换形式。教师在职业内流动还可以分为同级学校内流动和在不同级学校内流动。②教师的流动需要在促进义务教育均衡发展、学校教育质量整体提高、教师自身实现专业发展等方面实现"增值"。学者在对县（区）域内教师交流和跨县（区）域教师支援的两种机制的特点进行比较之后得出结论，教师流动机制的政策设计应体现三个方面的内涵：一是实现系统设计；二是注重岗位的匹配性；三是体现精细化和人性化。③

教师流动机制不健全，义务教育阶段的教师流动呈现无序状态，造成城镇和开放发达地区教师积压而农村和贫困地区师资匮乏的局面，师资流动失衡已经成为限制义务教育均衡发展的主要阻碍之一。为了进一步促进义务教育均衡发展，在教师流动中，必须遵循下向流动与上向流动并行、量的合理性流动与质的合理性流动结合、融合普实性流动原则与自获性流动原则为一体等原则，才能建构义务教育阶段合理的教师流动机制，优化师资配置，促进教师合理流动，提高教育教学质量，推进义务教育均衡发展。④另外，我国教育立法的局限性与以效率为导向的基础教育政策导致义务教育的非均衡发展。《教师法》对于教师作为"履行教育教学职责专业人员"的法律地位和以此为基点设计的教师资格制度、职务制度、聘任制度，不能从根本上遏制当前义务教育教师非均衡发展的态势，唯有将义务教育教师定位为国家公务员，确立政府与教师的行政法律关系，各级政府所做出的教师均衡配置的行政行为才有法律依据。⑤目前，全国各地也正在纷纷开展教师聘任制度的改革试点工作，但是，任何管理制度的诞生都可能产生相应的法律后果。因此，聘任制改革必须正视以下两个法律问题：教师劳动关系是否适用《中

① 韩小雨，庞丽娟. 我国义务教育教师的国家教育公务员法律身份及其保障制度. 教育学报，2010，（2）：82-89.

② 路红梅. 义务教育阶段教师流动问题的梳理与建议. 人口与经济，2011，（S1）：194-195.

③ 李伟涛. 新背景中的义务教育学校教师流动机制分析. 上海教育科研，2010，（7）：16-18.

④ 殷世东. 义务教育阶段教师流动机制的构建. 教育发展研究，2013，（18）：80-84.

⑤ 陈鹏. 义务教育教师均衡配置的法理探源与法律重构. 陕西师范大学学报，2009，（1）：160-164.

华人民共和国劳动法》（简称《劳动法》）和教师聘任制中的合同关系问题。①

有学者在阐释我国县域义务教育学校教师流动制度化缘由的基础上，从功能目标、理论基础、类型结构、组成要素、运作模式与配套政策六个方面对我国县域义务教育学校教师流动制度进行了科学设计，并对该制度有效实施应该如何规避七种衰减性失真实施行为（曲解式实施行为、减损式实施行为、附加式实施行为、替换式实施行为、架空式实施行为、僵化式实施行为与观潮式实施行为）提出了相应的对策：①在薪酬待遇上，建立城市—农村—边远贫困地区三级阶梯教师工资制度、农村学校与薄弱学校教师特殊津贴制度，大幅度提高农村、边远贫困地区中小学教师的工资待遇，对农村学校与薄弱学校的教师发放特殊津贴；②在职务（职称）晋升上，建立评职晋级关怀补偿制度；③在聘用考核上，同等条件下，优先聘用具有到农村学校与薄弱学校支教、到城市学校与优质学校进修经历的教师；④在评优评先上，同等条件下，把教师到农村学校与薄弱学校支教、到城市学校与优质学校进修的经历和业绩作为优先考虑的依据；⑤在编制核定上，修改教师编制制度，变城乡倒挂的不合理的教师编制标准为向农村学校、薄弱学校倾斜的编制标准；⑥在岗位设置上，扭转长期以来形成的岗位结构比例向城市学校与优质学校倾斜的不良现状。②

种类 4 为依法治教视域下义务教育的战略地位研究，包括农村义务教育、民族地区教育、科教兴国战略、农民子女、农村地区、依法治教、战略地位、现代化建设等关键词。依法治教是依法治国战略的重要组成部分。依法治教是指全部的教育活动都应当符合教育法律的有关规定，所有的教育法律关系主体在从事各类教育活动时都应当遵守或不违背教育法律的规定和精神。依法治教的"依"，即依据、依照的意思，依法治教不能理解成"以"法治教，即把法作为治理工具，这样就与法治的初衷背道而驰；依法治教的"法"应做广义上的理解，它既包括全国人民代表大会及其常务委员会制定的教育类法律，也包括国务院制定的教育类行政法规、省级人民代表大会及政府制定的地方法规和规章，还包括涉及教育管理的规范性文件。广义上的"法"尤以规范性文件形式居多，其中就包含各级各类教育机构制定的教育教学管理规范；依法治教的"治"意为治理、管理；依法治教的"教"从抽象角度理解是指教育事业，包括各级各类教育，具体而言，既包括教育行政部门的教育行政管理行为，又包括各级各类教育机构依据法定职

---

① 郭春发. 教师聘任制中的两个法律问题. 中小学管理，2006，(6)：24-25.

② 王昌善，胡之骐. 我国县域义务教育学校教师流动制度的科学设计与有效实施. 当代教育科学，2014，(20)：20-25.

权实施的管理行为，因此，依法治教应被理解为依法规范教育管理，把法作为规范教育管理的唯一标准和最高权威，必须依法而不是依据其他标准来实施教育管理行为。[①]

依法治教的实质，是合法的权限、合法的程序、合法的行为，任何有悖于这一内涵的教育行为都不能说是依法治教。追求合情、合理与合法的统一应该成为依法治教的目标。[②]党的十八届四中全会审议通过的《中共中央关于全面推进依法治国若干重大问题的决定》，是加快建设社会主义法治国家的纲领性文件。当前，我国教育系统要切实把党的十八届四中全会精神学习好、研究好、宣传好、贯彻好、落实好，全面推进依法治教、依法治校，创新法治人才培养机制，为全面推进依法治国，实现"两个一百年"奋斗目标和中华民族伟大复兴中国梦做出贡献。但是，教育法制工作是一项长期的基础性、保障性的工作，涉及学校、政府、社会、教师、学生的关系调整。而法制工作又由立法、普法、执法、司法构成一个"链"，必须同时并举。所以，对教育行政部门而言，应当把"依法行政"作为当前法治建设的重点，并以此为抓手，促进政府职能转变和学校依法自主办学，提高宏观管理水平，实现依法治教，为实现教育现代化创建良好的社会环境。[③]现代法治精神与义务教育密切相关，义务教育工作者应自觉维护宪法和法律的权威与尊严，发挥现代法治精神的指引、推进、规范作用，着力依法行政、依法治教、依法治校，将义务教育改革发展全面纳入法治轨道。[④]然而，在现行教育法制的理念（即基于教育人权主义理念）上及法律规范本身的要求上，《义务教育法》在其结构、目的、依据、法律文本的用语等方面既有其合理性，又有一些不完善之处，因此，我国既有必要对《义务教育法》做出相应的修改，又需要制定相应的法律、法规加以补充、完善，这是"依法治国、依法治教"的必然要求[⑤]，也是依法治教可持续发展的保障机制。在依法治国大背景下，依法治教取得了突出成绩，但在新常态下，依法治教面临着新的形式与任务，面对新的挑战，依法治教应更加注重法治思维和方式的运用、加速重点领域的立法、推进教育行政执法和依法治校、大力开展青少年法治教育，强化教育法治队伍建设，实现新常态下依法治教新局面。[⑥]

① 史峰，李鹤飞. 对依法治教的几点思考. 人民论坛，2012，(11)：86-87.

② 尹力. 论依法治教的实质. 中国教育学刊，2002，(4)：41-44.

③ 莫负春. 全面推进依法行政实现依法治教. 教育发展研究，2006，(11B)：10-12.

④ 王定华. 以现代法治精神统领义务教育治理. 教育研究，2015，(1)：35-40.

⑤ 尹力. 浅析义务教育法治. 教育理论与实践，2001，(1)：21-24.

⑥ 孙霄兵. 新常态下依法治教的思考. 国家教育行政学院学报，2015，(7)：19-26.

种类 5 为义务教育教师待遇与学生入学的法律实施研究，包括入学问题、法律实施、教师工资待遇等关键词。由于各地区经济发展的差异，中国各地区中小学的教师工资差异较大。教师是履行教育教学职责的专业人员，是培养创新人才、提升教育质量的关键因素。《义务教育法》的第三十一条规定：各级人民政府保障教师工资福利和社会保险待遇，改善教师工作和生活条件；完善农村教师工资经费保障机制。教师的平均工资水平应当不低于当地公务员的平均工资水平。特殊教育教师享有特殊岗位补助津贴。在民族地区和边远贫困地区工作的教师享有艰苦贫困地区补助津贴。

学者通过对义务教育阶段教师工资状况对比分析发现：①教师工资绝对增长较快，相对增长缓慢。虽然教师工资的绝对值上升幅度较大，但由于社会经济整体发展迅速，教师的行业工资水平相比仍然较低。②城乡间、市域内教师工资存在严重不平衡现象。通过各省、市统计部门的年度统计公报了解到，部分市教师工资年收入仅略高于城镇居民人均收入，与在岗职工年人均收入基本持平，教师仍旧是社会上的低收入群体。③农村教师工资政策实施不规范。[①]义务教育教师绩效工资政策是我国政府依法保障和改善教师待遇的一项重要举措，但由于缺乏科学、健全的财政保障机制及配套制度，在实施过程中出现推行困难、落实迟滞、低水平兑现等问题，明确落实教师绩效工资是政府必须予以实现的重要职责，建立健全由高层推动的领导体制，建立中央和地方分地区、分项目、按比例分担的财政保障机制，强化省级财政的投入职责，明确"省统筹"内涵与投入基线，建立健全监督问责制度。[②]为提高教师地位待遇，我国要确立以中央和省级地方财政为主体的教师工薪发放保障制度，将原有"以县为主"的教师工薪投入管理模式转变为以中央和省级政府为主的投入管理模式，将教师工薪纳入中央和省级地方财政列支、发放与管理范围之内；使教育行业工资与其区域平均工资之比达到1.2 及以上，以提升教育行业的吸引力，按照特定比例将教师工资明确划分为基本工薪和各类补贴两大收入类别，由中央和地方财政承担固定比例；明确教师农村任教津贴、班主任津贴和交通补贴的发放额度、方式，调动教师在边远地区、农村地区、特殊岗位任教的积极性。[③]

另外，义务教育阶段的另一个主体是学生，其受教育权的保障等也是一个薄弱的环节。《义务教育法》第十一条到第十四条规定了学生的受教育权等合法权益

---

① 杨玉春. 中小学教师待遇问题调研报告. 当代教育科学, 2009, (5)：17-21.
② 庞丽娟, 韩小雨, 谢云丽, 等. 完善机制　落实义务教育教师绩效工资政策. 教育研究, 2010, (4)：40-44.
③ 薛二勇. 提高我国教师待遇的政策分析. 北京师范大学学报(社会科学版), 2014, (4)：11-22.

及当地执法相关人员对学生的义务和责任。平等的受教育机会是法律规定每个公民都享有的基本权利，但是由于种种原因，我国公民接受义务教育的机会平等尚未完全实现。在入学机会方面，就近入学原则限制了义务教育阶段学生的入学选择权，城乡差别导致了城乡学生入学机会的不平等，义务教育阶段女生的受教育权利往往得不到保障，流动人口的入学机会得不到保证。[1]基于义务教育均衡发展的战略性目标，破解农村义务教育的权利性危机需要从政府在决策过程中充分尊重村民的教育参与权、强化乡镇政府和村民委员会在农村义务教育发展中的责任、重视家庭教育在儿童受教育权实现过程中的基础性作用、以教师均衡配置为着力点来优化教育资源配置等方面着手。[2]为促进流动人口子女受教育权的实现，应完善法律体系，提高执法质量，培育全民的法律意识。[3]现在，各级普通学校女生入学率逐年提高，从性别差异的角度来看，教育机会均等的各项措施效果显著。但是，近年来女生被教师骚扰的案件受到关注，其处理方法可以借鉴美国。美国法律认为教师对未成年女生的骚扰是一种侵害人性尊严和受教育权的性别歧视行为，具体包括交换利益型骚扰与敌意环境型骚扰，学校作为教师的雇主应当承担代理责任，这种责任在性质上属于连带责任而非替代责任。[4]

种类6为基于教育公平的义务教育公益性特征及其问题研究，包括义务教育法、问题、义务教育、新《义务教育法》、教育公平、公益性等关键词。教育公平是重要的社会公平，其主要内涵包括：人人享受平等的教育权利；人人平等地享有公共教育资源；公共教育资源配置向社会弱势群体倾斜（"不平等"的矫正）；反对各种形式的教育特权；教育公平是现代社会的产物，反映了现代化大生产的客观要求，是现代政治民主化的重要内容，体现了现代社会文化价值观；教育公平是现代社会的基础性公平，教育公平的实现和扩大对于促进整个社会公平程度的提高、保障人的发展的起点公平、消除知识鸿沟以迎接知识社会的挑战都具有重要意义。[5]

义务教育公益性，是指法律明确规定义务教育阶段"不收学费、杂费"。公益性是义务教育的本质属性，义务教育公益性和免费性是联系在一起的，2015年修

---

[1] 谭细龙. 义务教育阶段学生受教育机会不平等现象浅析. 教育科学, 2001, (4)：4-6.

[2] 陈鹏, 祁占勇. 农村义务教育的权力性危机及其法律保障. 华南师范大学学报, 2016, (3)：69-74.

[3] 郑凤, 李娜. 流动人口子女受教育权实现的法制环境的构建. 学术交流, 2008, (12)：110-112.

[4] 吴亮. 美国对教师骚扰未成年女生案件的调查与处理. 比较教育研究, 2014, (3)：92-96.

[5] 石中英. 教育公平的主要内涵与社会意义. 中国教育学刊, 2008, (3)：1-7.

订的《义务教育法》第二条规定：国家实行九年义务教育制度；义务教育是国家统一实施的所有适龄儿童、少年必须接受的教育，是国家必须予以保障的公益性事业；实施义务教育，不收学费、杂费；国家建立义务教育经费保障机制，保证义务教育制度实施。教育的公益性体现为：教育是一项面向全体社会公众、具有共同利益的事业，是超越一切个人利益和集团利益的社会整体利益，具有全局性、全体性、平等性、公共性的特征。[①]

但是，现实中义务教育的公益性依然存在不足之处，义务教育不仅是公益性与私益性的共同体，而且是公益性与私益性共存并以公共利益为主导取向的公共物品，公益性与私益性可以在一定社会条件与政策规制和调控下兼容整合。当下日趋突出的义务教育私事化倾向是对义务教育私益性的僭越、放大和绝对化，表现为部分教育主体在教育目的取向、机会选择、内容实施及服务关系的价值评判和行为上的误解，这构成了对义务教育公共利益的损害，侵蚀到义务教育的公共性基础。[②]义务教育是更加接近纯粹的公共产品的一种公益物品，其社会公益性的特点突出。我国义务教育的公益性应定位于在国家意志参与下，义务教育对全体公民在提高经济利益和政治权益上的持久影响，从这一概念出发，要保持我国义务教育的公益性，就必须保证义务教育的广泛分享，并且保证义务教育的"集体行动"方式的供给。在这一背景下，我国政府在义务教育供给中应强调责任的"多中心"实现，但其中政府必须履行好宏观调控的职责。[③]教育的公益性与教育公平是紧密联系的，坚持教育的公益性是教育本质和功能的内在要求，坚持教育的公益性原则是实现教育公平的前提。[①]

为此，应积极采取政策和措施，使义务教育私事化倾向得到有效遏制，使义务教育阶段的公益性在教育的提供、教育的进行、教育的结果等方面都有所体现，即政府不仅应当保证每一位适龄儿童都有平等接受教育的机会，而且要努力保证义务教育质量的均衡性。[④]要保证义务教育的公益性，同时也要保证各地方义务教育在发展力上的均衡，这是由我国义务教育的属性决定的，准公共产品性决定了我国义务教育必须发挥其公益性特征，实现正外部性，而地方性则对应着义务教育在各地方发展力的均衡。公益性与均衡性构成了思考实行义务教育过程中政

---

① 张新文. 论教育公平的实现. 求实, 2009, (7)：49-51.
② 阮成武. 义务教育的私益性及其私事化倾向的遏制. 教育发展研究, 2007, (6A)：15-20.
③ 曲正伟. 我国义务教育公益性的概念建构及其政府责任. 教育理论与实践, 2004, (7)：19-22.
④ 石磊，杨卫安. 基于教育公益性的政府职能定位. 现代教育管理, 2011, (7)：9-11.

府责任问题时的两个维度，而这两个维度是统一的。[1]义务教育是政府承担的为每个公民提供的最基本的全民教育，其全民性、强迫性、公益性和福利性，决定了义务教育必须均衡发展，义务教育均衡发展的基本价值是追求教育公平，最高价值是公平基础上的高效率、高质量发展。[2]现今，中国教育公平主要受制于政府的制度性因素，政府责任与教育公平具有密切的内在关联，教育公平问题应从规范教育权力的角度寻求政府在教育制度配置中的角色与责任，而政府也应从保障教育权利实现的角度重新阐释其责任的内涵与范围，法律以规范调整为主要方式，通过规制政府的教育权力与赋予个体教育权利，明确政府在维护教育公平中应有的责任。[3]

四、义务教育法研究领域的未来展望

依据共词分析的理论和方法，研究表明，教育政策学研究热点主要集中在六个方面。与此同时，通过对聚类分析图和多维尺度图的进一步归纳分析，可以发现，我国义务教育法研究还存在着方法创新少、教育法理学研究少、法案学研究少等问题，这就需要未来义务教育法研究在这些"少"的方面多做努力和探索，使义务教育法研究领域更加成熟、广泛。

（一）加大义务教育法研究方法的创新

我国教育研究领域存在学术研究缺乏规范、教育研究方法单一的问题。研究者主要采用定性分析法，即对研究对象进行"质"的方面的分析，具体地说，就是运用归纳和演绎、分析和综合、抽象和概括等方法，对获得的各种材料进行思维加工，从而去粗取精、去伪存真、由此及彼、由表及里，达到认识事物本质、揭示内在规律的方法。有研究者认为，定性研究与定量研究应该被看作社会科学中两个互补的研究方法，不应该将它们对立起来。[4]而纵观已有的义务教育法研究成果，其研究方法比较单一，甚至基本上都是一成不变的定性研究。[5]这不仅不利于义务教育研究方法的创新，而且会使学术界在方法上形成思维定式。中国

---

① 曲正伟. 多中心治理与我国义务教育中的政府责任. 教育理论与实践, 2003, (17)：24-28.
② 于发友. 义务教育均衡发展的价值追求. 当代教育科学, 2008, (8)：12-14.
③ 王立峰. 教育公平与政府责任的反思——以责任法制化为路径. 社会科学战线, 2010, (3)：205-211.
④ 张梦中, 马克·霍哲(Marc Hozer). 定性研究方法总论. 中国行政管理, 2001, (11)：39-42.
⑤ 王伟光. 改革开放新时期哲学社会科学的繁荣与发展. 中国社会科学, 2009, (2)：4-10.

人文社科研究领域需要科学、多样的研究方法，以提高科研质量，达到与国际主流研究接轨的水平，这已成为许多研究者的共识。因此，探索、加大义务教育法研究方法的创新势在必行。

（二）注重义务教育法理学研究

教育法理学可细分为教育法学导论、教育法本体论、教育法的起源和发展论、教育法的运行与价值论等。[①]建立教育法理学的意义有：①加强教育立法，健全教育法制；②促进教育管理体制改革，保障改革成果；③提高教育法律意识，培养知法、懂法、守法的教育工作者；④普及教育法规知识，促进教育法规的实施。而在上述研究、分析的基础上，除了教育法规定的权利与义务、教育法律责任外，其他教育法理学内容还没有完全进入研究者的视野。因此，义务教育法理学研究应该得到足够的重视和深入的探索，以彰显义务教育法的价值和意义。

（三）重视义务教育法的微观研究

义务教育法研究不仅要关注理论层面、宏观方面，而且要关注实践层面、微观方面，以使理论与实践、宏观与微观相结合。所谓教育法学的宏观研究，是指对教育法系统范围内的整体研究，是对教育领域内部全面性问题的研究，包括教育立法、教育执法、教育司法、教育守法、教育法监督等方面；所谓教育法学的微观研究，是指对教育法发展过程中某一具体问题或某个单独因素进行的具体研究，主要是对作为教育活动载体的学校范围内实际问题的依法治校研究，既包括学校、教师、学生的法律地位及其权利与义务等研究，又包括学校、教师、学生法律制度研究，还包括各级各类学校运行的法律保障研究等。[②]义务教育法的微观研究与宏观研究是相互补充的关系，对义务教育法的微观研究应该得到加强。

（四）增强义务教育法案例研究

齐佩利乌斯认为，解释意味着对法律用语的含义进行探究，也就是说，探究

---

① 孙绵涛. 教育法学学科理论研究的若干方法论问题. 高等教育研究, 2015, (1)：34-38.

② 祁占勇, 陈鹏. 中国教育法学研究热点的共词可视化分析. 华东师范大学学报(教育科学版), 2016, (3)：79-90.

该法律用语所表达的事实、价值和应然观念。①法律解释是历史最为悠久的法律方法，然而，单纯地对文义进行解释还不足取，根据固有的解释方法，有关某一案件的法律判断的信息并不是十分确切的。这不仅是由于相关的法律内容很少，缺乏可比性，使得思维难以清晰、判断难以确定，而且即使有了可以清晰和准确地界定法律判断的理路，现有的赖以表达理解的工具及语言也会将一些不确定性带入信息传达过程。相反，案例指导下的法律解释在有针对性地分析案件等方面有着重要意义。②2010年底，最高人民法院制定了《最高人民法院关于案例指导工作的规定》，明确规定由最高人民法院统一发布具有指导性的案例，作为各级人民法院审判类似案件的参照。这项规定的出台意味着一种新的、不同于传统法律解释方法的出现。因此，应当增强对《义务教育法》的案例研究，使其更好地解释《义务教育法》，促使公民树立法治意识，增强法治观念，以期早日实现依法治教、依法治国的目标。

（五）加强义务教育法治研究

"法治之理"是由法治理念、法治精神、法治原则、法学原理、法律规定、法治技术、法治思维、法治方式和法治经验等构成的思维依据，是为行为决策提供的合乎法治的理由。法治之理对法治建设来说是极其重要的，通过法治之理的传播可以构建中国法治建设所需要的法治意识形态；对于摒除极右与极左、权力与权利的绝对化思维倾向、达成法治共识有积极的意义。③在中国大力建设法治国家的背景下，实现法治构成了决策行为强有力的理由，即用法治的方式实现社会治理的现代化。因此，在全面推进依法治国的语境下，研究义务教育法治是有重大意义的。义务教育法研究者应在现代法治精神的指引、规范、推进下，加大义务教育法治研究，将义务教育改革发展全面纳入法治轨道。

（六）注重国外义务教育及其立法研究

国外普及义务教育的经验表明，在实施普及义务教育过程中，立法具有极其重要的作用。通过法律程序，把国家关于普及义务教育的方针、政策、制度、措施等用法律形式固定下来，这是最有利的保证。④而且国外城乡义务教育均衡发

---

① 齐佩利乌斯. 法学方法论. 金振豹译. 北京：法律出版社，2010：77-78.
② 陈金钊. 案例指导制度下的法律解释及其意义. 苏州大学学报（哲学社会科学版），2011，（4）：57-60.
③ 陈金钊. 法治之理的意义诠释. 法学，2015，（8）：17-30.
④ 关松林. 国外普及义务教育的经验及思考. 外国教育研究，1998，（1）：28-33.

展取得了较好的效果，这正是当下我国义务教育努力的方向，也为我国实现城乡义务教育均衡发展提供了宝贵的经验。总体上，"国外义务教育立法表现出强制性、平衡性、免费性、可操作性等十分显著的特点"。[①]这也给我国完善《义务教育法》以诸多的启迪。因此，应该加强对国外义务教育及其立法的研究，为我国义务教育发展指出明晰之路。

第二节　高等教育法研究热点的共词可视化

高等教育法是以高等教育部门的内外部关系为调整范围的部门法。我国高等教育通常包括专科教育、本科教育和研究生教育等不同层次，这些都应被纳入高等教育法的调整范围。有关学位授予工作中产生的关系及问题也应属于高等教育法调整和规范的范围，因此，我国于 1980 年颁布的《学位条例》自然也是包括在这一范围中的。高等教育法调整的范围除了高等学校的研究生教育外，还包括科学研究机构的研究生教育。我国已于 1998 年通过了《高等教育法》，为高等教育的发展提供了重要的法律依据。

高等教育法研究热点的研究资料来源于"中国学术期刊网络出版总库"，采用标准检索，将期刊年限设定为"1985—2015 年"，指定期刊类别为"全部期刊"，以"篇名"为检索条件，设定"高等教育法"为检索内容，共获得相关文献 206 篇。在所得检索结果中排除了人物访谈、会议记录、书评、年会综述等非研究型文献，以保证研究结果的有效性与准确度，最终获得有效文献 188 篇。除此之外，将有效文献中的关键词进行标准化处理，如将"高教""高等教育"统一规范为"高等教育"等，从而形成研究资料。

一、高等教育法高频关键词词频统计与分析

通过对我国高等教育法研究文献的关键词进行统计，共得到 973 个关键词，最终确定高频低频词阈值为 4，统一同义词后，得到 50 个高频关键词，其排序结果如表 4-4 所示。

---

① 李赐平. 国外义务教育立法与我国《义务教育法》的完善. 行政法学研究，2005，(3)：98-103.

表 4-4　50 个高等教育法高频关键词排序

序号	关键词	频次	序号	关键词	频次	序号	关键词	频次
1	高等教育法	62	18	人才培养	8	35	教育法制建设	5
2	依法治教	25	19	基层委员会	8	36	教育改革	5
3	办学自主权	25	20	美国	7	37	科学技术文化	5
4	自主办学	22	21	民办高等学校	7	38	教育立法	5
5	高等教育	22	22	党委领导	7	39	管理体制	5
6	现代化建设	18	23	办学者	7	40	教育行政	5
7	法律保障	16	24	高等教育管理体制	7	41	改革	5
8	内部管理体制	15	25	创新精神	6	42	教学辅助人员	5
9	高等教育改革	15	26	成人高等教育	6	43	办学实体	4
10	校长负责制	15	27	教学工作	6	44	教育工作	4
11	领导体制	14	28	教育质量	6	45	《教师法》	4
12	举办者	12	29	财政拨款	6	46	行政管理工作	4
13	高等教育事业	12	30	教育工作者	6	47	法定代表人	4
14	科教兴国战略	12	31	法律关系	6	48	终身教育	4
15	教育法律	11	32	教学质量	5	49	教学改革	4
16	高等学校	10	33	法律基础	5	50	教育模式	4
17	成人高等学校	9	34	高等学校办学自主权	5	总计		495

如表 4-4 所示，50 个高频关键词总呈现频次为 495，占关键词出现总频次的 39%。通过前 50 位的关键词排序，可以初步地了解到 1985—2015 年我国高等教育法研究领域的集中热点和趋势。其中，前 10 位关键词频次均大于或等于 15，分别是高等教育法（62）、依法治教（25）、办学自主权（25）、自主办学（22）、高等教育（22）、现代化建设（18）、法律保障（16）、内部管理体制（15）、高等教育改革（15）、校长负责制（15），其余 40 个关键词出现频次均大于或等于 4。这一结果初步说明，高等教育法研究多围绕高校依法治理、高校办学自主权、高校法制建设及高校内部治理结构等方面展开。

二、高等教育法高频关键词的相异矩阵及分析

利用 BICOMB 共词分析软件，将上述 50 个高频关键词进行共词分析，生成

词篇矩阵后，再将矩阵导入 SPSS19.0 软件，选取 Ochiai 系数并将其转化为一个 50×50 的共词相似矩阵，结果如表 4-5 所示。在进行多维尺度分析时，将此相似矩阵采用"1–相似矩阵"转化为相异矩阵。

表 4-5　高等教育法高频关键词相异矩阵

关键词	高等教育法	依法治教	办学自主权	自主办学	高等教育	现代化建设	法律保障	内部管理体制	高等教育改革	校长负责制
高等教育法	0.000	0.873	0.975	0.973	0.810	1.000	0.936	1.000	0.967	0.967
依法治教	0.873	0.000	0.760	0.787	0.915	0.576	0.700	0.897	0.845	0.845
办学自主权	0.975	0.760	0.000	0.659	0.957	0.764	0.750	0.742	0.742	0.793
自主办学	0.973	0.787	0.659	0.000	0.909	0.799	1.000	0.835	0.835	0.725
高等教育	0.810	0.915	0.957	0.909	0.000	0.950	0.947	0.945	0.835	0.890
现代化建设	1.000	0.576	0.764	0.799	0.950	0.000	0.646	0.878	0.939	0.817
法律保障	0.936	0.700	0.750	1.000	0.947	0.646	0.000	0.935	0.935	1.000
内部管理体制	1.000	0.897	0.742	0.835	0.945	0.878	0.935	0.000	0.733	0.800
高等教育改革	0.967	0.845	0.742	0.835	0.835	0.939	0.935	0.733	0.000	0.867
校长负责制	0.967	0.845	0.793	0.725	0.890	0.817	1.000	0.800	0.867	0.000

如表 4-5 所示，各关键词与高等教育法距离由远及近的顺序依次为：现代化建设（1.000）、内部管理体制（1.000）、办学自主权（0.975）、自主办学（0.973），高等教育改革（0.967）、校长负责制（0.967）、法律保障（0.936）、依法治教（0.873）、高等教育（0.810）。这个结果说明，人们在谈论高等教育法时，将"高等教育"与"依法治教""法律保障"结合起来论述，形成的成果较多。同时，通过对表4-5 中系数大小的进一步分析发现，"依法治教"与"现代化建设""法办学自主权"经常呈现在一起；"办学自主权"与"自主办学""高等教育改革""内部管理体制"较多地呈现在一起。这初步说明，在高等教育法领域，学界会经常研究依法治教与现代化建设、办学自主权与自主办学及高等教育改革等问题。

三、高等教育法高频关键词聚类及其分析

将表 4-5 的高频关键词相异系数矩阵导入 SPSS19.0 软件进行聚类分析，得到

的聚类结果如表 4-6 所示。根据聚类分析结果显示的聚团连线距离远近，可以直观地看出，高等教育法研究高频关键词分为五类：终身教育视野下成人高等教育法律研究（种类 1）、高等学校教师法律问题研究（种类 2）、高等教育人才培养质量的法律保障研究（种类 3）、高等学校办学自主权及其治理结构的法律建构研究（种类 4）、基于高等教育法的民办高等学校改革与发展研究（种类 5）。

表 4-6　高等教育法高频关键词聚类结果

种类	关键词
种类 1	成人高等学校、成人高等教育、终身教育、教育改革
种类 2	教育工作者、《教师法》
种类 3	教学工作、教学质量、人才培养、教学辅助人员、法律关系
种类 4	办学者、高等教育事业、教育改革、自主办学、高等教育管理体制、法律基础
种类 5	民办高等学校、改革、高等教育法、高等学校、高等教育法

种类 1 为终身教育视野下成人高等教育法律研究，包括成人高等学校、成人高等教育、终身教育、教育改革等关键词。终身教育是建立学习型社会的重要理念之一。20 世纪 60 年代，联合国教育、科学及文化组织提出了终身教育的概念，世界各国基于自身国情与教育发展状况进行了终身教育模式的各种实践探索，使终身教育发展成为 20 世纪以来最重要的教育理念。埃德加·富尔等在《学会生存》中这样定义终身教育："终身这个概念包括教育的一切方面，包括其中的每一件事情。整体大于其部分的总和。世界上没有一个非终身的而又分割开来的'永恒'的教育部分。换言之，终身教育并不是一个教育体系，而是建立一个体系的全面组织所根据的原则，而这个原则又是贯穿在这个体系的每个部分的发展过程之中的。"[①]终身教育应该是贯穿始终、覆盖人的一生的全方位教育，是公民受教育权的终身保障。1976 年之后，我国经历了巨大的社会变革，社会整体逐渐意识到教育对国家发展的重要意义，意识到终身教育对民族繁荣具有内发性的推动力量，于是终身教育理念在我国兴起。1993 年，中共中央、国务院颁发的《中国教育改革与发展纲要》中正式提出"终身教育"的概念，这是中央文件首次正式提及终身教育。随后，1995 年《教育法》第十一条规定："国家适应社会主义市场经济发展和社会进步的需要，推进教育改革，促进各级各类教育协调发展，建立和完善终身教育体系。"《教育法》第四十一条规定："国家鼓励学校及其他教育机构、

---

① 联合国教科文组织. 学会生存. 北京：教育科学出版社，1996：200-201.

社会组织采取措施，为公民接受终身教育创造条件。"由此，终身教育成为国家法定概念。各类法律政策的出台使终身教育成为教育发展的热议话题，但是社会各界对终身教育与成人教育关系的理解常常存在误区，将终身教育理解为单一的成人教育。

实际上，成人教育与终身教育是相互交织的关系，成人教育是终身教育建立的基础，也是终身教育的重要组成部分之一。"成人教育是传统学校教育向终身教育发展的一种新的教育制度，与终身教育有着不可分割的密切关系。其丰富的形式和内容孕育、培植了终身教育思想，其广泛的社会性、全民性、终身性、灵活性等特点，与终身教育有很高的相似度，是所有教育形式中最能与终身教育理念契合的一种。"[①]2010 年出台的《国家中长期教育改革和发展规划纲要（2010—2020年）》强调："构建灵活开放的终身教育体系。……统筹扩大继续教育资源……搭建终身学习'立交桥'。促进各级各类教育纵向衔接、横向沟通，提供多次选择机会，满足个人多样化的学习和发展需要。健全宽进严出的学习制度，办好开放大学，改革和完善高等教育自学考试制度。"其明确了新形势下我国如何建立终身教育视野下的成人高等教育，使成人高等教育的发展产生了新变化，也再次将成人高等教育纳入国家教育发展的重大战略中。

但是，中国社会高速发展，正处于社会转型关键期，国家教育事业也陷入了改革阵痛期，成人高等教育表现出诸多不适应。成人高等教育在发展初期，作为普通高等教育的重要补充力量，为众多没有机会参加普通高等教育及希望获取其他知识补充的民众提供了新的学习渠道。然而，随着高校扩招、民办院校兴起，学生通过国家统一考试考取高校的概率大大提升，生源大量涌向统招本科教育。与此同时，互联网科技的快速发展为现代人提供了更加多样、便捷的学习方式，知识获取已经不再拘泥于时间、地点和形式。一系列社会变化造成成人高等教育生源大幅度减少，学校的生存空间不断被压缩，引发成人高等教育生源质量、教学水平、社会评价等降低的多米诺效应。改革开放以来，基础教育、普通高等教育等都做出了调整，不断适应当下教育环境。但是，成人高等教育的管理模式、框架体制、法制建设一直止步不前。法律保障是所有社会结构正常运转的基本保障，作为教育四大板块之一的成人教育领域却迟迟未有切实可行的独立法律出台。

在教育法律领域，《义务教育法》《高等教育法》《职业教育法》分别针对各自

---

① 陈联. 终身教育理念下成人高等教育的转型. 高教探索，2011，(1)：120-124.

的教育类型提供了较为全面的法律保障，但是有关成人教育的法律规范一直只是其他法律内微小的一部分内容。自 20 世纪 90 年代初期，成人教育立法便开始酝酿，可惜立法程序至今没有达成[①]，甚至在《国家中长期教育改革和发展规划纲要（2010—2020 年）》提出的教育法律"六修五立"中依然未见成人教育法的踪影。不可否认，就成人高等教育而言，其与普通高等教育有一定程度的重叠，《高等教育法》对相关权益保障能够在一定范围内起作用。但是归根结底，成人高等教育是成人教育的分支，是终身教育的重要组成部分，其教育模式、教育目的、教育内容、学生群体构成，以及与社会、政府的关系等与普通高等教育有极大不同，不能以普通高等教育的情况完全论处成人高等教育。同样，成人高等教育不等同于职业教育，职业教育只是成人高等教育的发展模式之一，不能以《职业教育法》来解决成人高等教育中的大部分问题。成人教育与其他教育形式最大的不同之处在于，成人教育与社会的关系更加复杂，这也意味着相关权益者的权益保护难度增加。终身教育概念的出现延长了成人高等教育的受教育时间，受教育者的身份不单纯是学生，还可以是其他多种社会身份，在此背景下，成人高等教育学习者的受教育权、申诉权、劳动权等一系列相关权利随之发生变化，如何享有权利，如何履行义务，如何获取保障，是当前成人高等教育法制建设中主要缺失的部分，急需完善的法律体系对此进行规范，切实的立法将有助于规整成人高等教育体系，不仅是对高等教育体系的完善，还将极大地推动终身教育的开展，早日实现学习型社会的建设目标。

种类 2 为高等学校教师法律问题研究，包括教育工作者、《教师法》等关键词。教师是教育活动产生的重要主体之一，学校与教师的法律关系问题是教师相关法律问题的关键领域，其中高校教师与学校的法律关系问题更是高校教师法律问题在教育法研究领域内的研究重点。法律关系是在法律规范调整社会关系的过程中所产生的个体与个体、个体与组织、组织与组织之间权利与义务的关系。

高校教师与高校的法律关系主要体现在教师聘任方面，高校教师聘任制是指在平等自愿、公开招聘、公平竞争、合法程序的基础上，高校教师与高校之间签订聘任合同，并据此形成合法的聘任关系的高校教师任用制度。当前，我国高校教师任用制度主要实行聘任制，高校实行教师聘任制的法律确认是 1998 年《高等教育法》第四十八条："高等学校实行教师聘任制。"此后，高校教师聘任制一直不断进行深化改革，发展至今已然成为高校最基础、最核心的人事管理制度，可

---

① 王文科. 成人教育法的立法障碍及因素探析. 成人高教学刊，2008，（4）：36-40.

以说，高校教师法律问题的产生基本围绕聘任制所引发的权利保障与义务履行。我国《教师法》《高等教育法》《关于深化高等学校人事制度改革的实施意见》等教育法律法规及教育规章中有关教师聘任制的规定，为高校教师聘任制的实施提供了法源性的依据及政策支撑。[①] 但是，有法律与法律完善还存在一定差距，高校教师聘任制的合同性质、程序正义、权利救济等方面仍然存在诸多亟待解决的问题。高校属于事业单位，需要受到行政部门监管，同时，法律规定高校拥有一定的办学自主权，教师与高校之间是聘任与被聘任的雇佣关系，那么教师与高校间的合同究竟应当是劳动合同关系还是行政合同关系，或者二者兼具？如果是二者兼具，那么其理应受到哪些法律的监督约束？同时，对比多所高校的教师聘任程序可以发现，大部分高校的教师聘任程序不包括教师任职之后的申诉权、行政机构的仲裁处理规范及解聘规范程序等其他聘任制相关内容，整个教师聘任制度不仅缺少聘任合同的法律依据，还缺乏严格的程序规定，即程序正义缺失。其主要表现在：①公示程序的缺失。公示制度是最基本的民主制度，各高校注意到了聘任名单的公示，但是忽略了聘任过程的公示，如应聘人员个人资料审核的公示。贯彻不足的公示制度会使聘任过程留有死角，不利于高校廉洁环境的发展，也容易造成学校成员对学校的不信任，引发管理危机。②缺乏关于聘任程序的法律、政策、法规。虽然我国对高校教师聘任制进行了多次改革，但在立法上一直缺乏强有力的法律规范，只是对该制度进行名义上的法律确认，没有详细实施规范出台，即便是 2014 年出台的《事业单位人事管理条例》，也没有与高校这类特殊事业单位相关的详细实施细则。③解聘程序规范缺失。既然有聘任，则必然会存在解聘，由于各高校教师在遭遇职称评定不达标等问题时多选择转岗，即便有其他原因，自愿辞职的教师也数量甚少，所以似乎高校很少出现解聘问题。但实际上，解聘程序是完整聘任制中必不可少的一环，缺乏严格的解聘制度规范，不仅使教师缺少对个人权益的保护，而且会增加双方的矛盾冲突。标准不明确意味着聘用双方地位不平等，高校拥有更多的决定权，甚至在某些情况下造成对学术专业和学术人员的不尊重。聘任制度的性质不明、程序正义的缺失导致制度实施过程中教师的合法权益缺少保障，因此，构建完善的权益被侵犯后的法律救济制度就格外重要。

目前我国高校内部的人事纠纷大多以行政申诉为基本方式，学术相关申诉则由学术委员会裁决，但是行政申诉制度关于权利救济缺少详细的类别划分，每个

---

① 祁占勇. 高校教师聘任合同法律性质的论争及其现实路径. 高教探索, 2009, (3)：14-17.

权利群体都有其独特性，不能一概而论，并且关于救济过程的监督也没有明确的监督机构和法律规定，尤其是高校作为行政与学术两种性质并存的特殊机构，更加需要详细、有针对性的法律规范来保障相关主体权益。另外，民办高校作为高校中性质地位较特殊的一类，其教师的法律地位、与学校的法律关系、自身存在的法律问题尚未有十分明晰的法律架构，虽然《民办教育促进法》对民办高校教师法律地位描述为"民办学校的教师、受教育者与公办学校的教师、受教育者具有同等的法律地位"，但有学者认为，民办高校教师应定性为特殊的国家雇员和特殊的劳动者。①然而，在实际的法律实践中，民办高校教师与公办高校教师社保体系存在"双轨制"，公办高校教师属事业编制，缴纳事业单位养老保险，民办高校教师则属于或等同于企业员工，购买的是企业社会保险。②这与《民办教育促进法》的规定并不相符，没有确保民办高校教师与公办高校教师同等的法律地位，同时，民办高校中存在行政工作人员、在编教师、外聘教师等多种教职员工，将他们的法律地位进行同等看待显然是不合适的。当教师与民办高校发生法律纠纷时，民办高校及教师特殊的法律地位决定了这种纠纷可能会牵扯到民事诉讼等其他问题，那么其权利救济自然也不只是单纯的行政申诉制度，甚至行政申诉在民办高校范围内究竟有多大的使用范围，也值得深思。总的来说，高校教师相关的法律建构与机制完善还存在众多没有被清晰梳理的问题，需要社会各界持续不断地探索，争取早日建立完善的相关法律体系。

种类 3 为高等教育人才培养质量的法律保障研究，包括教学工作、教学质量、人才培养、教学辅助人员、法律关系等关键词。怀特海在《教育的目的》一书中这样描述教育目的："学生是有血有肉的人，教育的目的是为了激发和引导他们的自我发展之路。"高等教育是所有教育中教育目的最为模糊、教育内容最为庞大、教育对象最为复杂的一种教育类型。"大学只能作为一个制度化的实体才能存在。在这样一种制度里面，大学的理念变得具体而实在。大学在多大程度上将理念转化成了具体实在的制度，这决定了它的品质。"③而谈及大学的根本，潘懋元认为："大学之所以称为大学，就在于培养各种类型、层次的专门人才，否则就不称为大学而称为科研机构或其他文化机构。所以，培养人才是大学的根本。"④高等教育的目的就在于为整个社会培养高质量的能够促进自我

---

① 金劲彪. 民办高校与教师的法律关系探析. 高等工程教育研究，2009，(1)：59-61，93.
② 景安磊. 民办高校教师权益实现的问题、思路和措施. 国家教育行政学院学报，2014，(12)：63-67.
③ 卡尔·雅斯贝尔斯. 大学之理念. 邱立波译. 上海：上海世纪出版集团，2007：108.
④ 潘懋元. 从"回归大学的根本"谈起. 清华大学教育研究，2015，(4)：1-2，9.

发展和社会发展的各类型人才。我国的高等教育类型丰富，包括普通高等教育、职业教育、继续教育、成人教育等，分门别类地向社会输送各行业人才。从人才质量本身来讲，各教育类型之间并无差异，只是培养方式、培养目的和培养内容有所不同。

　　总的来说，任何一种教育类型的最主要的权利主体都是学生与教师，因此，在高等教育活动中，学生和教师相关权益的法律保障至关重要。学术界关于高校学生权利保障问题的讨论由来已久，主要集中在特别权力关系下学生的权利救济。近年来的教育改革，逐渐减弱了特别权力关系在教育活动中的影响，但是并未将其完全消除，尤其在公立高校与学生的法律关系处理上。我国高校的行政诉讼开始于 20 世纪末，是教育司法救济的重大变革，但是其后十几年间，教育相关权利的救济途径并无进一步拓展。一些学生诉讼高校案件的发生，使公众误以为高校诉讼案频频发生，实际上此类案件的总量并不多，并且间隔时间长，据学者基于北大法宝的司法案例数据库进行的不完全统计，1999—2011年，全国每年约有 3.7 件高等教育行政案件判决。①虽然这是不完全统计，但足以看出高校诉讼案数量之少。而且，总结案件类型可以发现，案件集中于学位证纠纷、学校处分纠纷和入学资格被顶替纠纷三类，相较于整个庞大的高等教育体系，这些案件类型仅仅是沧海一粟。学生权利救济制度，高校行政诉讼司法化依然有极大缺失。就法律保障而言，存在以下问题：①相关法律规范的滞后问题。自《义务教育法》修订之后，其他教育法律迟迟未动，经历了高考制度改革、高校扩招等高等教育界的重大变革之后，高等教育相关法律却没有以同样步速跟进，这极大地阻碍了法律的有效性。滞后的法律不仅起不到基本的保护作用，还会延缓高等教育的发展进程。②配套制度的缺失。《教育法》《高等教育法》等虽然规定了高等教育法律规范的基本框架，但是框架只能涉及高等教育的外围边界，具体到确切的法律问题必须要有相应的执行细则，具体问题具体分析，提供能够解决问题的法律，而不是一纸空文。③程序正义问题。在学生权利的法律保障中，程序正义同样缺乏，因此，急需建立包括申诉、复议、仲裁在内的完善的程序制度，确保执行过程的合理合法，为学生提供有效的权利救济途径。

　　由于高校的特殊性质，学术权力与行政权力长期处于不相融的状态。高校存在学术上的专业性问题，也导致很多学生与高校的纠纷不能通过诉讼渠道来解决，

---

① 荣利颖. 高等教育行政诉讼的实践及其问题. 中国行政管理，2013，(7)：74-78.

只能通过申诉制度、仲裁机制维权。因此，行政诉讼的司法介入问题也是高等教育领域的难题之一。从根本上讲，受教育权是天然权利，即人权，受宪法的根本保护，学位获取、入学资格等都在受教育权范围内，自然应该受到宪法的保护，学生有寻求司法救济的权利。可现实情况是，我国缺乏宪法司法化制度，加之高校的特殊地位，高等教育的各类纠纷很少有行政申诉以外的法律救济渠道。这不仅会影响依法治教战略的推行，还会大大地影响高等教育的教育质量。有法律保障的权利才有存在的意义，完整的法律制度是所有教育相关主体权利保障的最后一道防线，它有助于高等教育秩序的规范，能够为高等教育提供有序的外部环境，为高等教育质量的提升保驾护航。

种类4为高等学校办学自主权及其治理结构的法律建构研究，包括办学者、高等教育事业、教育改革、自主办学、高等教育管理体制、法律基础等关键词。中国公立高校的内部领导制度是1988年《高等教育法》确立的党委领导下的校长负责制，其旨在强调一种和整个国家的领导体制相一致的政治领导体制[1]，注重民主集中原则，凸显大学的公共性特征。这一制度的权力架构主要包括四个层面：决策层面的政治领导权力、操作层面的行政执行权力、监督层面的民主制约权力及专业性组织行使的学术权力。[2]四个层面协调与否关系到高校结构的稳定。虽然有依法治校政策的推行及大学自治理念的实施，但目前我国高校的内部结构并没有在这四个层面上达到平衡[3]，存在诸多冲突与矛盾，如管理体制的行政化问题、高校自主权的实际下放问题、管理过程中党委书记与校长之间的冲突、学术权力与行政权力的冲突、教师代表大会等监督机制流于形式等[4]，并且相关教育法律规范不够完善，没有明确的权利救济制度及切实的监督机制，这极大地阻碍了中国高校的现代化进程及"一流大学"的建设，中国高校内部结构亟待强有力的手段予以调整[5]。

高校办学自主权的下放是建设现代大学制度过程中最主要的环节，高校办学自主权包括管理自主权、学术自主权等，自主权的下放可以为高校提供更加灵活的生存空间。高校依据自身状况，选择适合自己的发展方向，做出符合实际的治

---

① 龚发云，汪本聪. 我国高等学校领导制度探析. 国家教育行政学院学报，2011，（1）：20-24.

② 孙世一. 基于高校内部治理的教代会制度建设. 黑龙江高教研究，2013，（5）：40-42.

③ 赵新亮. 论高校内部治理结构的权力失衡与变革路径——基于权力分配的视角. 国家教育行政学院学报，2015，（5）：64-68.

④ 田虎，陈鹏. 论大学"去行政化"的价值设定与治理选择. 内蒙古社会科学（汉文版），2015，（3）：150-155.

⑤ 祁占勇. 落实与扩大高校办学自主权的三维坐标——高校与政府、社会关系的重塑及内部治理结构的完善. 高等教育研究，2013，（5）：26-31.

理决策，形成自己的高校特色，激活高校资源利用，使其更加具有活力与竞争力。不过，自主不等同于完全自由，自主权的实施需要放在一定限度、一定范围的法律框架内。要坚定不移地实行法治高校，以法治思维调整管理组织结构：①加强教育法律政策的制定①，使高校管理有法可依；②尽早完成去行政化转变，使高校拥有更多自治空间，能够根据自身实际情况选择更加合适的发展途径；③重视权利保障及程序正义，完善监督机制②；④尊重学术权力，发挥教授及学术组织的作用，使大学回归"接受知识"的地方之本质。③

与高校自主权密切相关的大学治理结构源于企业治理结构，其理论起源是公司治理理论，公司治理理论源于制度经济学家和信息经济学家对企业领域里产权形态与决策权结构之间复杂关系的研究。④全球治理委员会将"治理"定义为"个人或组织、公共部门或私有部门管理其一般事务的多种方式的总和，它是一个使得冲突和多元利益得到妥协并采取合作行为的持续过程"⑤，大学治理结构正是由此概念综合大学制度衍生出的产物。当前法治视野下的大学治理结构应当在落实大学法人地位的基础上，以"法人治理结构"为运行机制，建立以"大学自治、学术自由、科学治理、公益为本"为根本特性的一系列规则体系。⑥总的来说，大学治理结构包含三大基本部分：大学法律章程、大学使命宣言和大学治理结构。⑦就章程设定和治理结构而言，现代大学制度建设从根本上讲应当是对各种冲突关系的协调，包括大学与行政部门的关系、学校管理体制内的权力关系、学术与行政的关系、学校制度与师生权利保护的关系等。⑧西方国家兴起的大学治理运动及中国大学内部治理的诸多困境，使如何建构现代大学制度成为多方议题。"和世界大学相比，中国大学的问题和处境是十分独特的。"⑨因此，中国大学制度的现代化建设必须以中国的国情为基本，以法治为根本⑩，从行政关系上加强

---

① 程雁雷. 论司法审查对大学自治的有限介入. 行政法学研究，2000，(2)：33-36.

② 湛中乐. 西北政法大学"申博"案的思考与解析. 中国教育法制评论，2009，(7)：261-279.

③ 程雁雷，廖伟伟. 法治视野中的高等教育改革. 中国教育法制评论，2008，(6)：29-48.

④ 龚怡祖. 大学治理结构：现代大学制度的基石. 教育研究，2009，(6)：22-26.

⑤ Commission on Global Governance. Our Global Neigh-borhood: The Report of the Commission on Global Governance. Oxford: Oxford University Press，1995：2.

⑥ 祁占勇. 现代大学制度基本特征的法律透视. 国家教育行政学院学报，2011，(4)：17-21，26.

⑦ 史静寰. 现代大学制度建设需要"根""魂"及"骨架". 中国高教研究，2014，(4)：1-6.

⑧ 赵俊芳. 现代大学制度的内在冲突及路径选择. 高等教育研究，2011，(9)：30-35.

⑨ 赵本全. 现代大学精神的阐释与建构——基于纽曼自由教育思想之思. 内蒙古师范大学学报(教育科学版)，2016，(1)：1-4.

⑩ 杜伟. 依法治校：现代大学发展战略的支点选. 现代教育管理，2015，(2)：42-46.

和改善政府的宏观管理。^①治理结构要从组织结构、章程设定方面考虑：从组织结构上完善领导体系，优化管理制度以保障民主管理^②，从章程设定上要注重与现行法律的契合，同时考虑各相关主体的权利保障，内容明确具体，避免成为一纸空文。^③在教育日益功利化的今天，现代大学制度的价值在于它对大学精神的强调与回归，教育是一个潜移默化的过程，目的是获得一种意义深远的自由，当我们不再把大学单纯作为获取社会财富的跳板，可能大学才能显示出它的本质价值。^④

种类 5 为基于高等教育法的民办高等学校改革与发展研究，包括民办高等学校、改革、高等教育法、高等学校、高等教育等关键词。我国的民办教育兴起于改革开放之后，1982 年修订的《宪法》规定："国家鼓励集体经济组织、国家企事业组织和其他社会力量依照法律法规举办各种教育事业。"这为民办教育的发展提供了根本法律依据，自此开启了中国民办教育的新时代。1997 年，中华人民共和国成立后第一部民办教育法规——《社会力量办学条例》由国务院颁布，使民办高等教育进入规范化发展时期。^⑤随后，由于依法治国方略的不断强化，国家于 1998 年和 2003 年先后出台了《高等教育法》《民办教育促进法》，作为《教育法》的下位法对高等教育与民办教育的发展进行了更加详细的法治框架设计。至此，从法制建设来讲，民办高等教育的法制体系已经基本形成，尤其是《高等教育法》《民办教育促进法》的出台，打开了民办高等教育的市场，使其社会认可度逐渐提升，打破了高等教育国家垄断的局面，引入竞争机制，为高等教育的整体发展注入了活力。

经过几十年的发展，民办高等教育已经形成了较为稳定的发展模式，并且呈现出以下主要特点：①教育类型多样。学历与非学历教育并存，全日制与非全日制模式共行，能够满足各类人群对高等教育的多样化需求。②办学形式多样。办学形式包括具备独立颁发学历文凭资格的高职高专院校、依托公办高校社会力量注资的独立学院、民办高校与公办高校联合开办的高校、高等教育自学考试助考学校、高等职业双证书教育及国际合作举办的学历教育等。^⑥③资金投入模式多

---

① 邢鹏，常维亚，戚鹏. 高等学校自主办学与依法治校如何从碰撞走向融合. 辽宁教育研究，2005，(3)：4-6.

② 陈立鹏，杨阳. 论我国现代大学制度建设——从大学章程的视角. 国家教育行政学院学报，2012，(4)：20-24+14.

③ 钟秉林，赵应生，洪煜. 中国特色现代大学制度建设——目标、特征、内容及推进策略. 北京师范大学学报(社会科学版)，2011，(4)：5-12.

④ 唐世纲. 论现代大学制度的基本特征. 重庆高教研究，2015，(1)：36-40.

⑤ 邬大光，卢彩晨. 艰难的复兴 广阔的前景——我国民办高等教育 30 年回顾与前瞻. 中国高教研究，2008，(10)：12-16.

⑥ 张婷. 我国民办高等教育的政策分析. 西北大学硕士学位论文，2008：54.

样。公民个人、企事业单位、社会团体都可以是民办高等教育的投资人，投资筹集方式包含靠自主筹款和学费结余渐进式滚动发展、实业家投资办学、公办高校和社会资金合作投资等。[①]民办高等教育整体步入了平稳时期。

不过，随着近年来高校扩招、高校建设模式变革等高等教育改革举措的实施，加上高等教育适龄人口减少、生源数量不断下降、全球教育资源共享化、海外留学选择增多等因素，民办高等教育发展陷入困境。部分民办高校遭遇社会对学历及学生质量的不认可，教育资源的丰富使大众对资源的选择更加谨慎和理性，民办高校需要探寻新的变革与机遇来激发发展活力。任何社会变革都是内生力量与外部环境共同作用的结果，对于民办高等教育来说，法制建设保障与自身管理机制的革新是新的出路。《高等教育法》是对我国总体高等教育事业的提纲挈领，它的出台规范了高等教育市场，是高校建设的基本准则。

然而，对于民办高等教育来讲，一部《高等教育法》并不能完全涵盖民办高等教育领域中的所有法律问题。其不足表现为：①法律内容缺失。《高等教育法》的结构包括总则、高等教育基本制度、高等学校的设立、高等学校的组织和活动、高等学校教师和其他教育工作者、高等学校的学生、高等教育投入和条件保障、附则八个部分，但是缺乏基本的法律责任部分，并且从条文内容上来看，没有对民办高等教育与公办高等教育进行区别化设置，这是立法技术上的重大缺失。②法律滞后性问题。《高等教育法》出台于 1998 年，20 年来我国的高等教育发生了巨大变化，民办高等教育也已经不再是 20 世纪探索时期的状况。因此，《高等教育法》已经不能完全适应新形势下民办高等教育的发展需求，诸多现实问题无法通过现有法律解决，教育法律的整体架构需要新的调整。③法律的配套法规细则缺失，没有切实的、可执行的基本准则，使法律落实越发困难。值得注意的是，国家在"十二五"的立法规划中提出了教育立法的"六修五立"，其中包括对《高等教育法》的修订，虽然其还未落实，但是客观上推动了社会各界对高等教育法律的研究与关注，一定程度上推动了民办高等教育的发展。

在民办高等教育自身建设方面，民办高校需要从政策法规设定、内部管理、国际视野等方面来加以转变。从政策法规层面来说，2010 年出台的《国家中长期教育改革和发展规划纲要（2010—2020 年）》中明确提出要"积极探索营利性和非营利性民办学校分类管理"，"开展对营利性和非营利性民办学校分类管理试

---

① 郑树山. 不平凡的发展历程 令人瞩目的发展成就——改革开放三十年来民办高等教育发展的回顾与展望. 国家教育行政学院学报，2008，（12）：3-10.

点",将分类管理提上日程。我国的民办高等教育客观上早已存在营利与非营利办学机构,办学资金构成的不同导致受益的投资者类型也不同,国家对营利与非营利办学机构不加以区分,一视同仁地给予优惠政策,这不仅打击了公益性法人办学或社会捐资办学的积极性,而且造成许多高校以公益之名兴营利之实情况的发生。①当下的办学规则无论是为哪一方设计,对另一方都必然产生不公平的管理结果。在政策法规上明确界定民办高校营利与非营利的概念,并在市场与政府层面进行区别监管,有利于实现高校的分类调整与规范。②从内部管理模式层面来说,当下大部分民办高校主要以公办高校的模式为标准。公办高校管理模式有其可取之处,但公办高校与政府渊源深厚,其管理模式必然受到行政机构的影响,而民办高校与政府更多的是并行关系,完全照搬公办高校运行模式并不一定是合适的,民办高校应当探寻适宜自身的发展道路。民办高校需要在管理目标的制定上贴近市场、靠近实际,在管理理念上推行"育人"与"生存"并重,在管理方法上采用民主集中式管理,设立民主管理机构。从国际视野方面来说,应该树立国际化人才培养理念。民办高等教育在一定程度上是公办教育的补充,但这并不意味着民办教育的定位只能局限于附属地位,民办教育大多有财团支持,资金来源稳定、数量可观,如果能够与投资者的其他社会资源一起合理规划利用,将有助于拓展民办教育的发展道路。国际化人才是中国未来发展、民族复兴不可或缺的人力资源,民办教育同样可以具备培养符合国家标准的各类人才的能力。要建立与国际接轨的人才培养规格,确立国际化人才培养目标,即培养具有国际观念、国际意识、国际交往活动能力、国际竞争能力和全面发展能力的国际人才。③尽快完善高等教育法律,加强配套政策法规的建设,增强法律的保障功能,对各相关主体权益起到切实的保护作用,并且分别从政府、社会、民办高校等各方面各层次革新民办高等教育运营管理模式,创新民办高校内部管理机制,学习国际上的民办教育的先进经验,结合自身实际,加以合理应用,改变教育目标与办学思维,同时在依法治教人背景下渐进式推进民办高等教育,与国家高等教育发展战略相契合。如果能够从根本上思考民办高等教育的未来之路,必定可以使中国的民办高等教育重现繁荣发展的盛况,为中国的高等教育事业贡献力量。

---

① 徐绪卿. 关于民办高校分类管理的思考. 教育发展研究,2011,(12):1-5.

② 石邦宏,王孙禹. 民办高校营利性与非营利性的制度思考. 中国高教研究,2009,(3):55-57.

③ 顾美玲,张海东. 国际视野下的中国民办高校发展策略. 四川师范大学学报(社会科学版),2011,(4):154-159.

四、高等教育法研究领域的未来展望

依据共词分析的理论和方法，研究表明，高等教育法研究热点主要集中在五个方面。与此同时，通过对聚类分析图和多维尺度图的进一步分析可以看出，我国高等教育法研究在法律修订、法律救济、高校学生法律等方面存在研究不深入的问题，高等教育法的未来研究应该在这些方面不断强化，以期使高等教育法研究领域更加完善。

（一）增强高等教育法完善与修订研究

高等教育法律是调整和规范高等教育活动的行为准则。随着时代的发展及高等教育内外部环境的变迁，高等教育法律的不断完善与修订已迫在眉睫。对于高等教育法的完善与修订，需要在理清以下问题的基础上进行，这些问题包括：我国现行高等教育法律存在哪些普遍性问题？产生这些问题的原因是什么？这些问题如何得以破解？如何在高等教育法律层面渗透和体现新的内容？

（二）强化国外高等教育法律研究

国外发达国家高等教育法制建设较之于我国来讲，起步较早、发展很快、内容丰富、体系健全、保障有力。因此，在我国高等教育法制建设的关键时期，通过对国外高等教育法律的研究，为丰富和加速建设中国特色高等教育法制提供域外经验，不失为一条可行的路径。

（三）加大高校学生法律问题研究

受传统特别权力关系影响，我国对高校学生法律问题研究缺乏长期的关注，学生法律问题依然处于休眠状态。在走向权利的世纪，提高对高校学生法律问题研究的自觉性，不仅有利于保护高校学生的合法权益，而且有利于体现保障高校学生受教育权的法律价值，更有利于形成以学生权利为本的权利意识。

（四）丰富高等教育法律救济研究

有权利必然有救济，法律救济主要研究对权利主体受损的权利如何给予补救的问题。长期以来，高等教育法律救济存在体制不畅、规定缺乏、权利主体不能或难以及时得到弥补等问题。因此，在深化高等教育综合改革的关键期，强化高等教育法律救济研究对于高等教育改革和学生权利保障具有双重意义与价值。

第三节　职业教育法研究热点的共词可视化

职业教育法是以实施职业教育涉及的社会关系为调整对象和范围的部门法。在我国，职业教育包括各级各类职业学校教育和各种形式的职业培训，如小学毕业后实施的职业教育、初中毕业后实施的职业教育和高中毕业后实施的职业教育等。1996 年 5 月 15 日颁布，同年 9 月 1 日起正式施行的《职业教育法》是国家为了实施科教兴国战略、提升劳动者素质、发展职业教育、促进社会主义现代化建设而制定的专门职业教育法律，标志着我国职业教育终于走上了有法可依、以法治教的道路。[①]《职业教育法》实施 20 多年以来，学界对职业教育法的成效、不足及如何修订完善等进行了一定程度的研究。这种叙述式的定性研究方式，不可避免地会受到研究者个人生活经验及思维方式的影响，难以对职业教育法研究的热点问题、变化趋势及相关主题进行更为客观的描述。

职业教育法研究热点的资料来源于"中国学术期刊网络出版总库"，采用标准检索，将期刊年限设定为"1985—2015 年"，指定期刊类别为"全部期刊"，以"篇名"为检索条件，设定"职业教育"并含"法"为检索内容，共获得相关文献 404 篇，为了确保研究的可靠性与有效性，采取去除书评、期刊介绍、会议通知、丛书介绍、年会综述、会议纪要、刊物征稿要求等非研究型文献的方法，得到 351 篇有效文章。除此之外，将有效文献中的关键词进行标准化处理，如将"职业教育法""职教法"统一规范为"《职业教育法》"等，从而形成研究资料。

一、职业教育法高频关键词词频统计与分析

通过对职业教育法研究文献关键词的统计，共得到 1135 个关键词，最终确定高频低频词阈值为 7，统一同义词后，得到 52 个高频关键词，其排序结果如表 4-7 所示。

---

① 陈美玲. 关于我国《职业教育法》修订与完善的思考. 职教论坛，2009，(28)：49-51.

表 4-7　52 个职业教育法高频关键词排序

序号	关键词	频次	序号	关键词	频次	序号	关键词	频次
1	《职业教育法》	244	19	八届全国人大	17	37	德国	8
2	职业教育	120	20	办学体制机制	15	38	法律责任	8
3	教育发展史	56	21	职业资格证书	14	39	举办者	8
4	职业技术学校	45	22	修订过程	14	40	教育发展模式	8
5	依法治教	42	23	教育行政学院	13	41	发展纲要	8
6	教育法律法规	41	24	职教师资	13	42	农科教结合	8
7	国家教育事业	36	25	职教中心	13	43	职业技能鉴定	7
8	法律保障	35	26	修订	12	44	民办职业教育	7
9	职业培训机构	31	27	教育改革	11	45	就业准入制度	7
10	职业教育培训	24	28	校企合作	11	46	社会性特征	7
11	教育立法	24	29	劳动就业	11	47	现代性	7
12	办学模式	23	30	国家教委	10	48	修订草案	7
13	现代化建设	22	31	职教体系	10	49	职业教育制度	7
14	经济发展	19	32	教育类型	9	50	教育发展规划	7
15	高等职业教育	19	33	技术技能型人才	9	51	教师法律	7
16	科教兴国战略	19	34	企业办学	9	52	生均经费	7
17	职教工作	18	35	专业设置	9			
18	执法检查	17	36	招生数	9	合计		1162

如表 4-7 所示，52 个高频关键词总呈现频次为 1162，占关键词出现总频次的 43.46%，通过前 52 位的关键词排序，可以初步地了解到 1985—2015 年我国职业教育法研究领域的集中热点和趋势。其中，前 9 位关键词频次均大于 30，依次为《职业教育法》（244）、职业教育（120）、教育发展史（56）、职业技术学校（45）、依法治教（42）、教育法律法规（41）、国家教育事业（36）、法律保障（35）、职业培训机构（31），其余 43 个关键词出现频次均大于或等于 7。这一结果初步说明，职业教育法研究多围绕职业教育与《职业教育法》、国家教育事业与教育法律法规、职业技术学校与职业培训机构、依法治教与法律保障等方面展开。

二、职业教育法高频关键词的相异矩阵及分析

利用 BICOMB 共词分析软件，将上述 52 个高频关键词进行共词分析，生成

词篇矩阵后，再将矩阵导入 SPSS19.0 软件，选取 Ochiai 系数并将其转化为一个 52×52 的共词相似矩阵。在进行多维尺度分析时，将此相似矩阵采用"1–相似矩阵"转化为相异矩阵，结果如表 4-8 所示。

表 4-8　职业教育法高频关键词 Ochiai 系数相异矩阵（部分）

关键词	《职业教育法》	职业教育	教育发展史	职业技术学校	依法治教	教育法律法规	国家教育事业	法律保障	职业培训机构
《职业教育法》	0.000	0.633	0.550	0.660	0.620	0.642	0.665	0.627	0.744
职业教育	0.633	0.000	0.846	0.708	0.854	0.877	0.811	0.840	0.847
教育发展史	0.550	0.846	0.000	0.832	0.748	0.735	0.819	0.701	0.658
职业技术学校	0.660	0.708	0.832	0.000	0.905	0.950	0.820	0.922	0.917
依法治教	0.620	0.854	0.748	0.905	0.000	0.700	0.820	0.687	0.806
教育法律法规	0.642	0.877	0.735	0.950	0.700	0.000	0.865	0.835	0.913
国家教育事业	0.665	0.811	0.819	0.820	0.820	0.865	0.000	0.775	0.731
法律保障	0.627	0.840	0.701	0.922	0.687	0.835	0.775	0.000	0.787
职业培训机构	0.744	0.847	0.658	0.917	0.806	0.913	0.731	0.787	0.000

如表 4-8 所示，各关键词与《职业教育法》距离由远及近的顺序依次为：职业培训机构（0.744）、国家教育事业（0.665）、职业技术学校（0.660）、教育法律法规（0.642）、职业教育（0.633）、法律保障（0.627）、依法治教（0.620）、教育发展史（0.550）。这个结果说明，人们在谈论职业教育法时，将"《职业教育法》"与"教育发展史""依法治教""法律保障"结合起来论述而形成的成果较多。同时，通过对表 4-8 中的系数大小进一步分析发现，"依法治教"与"教育法律法规""法律保障"经常呈现在一起；"教育发展史"与"职业培训机构""法律保障"较多地呈现在一起。这初步说明，关于职业教育法的研究成果中，学界会经常研究《职业教育法》与教育法律法规、依法治教与职业培训机构及法律保障等问题。

三、职业教育法高频关键词聚类及其分析

将表 4-8 的高频关键词相异系数矩阵导入 SPSS19.0 软件进行聚类分析，得到的聚类结果如表 4-9 所示。根据聚类分析结果显示的聚团连线距离远近，可以直观地看出，职业教育法研究高频关键词分为六类：依法治教视野下职业教育的立法与执法研究（种类 1）、校企合作的法律建构研究（种类 2）、职业教育办学体制

机制的法律保障研究（种类 3）、职业教育培训中的法律问题研究（种类 4）、职业教育教师法律及其法律问题研究（种类 5）、德国《联邦职业教育法》及其修订与启示研究（种类 6）。

表 4-9 职业教育法高频关键词聚类结果

种类	关键词
种类 1	社会性特征、现代性、修订过程、教育行政学院、教育立法、《职业教育法》、教育发展史、教育类型、修订草案、办学模式、技术技能型人才、企业办学、执法检查、国家教育事业、职业教育培训机构、依法治教、职业教育制度、法律保障、八届全国人大、现代化建设、科教兴国战略、教育法律法规、举办者、经济发展、劳动就业、教育改革、发展纲要、招生数、职教体系、职业教育、职业技术学院、高等职业教育、教育发展模式
种类 2	校企合作、教育发展规划、职教师资、专业设置、职教工作、职教中心、国家教委、农科教结合
种类 3	就业准入制度、生均经费、办学体制机制
种类 4	职业教育培训、职业技能鉴定、职业资格证书、民办职业教育
种类 5	法律责任、教师法律
种类 6	修订、德国

种类 1 为依法治教视野下职业教育的立法与执法研究，包括修订过程、教育立法、《职业教育法》、修订草案、执法检查、依法治教、职业教育制度、法律保障、教育法律法规、职教体系、职业教育等关键词。依法治教是当今世界各国发展教育事业的基本经验，是社会主义市场经济条件下管理教育的重要手段。[①]在依法治国、依法治教等法治思维方式的引领下，职业教育的立法与执法研究逐渐成为职业教育法研究中的核心领域。立法研究是推进、完善国家立法的有效途径和重要方式，学者从职业教育的立法模式到立法体系、从国外立法到国内立法、从国家立法到地方贯彻等角度，对我国职业教育立法的体例、内容及修订等进行了全方位的研究与分析，取得了丰硕的研究成果，有力地推动了我国职业教育的立法进程及有效施行。[②]与此同时，许多学者对英国、法国、德国、美国、日本等发达国家职业教育立法的基本原则进行了细致的研究，为我国职业教育立法提供了充足的域外经验。这五个发达国家把观念化、抽象化的职业教育立法指导思想转变为与职业教育紧密结合在一起的规范化的、具体化的职业教育立法原则，作用于立法主体的行为，成为各国进行职业教育立法活动的准绳。[③]从目前来看，

---

① 祁占勇，陈鹏. 中国教育法学研究热点的共词可视化分析. 华东师范大学学报（教育科学版），2016，（3）：79-90，121.

② 欧阳恩剑. 我国职业教育立法研究述评. 职业技术教育，2011，（19）：42-45.

③ 陈梦迁. 发达国家职业教育立法基本原则研究. 职业技术教育，2007，（28）：84-88.

我国《职业教育法》存在诸多缺陷和问题，急需修订，我国职业教育立法应当从改革职业教育模式、明确职业教育法律主体、重建管理体制、保障弱势群体利益、激励社会广泛参与及明晰法律责任等方面加以完善。①

在当今依法治国的大背景下，职业教育执法研究也成为职业教育法研究的重要组成部分。我国现行的《职业教育法》存在上位法定位不准、下位法建设滞后、强制性不足、可操作性不强等问题，应在职业教育法治监督体系上增强权威性、强制性并强化执法监督，在职教法治实施体系上增强时代性、可操作性并强化普法宣传，在职业教育法律体系上增强科学性、系统性和前瞻性等。②有学者建议立法机关应从执法主体、执法程序、执法权限和法律责任等方面对职业教育法的执法监督制度进行重新修订，从而符合职业教育当前发展需要。③也有学者建议，教育部可以组织力量对加拿大、德国、澳大利亚、英国和美国等国家的职业教育法制建设进行考察、研究，认真分析并吸取他们的成功经验，为我国职业教育立法体系和执法体系的完善提供新思路、新方法。④

种类 2 为校企合作的法律建构研究，包括校企合作、职教师资、专业设置、职教工作、职教中心等关键词。校企合作是职业教育的本质特征、基本规律和根本道路。⑤在国家政策引领下，职业院校、企业在人才培养中合作的广度和深度均在不断拓展，从合作范围上来看，企业不断参与到学校建设的各项工作中，学校充分利用自身资源优势，为企业提供员工培训，走进企业开展科研合作等；校企合作的深度也在不断加强，委托培养、订单培养的规模逐步扩大，出现了校中厂、厂中校、职业教育集团、办学共同体等校企深度合作的一体化办学形式。⑥

当然，我国职业教育校企合作在发展的过程中依旧存在"学校热、企业冷"等一些突出的问题。从理论上分析，参与校企合作是符合企业自身利益的，但从现实情况来看，很多校企合作往往停留于表面形式，普遍存在学校积极性高、企

---

① 刘勇，宋豫. 论我国职业教育立法的完善. 南京社会科学，2013，(2)：85-91.

② 郭广军.《职业教育法》修订的对策与建议. 教育与职业，2015，(9)：5-8.

③ 李德华，付大学. 我国《职业教育法》执法监督制度的完善. 高等职业教育(天津职业大学学报)，2010，(1)：4-6.

④ 孙超. 从《职业教育法》执法检查情况看我国职业教育法制建设. 现代教育，2015，(5)：4-5.

⑤ 齐艳苓. 对职业教育校企合作促进法立法的思考. 教育探索，2015，(3)：122-125.

⑥ 赵丽. 从我国职业教育校企合作的现状看《职业教育法》的完善. 天津职业院校联合学报，2012，(5)：36-38.

业积极性低，"一头冷、一头热"的不和谐现象[1]，校企合作的层次有待提高，可持续性有待加强。我国关于促进企业积极参与校企合作的现有政策法规数量众多，但倡导性多、鼓励性多、应当性多、责任性少、权威性少、配套性少、激励性少、操作性差。对国家关于促进企业积极参与校企合作的现有政策法规进行梳理[2]，学者发现造成当前现象的原因应当从以下三方面来讨论：从学校层面来说，职业学校自身在专业设置、师资力量、实训设备等方面发展滞后，学生职业能力不强，无法吸引企业主动参与合作；从企业层面来说，我国正处于产业结构调整时期，大量粗放型企业对于人才的需求并没有想象中迫切，因此合作积极性不高；从法律层面来说，我国校企合作制度化建设有待完善，相关法律法规亟待建构。

因此，近年来，越来越多的学者指出，国家应制定职业教育校企合作促进法，通过校企合作的法律建构明确企业参与职业教育的责任和义务。政府应完善校企合作法律体系，修订《职业教育法》中校企合作的相关规定内容，制定职业教育校企合作专门的法律法规，使中国特色职业教育校企合作的法律保障体系不断完善。[3]《职业教育法》的立法核心是"政府促进"，因此应将政府的"鼓励""支持"变成可操作、可救济、可切实履行的政府义务和责任；《职业教育法》的立法重点是"企业教育"，因此应详尽规范合作企业的资质条件和企业教育的目标、内容、形式、时间、考核及企业的权利和义务，真正发挥企业的办学主体作用；《职业教育法》的立法位阶是"普通法"，因此应在"普通法"的层面上做好与其他相关法律间的体系考量，力求立法内容有实质性突破。[4]

种类 3 为职业教育办学体制机制的法律保障研究，包括就业准入制度、生均经费、办学体制机制等关键词。职业教育体制机制是职业教育系统内部有关要素的具体构成形式和各种要素之间的关系[5]，是一个国家在一定政治、经济制度和科技发展水平基础上建立起来的办学形式、层次结构、组织管理和相对稳定的职业教育模式的总和。[6]30 多年来，中央政府相继颁发的一系列与职业教育配套的政策、法规、决定和意见等文件，极大地推动了我国职业教育体制机制的建设，推动了我国人才发展战略和人才创新战略，推动了高端信息技术型人才、企业实

---

① 赵海婷. 企业参与职业教育校企合作的动因、障碍及促进政策研究. 职教论坛，2016，(9)：46-50.

② 耿伟，赵善庆. 关于出台《校企合作教育法》的思考. 新疆职业教育研究，2012，(2)：1-4.

③ 包杨川. 校企合作法律法规的完善策略——基于职业教育的视角. 中国高校科技，2015，(7)：77-79.

④ 齐艳苓. 制定"管用"的职业教育校企合作促进法. 中国职业技术教育，2014，(36)：35-38.

⑤ 雷世平. 我国农村职业教育体制政策及其思考. 职业技术教育，2005，(4)：55-57.

⑥ 王静然. 基于立法缺陷的职业教育体制探析——以 1996 年职业教育法为参照基础. 淮北职业技术学院学报，2012，(2)：6-8.

用型人才的培养。①

但是从目前来看，我国职业教育体制机制的落后已经严重阻碍了职业教育的发展，必须在透析 1996 年《职业教育法》立法缺陷的基础上，从职业教育的管理体制、办学体制、教学体制和资助体制方面完善我国职业教育的体制机制。②就业准入制度是规范劳动者入职教育与培训、确定职业资格证书运用的一种就业制度，但是由于各部门、各行业之间条块分割、各自为政的管理体制，两项制度之间缺乏必要的协调与配合，就业准入制度的推行遇到了不少困难。③许多用人单位并没有认真贯彻实施"先培训后就业、先培训后上岗"的就业准入制度，没有把好政府要求的就业入口关。同时，有学者指出，由于缺乏有效的法律保障，教育财政资助在财政总支出中的比例一直偏低，职业教育财政经费的严重不足、资助不到位、投入错位等问题都与缺乏法律的硬性规定有关，也与我国不完善的经费资助体制有关，这已经成为大力发展职业教育的主要障碍。④当然，办学体制作为职业教育体制改革中的关键内容，不仅决定了"管理体制""投资体制"的形态与内容，还影响和决定了职业教育的"办学模式""人才培养模式"。⑤

但是，《职业教育法》设计上的偏差，导致职业教育办学体制出现许多始料未及的问题。办学主体的责权利不对等，责任规定多，权利明确少，忽视了市场经济环境条件下法律的契约特点和多方共赢的立法追求⑥，不仅缺乏能够调动各个利益主体办学积极性的体制机制，而且缺乏能够与行业企业紧密结合的发展性体制机制。由此看来，国家应注重职业教育办学体制机制的法律保障，从立法的高度重新审视这一问题。

种类 4 为职业教育培训中的法律问题研究，包括职业教育培训、职业技能鉴定、职业资格证书、民办职业教育等关键词。我国现行的职业教育培训相关制度主要有职业分类和新职业发布、职业标准、职业资格证书制度、职业技能鉴定制度、职业技能竞赛与技能人才表彰制度、劳动预备培训制度等。⑦职业资格证书

---

① 教育部. 创新修订《职业教育法》牢固树立依法办职教理念. 中国培训，2016，（15）：8.

② 王静然. 基于立法缺陷的职业教育体制探析——以 1996 年职业教育法为参照基础. 淮北职业技术学院学报，2012，（2）：6-8.

③ 方芳，汪莉，张军凤. 职业教育与就业准入制度良性互动的立法保障. 教育与职业，2013，（17）：9-11.

④ 刘旭东，梁丽，甘少杰. 美国联邦政府高等教育财政资助立法的历史发展与启示. 河北大学学报(哲学社会科学版)，2015，（2）：36-40.

⑤ 蒋莉. 多元办学体制改革：对《职教法》修订的思考. 成人教育，2009，（12）：8-10.

⑥ 程方平. 《职业教育法》十年再思考. 教育与职业，2006，（19）：20-21.

⑦ 鲍强，李赛. 欧盟职业培训政策对终身职业培训制度建立的启示——兼论《职业教育法》修订对终身职业教育制度的影响. 中国培训，2016，（19）：24-25.

制度是按照国家制定的职业技能标准或任职资格条件，通过政府认定的考核鉴定机构，对劳动者的技能水平或任职资格，进行客观公正、科学规范的评价和鉴定，对合格者授予相应的国家职业资格证书的一种制度。[①]而职业技能鉴定制度是按照国家规定的职业标准，通过政府授权的考核鉴定机构，对劳动者的专业知识和技能水平进行客观公正、科学规范的评价与认证的一种制度。[②]

其实，职业资格证书制度和职业技能鉴定制度都与职业教育培训有着千丝万缕的联系：①职业教育培训是目前取得职业资格证书最主要的途径，职业资格证书制度又是把教育、培训和企业联系起来的重要纽带，因此，要推进职业资格证书制度与职业教育培训制度改革相衔接，使职业资格证书成为引导培训方向、检验培训质量的重要手段。[③]②职业技能鉴定制度在促进劳动力就业、提高劳动力职业技能方面发挥着不可忽视的作用，因为这一制度不断地提示劳动者要接受职业教育培训，只有提升自己的技能水平，才能通过职业技能鉴定来获得社会的认可和尊重。由此可见，职业教育培训能够提高劳动生产率，提升劳动人民的文化素质，满足国民经济发展的需求，是中国特色现代职业教育体系中重要的一环。尤其是在《民办教育促进法》颁布后，民办职业教育培训充分发挥服务于经济社会的功能，面向市场，灵活办学，培养了数以千万计的技能人才，在我国经济建设中发挥着越来越重要的作用。[④]当然，为了更好地发挥职业教育培训的优势作用，政府应大力发展继续教育、岗位培训、下岗职工培训、社会培训和其他多种形式的短期职业教育，包括大力发展各种形式的技术与职业培训，逐步完善终身学习体系。要不断加强职业教育培训改革的力度，建立起逐步完善的现代职业教育培训体系。同时，要加深对职业教育培训的立法、执法研究，从法律的层面建立符合我国国情、适应国民经济发展、满足市场对高技能人才需求的职业教育培训制度。[⑤]

种类 5 为职业教育教师法律及其法律问题研究，包括法律责任、教师法律等关键词。百年大计，教育为本；教育大计，教师为本。如果说教育是国家发展的基石，那么教师就是教育的奠基者。职业教育质量的提高依赖于职业教育教师队伍的建设，因此，近年来，职业教育教师队伍成为职业教育基础能力建设的一个

① 阮利. 完善职业技能鉴定法律 促进高等职业教育发展. 天津职业院校联合学报，2007，(6)：77-79.
② 洪列平. 我国职业技能鉴定工作中存在的问题及对策. 职教论坛，2012，(10)：84-86.
③ 陈玲. 职业教育与职业资格证书制度相关性的政策研究. 长沙民政职业技术学院学报，2008，(3)：72-75.
④ 刘振洪. 民办职业教育培训 大步走向新时代 全国部分民办职业教育培训机构代表学习贯彻《民办教育促进法》座谈会发言摘要. 中国培训，2003，(5)：8-13.
⑤ 高大伟. 必须运用法律规范我国的职业培训教育. 黑龙江省政法管理干部学院学报，2002，(1)：104-105.

重点，各级政府不断实施职教教师素质提高计划，投入大量资金和人力。[①]关于职业教育教师的法律研究大多是围绕职业教育中教师队伍的来源、任职条件、培养开发、权利义务、福利待遇等各个方面来展开的。

职业教育教师立法研究就是从职业教育教师的选、育、用、流四个环节出发，研究内容主要有：①分析我国职业教育教师的立法规范及其实施现状，考察职业教育教师法律实践中存在的问题；②在适当借鉴国外有关职业教育教师方面的先进经验与做法的基础上，提出解决问题的对策；③将能够在法律中反映的对策纳入立法修订之中，以完善职业教育教师的立法。[②]教师职业资格制度是国家对教师实行的职业许可制度，是国家为保障从事教师职业者具备基本的从业资格而予以的标准规定和审核认可制度。[③]它规定了从事教师职业的人员的学历、道德、能力与素质标准。从制度层面看，我国现行的职业学校教师资格制度更多的是参照普通教育相同层级的教师资格制度，因而缺少与职业教育特点相适应、体现职业教育内涵的职业学校教师资格制度。[④]而美国和德国这两个发达国家的职业教育教师资格制度已经发展多年，借鉴两国职业教育教师资格制度在法律规范、资格要求、考核选拔等方面的成熟经验，对于推动我国职业教师资格制度建设、促进我国职业教育教师的专业发展具有重要意义。[⑤]例如，德国高等专科学校教师的任职要求是：拥有大学学历，有5年以上工作经历，其中至少在相应岗位上工作3年；有2年以上教学或培训经历；有较强的科研能力；原则上要有博士学位；具有教育学、心理学及教学法等专业知识。[⑥]

目前，我国除了缺乏规范而有特色的职业教育教师资格制度之外，职业教育教师的培训也存在不足：缺少法律层面的政策支持，没有独立的针对职业教育教师的专职培训机构；企业缺少参与职业教育师资培训的积极性；教育主管部门组织的职业教育师资培训仍然采取普通教育教师的培养模式，即以理论培训为主，缺乏对实践动手能力的培训。[⑦]因此，为了制定科学合理的职业教育教师入职资

---

① 史枫. 职教要发展 教师很重要——"教师"在《职教法》(修订草案征求意见稿)中倍受关注. 河南科技学院学报，2011，(12)：8-9，1.

② 陈久奎，李文海. 我国职业教育师资立法问题研究. 重庆师范大学学报(哲学社会科学版)，2009，(6)：10-16.

③ 查吉德. 我国职教师资格制度有效性研究. 职教论坛，2011，(28)：65-69.

④ 杨春芳. 我国职业教育教师资格制度的反思与重构. 职教论坛，2009，(25)：49-52.

⑤ 吴广顺，李潇. 美德两国职业教育教师资格制度及其对我国的启示. 职教论坛，2015，(8)：10-13.

⑥ 王建初，刘铭东. 德国高等职业技术教育的师资队伍建设. 比较教育研究，2005，(9)：59-63.

⑦ 张巾帼. 德国职业教育对我国高等职业教育师资队伍建设的启示. 职业教育(下旬刊)，2013，(2)：31-32，35.

格标准，形成一支专兼结合、素质优良、结构合理的职教师资队伍，国家应在适当借鉴国外教师法律先进经验的基础上，努力规范我国职业教育教师相关的法律和法规，使我国职业教育实现由规模化向内涵式发展的转变。

种类6为德国《联邦职业教育法》及其修订与启示研究，包括修订、德国等关键词。德国素以职业教育享誉世界，近年来，我国越来越多的学者转向研究德国的职业教育。成熟健全的职业教育法律体系是德国职业教育飞速发展、成绩斐然的根本保障，完善的职业教育法律体系给予德国职业教育体系的构成要素以明确的角色定位和准确的实施权限。[1]为了适应社会经济发展的需要，德国不断地完善职业教育的法律法规。例如，1969年，德国颁布了《联邦职业教育法》，作为"双元制"职业教育的法律基础；颁布于1981年的《联邦职业教育促进法》进一步完善了职业教育法律系统；2005年、2007年，德国两次修订了《联邦职业教育法》，以适应社会经济的新发展、新需求。[2]通过文献研究发现，2005年德国修订的《联邦职业教育法》具有五大特点：重视多元化，扩展职业教育新空间；强调多样化，开发职业教育新形式；加速现代化，赋予职业教育新活力；构建网络化，制定职业教育新政策；促进透明化，公布职业教育新措施。[3]2007年，德国再次修订《联邦职业教育法》，法律改动的内容主要涉及两个方面：①对现有职业教育数据调查表格，包括基于传统数据处理软件开发和归类且已颁布了的数据进行处理；②对教育企业与受教育者之间签订的具有法律约束力的、与"职业教育合同"相关的细节数据进行补充。[4]《联邦职业教育法》的两次修订，肯定了职业教育对德国社会经济发展的重要作用，凸显了职业教育的法律地位，明晰了职业教育法律的基本框架，促进其以积极主动的姿态应对21世纪职业教育所面临的机遇和挑战。[5]通过深入发掘德国《联邦职业教育法》在促进职业教育发展中的贡献，系统分析德国职业教育现代化、透明化的法律机制，对构筑中国职业教育的法律环境，促进中国职业教育实现可持续发展具有重要意义。[6]

---

① 张强. 从德国职业教育立法考察我国职教体系法制化建设. 职教通讯，2014，(16)：49-52，57.

② 李婷婷. 德国"双元制"职业教育模式成功的关键因素——企业与职业教育法律法规. 继续教育研究，2015，(10)：120-123.

③ 姜大源. 德国职业教育改革重大举措——德国新《职业教育法》解读. 中国职业技术教育，2005，(14)：59-61.

④ 姜大源. 应然与实然：职业教育法制建设思辨——来自德国的启示. 中国职业技术教育，2012，(9)：7-16.

⑤ 高明. 关于我国职业教育法修订的建议——基于对德国职教法修订的研究. 职教论坛，2015，(21)：32-35.

⑥ 花月. 德国促进企业参与职业教育法律的特色与启示——以《联邦职业教育法》为例. 南宁职业技术学院学报，2014，(5)：51-54.

有学者将中国和德国的职业教育法从法律体系、立法过程、发展轨迹等宏观层面，以及职业教育的目标、主体、管理和监督等微观层面进行比较与分析，从中得到启示：中国关于职业教育的立法要有针对性和可操作性；要明确企业行业等主体的权责利；要统一管理部门的职责与权限；要完善职业教育法律责任体系；要构建一体化的职业教育培养、培训体系；要加强职业教育的执法监督；要建立健全职业教育的保障机制。[①]借鉴德国职业教育的立法经验，可以进一步修订完备的中国职业教育法律法规，从而对中国的职业教育发展起到不可估量的推动作用。[②]

四、职业教育法研究领域的未来展望

近年来，我国关于职业教育法的研究与关注一直处于增强趋势。与此同时，通过对多维尺度图和聚类分析图的进一步分析得出，我国职业教育法研究还需要在研究内容、研究主体、研究规范和研究目的等方面进行开拓创新、深入挖掘，从而构建中国特色职业教育法治体系，推动现代职业教育的健康发展。

（一）增强职业教育法配套法律的研究

《职业教育法》的法律渊源主要有宪法、法律、行政法规、地方性法规和规章等，研究者要想从更为宏观、全局、发展的视角看待职业教育法的修订，需广泛听取多方意见，妥善处理各方关系，加强与上位法、下位法及相关法规的同步协调与完善。[③]中国幅员辽阔，各地区政治、经济、文化的差异使得加强职业教育地方立法逐渐成为促进当前地方经济和社会整体发展的必然选择[④]。但现实情况是，我国并没有形成以基本法为核心、以若干单行条例和地方性法规为辅助的系统完整的职业教育法律体系，学界对职业教育地方立法的关注也微乎其微，致使地方立法的相关文献研究出现空白，不利于职业教育法的有效执行。因此，应增强对职业教育法配套法律的调查和研究，围绕职业教育经费投入、职业培训与就业、"双师型"教师资格、职业教育教学质量保障等有关职业教育的若干方面开展探究，加快出台与《职业教育法》相配套的法律和法规，不断提高职业教育地方行政法规的贯彻力、适应力和执行力，促进修法与立法的科学性和系统性。

---

① 江军. 中德两国职业教育法的内容比较及启示. 天津市教科院学报，2015，（4）：44-47.
② 陈慧芝. 中德职业教育立法比较及对我国的借鉴. 工程技术研究，2016，（5）：209-210，222.
③ 郭广军. 《职业教育法》修订的对策与建议. 教育与职业，2015，（9）：5-8.
④ 程方平. 推进省级立法，因地制宜发展职业教育. 教育与职业，2007，（31）：13.

（二）强化职业教育法立法价值的研究

所谓立法价值，通常不是指立法的作用或立法的功能，而是指立法主体的需要与立法对象间的相互关系，表现为立法主体通过立法活动所要追求实现的道德准则和相关利益，有学者认为，价值是立法的灵魂和精神，内含于法律之中；结构是立法的存在方式，外显于法律之表。①而如今大量的文献研究将目光聚焦在职业教育法的立法结构和立法技术上，立法体例和语言表达研究固然重要，但作为职业教育法灵魂的立法价值研究更不可忽视。职业教育法除了具有正义、公平、秩序、利益等法律的一般价值外，还具有公益性、职业性等自身价值，另外，终身学习、以人为本的教育理念也值得研究者去探讨和思考。因此，在未来的研究中应强化对职业教育法立法价值的研究，深化对职业教育立法的价值选择和体系构建的整体思考与具体分析。②

（三）重视法学视角下职业教育法的研究

通过大量的文献梳理发现，教育学界有关职业教育法的研究成果层出不穷，但是多数文献侧重于从法律体系结构框架的角度对职业教育法进行探讨，困囿于教育学理论之中，得到的多是学者的议论、感想或建议，并非包括文献综述、理论假设、论证假设（实验或调查）、得出结论等一系列过程的研究。②目前，我国职业教育法的研究主体依然是教育学界，这使得研究侧重于对教育学理论的阐释，而忽视了其他学科尤其是法学的理论背景和专业视角。对《职业教育法》的修订要进一步统筹规划，增加受教育者、教师、职业学校、企业、政府等法律关系主体的权利与义务，并对产教融合、校企合作、中高职衔接、普职融通、学分互认、职业资格框架制度等影响现代职业教育体系建设的重要内容进行详细规定。③由此看来，职业教育法的研究不仅与教育学、管理学、经济学、心理学等学科有着千丝万缕的联系，与法学更是不可分割，这就需要职业教育法的研究从法学的视角不断拓展研究领域，需要通过法学界研究人士的关注与贡献来提升职业教育法的高度并拓展其深度。

---

① 李林. 试论立法价值及其选择. 天津社会科学，1996，(3)：102-107.
② 欧阳恩剑. 我国职业教育立法研究述评. 职业技术教育，2011，(19)：42-45.
③ 陈鹏，薛寒. 《职业教育法》20 年：成就、问题及展望. 陕西师范大学学报(哲学社会科学版)，2016，(6)：128-135.

（四）注重职业教育法执法监督的研究

如果说法律条令是对主体权益的保障，那么执法就是对法律条令的保障，任何一部好的法律失去了严格的执法和监督，都只能称为"高级别的社会规范"。[①]当前中国职业教育正面临着执法不严、违法不究的困难与挑战，加强对职业教育法执法监督的力度已然成为职业教育工作的重点和难点。其根本原因是职业教育法的监督机制不够健全、法律责任不够明确、处罚制度还未建立。因此，明确职业教育法的执法主体和执法程序并完善职业教育法的司法制度和监督机制显得尤为重要。但是法律实际运行的过程有时却事与愿违，学者也很少关注职业教育法执法监督方面存在的问题。因此，职业教育法研究必须转变观念、整体规划，使监督、分责、惩戒三个制度相互协调，形成连贯的职业教育执法机制，时刻确保执法行为的完整性和监督行为的有效性，从而维护职业教育法律的权威与尊严。

第四节 民办教育法研究热点的共词可视化

民办教育又称私立教育，是相对于公办教育、公立教育的教育形式，指国家机构以外的社会组织或者个人，利用非国家财政性经费，面向社会举办学校及其他教育机构的活动。《民办教育促进法》是调整社会力量办学领域内外部关系的法律。近年来，我国各种社会力量举办的教育机构已经有很大的发展，基本形成了从幼儿园到高等学校不同层次的民办教育体系。从所有制看，这类学校及其他教育机构属于非国有制；从举办主体看，其一般为非政府的社会组织、社会团体、个人，还可以是外国办学机构或个人；从类型看，这类机构涉及学制教育和非学制教育、正式教育和非正式教育等各种教育类型；从运行方式看，这类机构更多的是依靠市场的运作方式。因此，在民办教育中，举办者、办学者和管理者的关系，政府与学校的关系，学校与学生的关系，家长与教师的关系等，都明显地不同于公办教育。《民办教育促进法》调整的主要是民办学校的设置、学校的组织与活动、教师与受教育者、学校资产与管理等方面的内容。我国已于2002年通过《民办教育促进法》，并于2016年对《民办教育促进法》进行了修订，《民办教育促进法》对民办学校的办学设备设施、经费、组织章程、产权关系等一系列不同于公办学校的地方进行了有效的调整，为民办学校向良性环境的方向发展指明了道路。

---

① 黄文德. 营造有利于我国高等职业教育发展的法制环境. 扬州大学学报(高教研究版)，2002，(1)：52-55.

民办教育法研究热点的研究资料来源于"中国学术期刊网络出版总库"，采用标准检索，将期刊年限设定为"1985—2015 年"，指定期刊类别为"全部期刊"，以"篇名"为检索条件，设定"职业教育"并含"法"为检索内容，共获得相关文献 171 篇，为了确保研究的可靠性与有效性，采取排除书评、期刊介绍、会议通知、丛书介绍、年会综述、会议纪要、刊物征稿要求等非研究型文献的方法，得到 129 篇有效文章。除此之外，将有效文献中的关键词进行标准化处理，如将"民办教育法""私立教育法"统一规范为"民办教育促进法"等，从而形成研究资料。

一、民办教育法高频关键词词频统计与分析

通过对我国民办教育法研究文献的关键词进行统计，共得到 443 个关键词，最终确定高频低频词阈值为 3，统一同义词后，得到 55 个高频关键词，其排序结果如表 4-10 所示。

表 4-10 55 个民办教育法高频关键词排序

序号	关键词	频次	序号	关键词	频次	序号	关键词	频次
1	民办教育	68	20	依法治教	5	39	教育行政	3
2	民办教育促进法	60	21	财政性经费	5	40	突破	3
3	举办者	29	22	实施细则	5	41	《私立学校法》	3
4	公办教育	15	23	办学成本	5	42	机遇	3
5	办学者	8	24	中国教育发展	4	43	教育立法	3
6	法律保障	8	25	促进	4	44	管理办法	3
7	办学自主权	8	26	出资者	4	45	法律特征	3
8	民办高等教育	7	27	剩余财产	4	46	政府办学	3
9	教育事业	6	28	民办中小学	4	47	办学机制	3
10	法律地位	6	29	法律责任	4	48	社会力量办学	3
11	法人财产权	6	30	办学条例	4	49	办学经费	3
12	教育机构	6	31	发展	4	50	教育产业	3
13	职业教育法	6	32	办学经验	4	51	中国民办教育	3
14	民办职业教育	6	33	学校董事会	3	52	民办院校	3
15	审批机关	5	34	民办学校	3	53	办学主体	3
16	科教兴国战略	5	35	优惠政策	3	54	公立高等教育	3
17	合理回报	5	36	地方立法	3	55	比较研究	3
18	办学行为	5	37	思考	3			
19	教育法律	5	38	存续期间	3	合计		389

如表 4-10 所示，55 个高频关键词总呈现频次为 389，占关键词出现总频次的 47.3%。通过前 55 位的关键词排序，可以初步地了解到 1985—2015 年我国民办教育法研究领域的集中热点和趋势。其中，前 7 位关键词频次均大于或等于 8，依次为民办教育（68）、民办教育促进法（60）、举办者（29）、公办教育（15）、办学者（8）、法律保障（8）、办学自主权（8），其余 48 个关键词出现频次均大于或等于 3。这一结果初步说明，民办教育法研究多围绕民办教育与举办者、民办教育促进法与公办教育、法律保障与办学自主权等方面展开。

二、民办教育法高频关键词的相异矩阵及分析

利用 BICOMB 共词分析软件，将上述 55 个高频关键词进行共词分析，生成词篇矩阵后，再将矩阵导入 SPSS19.0 软件，选取 Ochiai 系数并将其转化为一个 55×55 的共词相似矩阵。在进行多维尺度分析时，将此相似矩阵采用"1-相似矩阵"转化为相异矩阵，结果如表 4-11 所示。

表 4-11　民办教育法研究相异矩阵（部分）

关键词	民办教育	民办教育促进法	举办者	公办教育	办学者	法律保障	办学自主权	民办高等教育	教育事业	法律地位	法人财产权
民办教育	0.000	0.906	0.482	0.562	0.657	0.700	0.700	1.000	0.703	0.752	0.752
民办教育促进法	0.906	0.000	0.856	0.967	1.000	0.954	0.954	0.756	1.000	0.947	0.947
举办者	0.482	0.856	0.000	0.616	0.737	0.540	0.606	1.000	0.697	0.773	0.545
公办教育	0.562	0.967	0.616	0.000	0.726	0.909	0.726	1.000	0.684	0.895	0.789
办学者	0.657	1.000	0.737	0.726	0.000	1.000	0.750	1.000	0.856	1.000	1.000
法律保障	0.700	0.954	0.540	0.909	1.000	0.000	0.875	1.000	1.000	0.711	0.856
办学自主权	0.700	0.954	0.606	0.726	0.750	0.875	0.000	1.000	0.856	0.856	0.856
民办高等教育	1.000	0.756	1.000	1.000	1.000	1.000	1.000	0.000	1.000	1.000	1.000
教育事业	0.703	1.000	0.697	0.684	0.856	1.000	0.856	1.000	0.000	1.000	0.833
法律地位	0.752	0.947	0.773	0.895	1.000	0.711	0.856	1.000	1.000	0.000	0.833
法人财产权	0.752	0.947	0.545	0.789	1.000	0.856	0.856	1.000	0.833	0.833	0.000

如表 4-11 所示，各关键词与民办教育促进法距离由远及近的顺序依次为：办学者（1.000）、教育事业（1.000）、公办教育（0.967）、法律保障（0.954）、办学

自主权（0.954）、法律地位（0.947）、法人财产权（0.947）、民办教育（0.906）、举办者（0.856）、民办高等教育（0.756）。结果说明，人们在谈论民办教育法时，将"民办教育促进法"与"民办高等教育""举办者""民办教育""法人财产权"结合起来论述的成果较多。同时，通过对表 4-11 中的系数大小进一步分析发现，"民办教育"与"公办教育""举办者""办学者""法律地位"经常呈现在一起；"法律地位"与"法律保障""民办教育"较多地呈现在一起；"法人财产权"与"民办教育""公办教育"较多地呈现在一起。这初步说明，关于民办教育法的研究成果中，学界经常研究民办教育与公办教育、法律地位与法律保障及法人财产权等问题。

三、民办教育法高频关键词聚类及其分析

将表 4-11 的高频关键词相异系数矩阵导入 SPSS19.0 软件进行聚类分析，得到的聚类结果如表 4-12 所示。根据聚类分析结果显示的聚团连线距离远近，我们可以直观地看出，民办教育法研究高频关键词可分为五类：民办教育的法律保障及其法人财产权研究（种类 1）、民办教育的地方立法研究（种类 2）、基于《民办教育促进法》的民办教育发展机遇与促进和突破研究（种类 3）、民办教育合理回报的法律思考研究（种类 4）、民办教育法律的比较研究（种类 5）。

表 4-12　民办教育法高频关键词聚类结果

种类	关键词
种类 1	财政性经费、办学经费、教育机构、办学者、办学主体、办学行为
种类 2	地方立法、中国民办教育、政府办学、社会力量办学、学校董事会、民办学校
种类 3	发展、突破、促进、机遇
种类 4	合理回报、思考
种类 5	《私立学校法》、比较研究、民办高等教育、公立高等教育、民办教育促进法、法律特征

种类 1 为民办教育的法律保障及其法人财产权研究，包括财政性经费、办学经费、教育机构、办学者、办学主体、办学行为等关键词。民办教育是中国教育重要的组成部分之一，从起源上可以追溯到古代私学。虽然从发展的时间来看，中国的民办教育由来已久，但从具备较完善的国家层面的法律体系的角度来看，改革开放之后，民办教育才开始蓬勃发展。1982 年《宪法》的修订是我国现代民

办教育法制建设的开端，1995 年《教育法》第二十五条明确规定："……国家鼓励企业事业组织、社会团体、其他社会组织及公民个人依法举办学校及其他教育机构……"作为教育领域"基本法"的《教育法》是对民办教育的确切规范，首先是对宪法效力的再次确认，其次是对民办教育法律地位的又一次肯定。再加上《义务教育法》《高等教育法》《民办教育促进法》等其他下位法律，可以说，基本上每个教育领域的民办教育都受到法律覆盖。尤其是《民办教育促进法》，它是我国教育法律文件中唯一一部含有"促进"二字的专门法律，足见国家对民办教育发展的支持与鼓励。《民办教育促进法》与《中华人民共和国民办教育促进法实施条例》（简称《民办教育促进法实施条例》）明确了民办教育的公益事业属性，并对民办教育的经费来源、举办资格、责任划分及法律约束的范围进行了概念界定和解释，为民办教育的建设提供了比较全面的法律条文依据。

虽然我国已经出台了《民办教育促进法》作为民办教育的专门法律，但并不代表民办教育的法律保障体系已经完善。首先是内容缺失，与上位法的衔接处理不足，内容上存在用词含糊、语义不明的现象。其法律责任部分对相关主体的问责机制建设不足，在总共 4 条法律责任规定中，有 3 条是对民办学校或者其他社会组织与个人的违法行为进行的法律规定，仅有 1 条涉及审批机关和有关部门违法行为的法律责任，而且对于审批机关和有关部门的违法行为，一般情况下也只是"由上级机关责令其改正"，只有"情节严重的，对直接负责的主管人员和其他直接责任人员，依法给予行政处分"。对于什么情形属于"情节严重的"行为，法律则并未做出规定或列举性的说明。[①]这些内容缺失将会使法律效力大打折扣，影响法律的实际运行。其次是相应的法律配套政策和法规不健全。《教育法》等法律的约束对象要么是概括意义上的所有教育形式，要么是针对某一领域的专门教育，有各自相关的配套政策法规，与民办教育的关系不是十分密切。《民办教育促进法》是民办教育领域唯一的专门法，它的落实程度可以说切实关系到民办教育的发展。

值得肯定的是，2004 年出台的《民办教育促进法实施条例》确实做到了对《民办教育促进法》中一些问题的明晰和延伸，但是仅靠一部《民办教育促进法实施条例》来解释《民办教育促进法》中存在的所有问题未免过于单薄。《民办教育促进法》是针对民办教育全面性的规定，内容具有概括性、模糊性，《民办教育促进法实施条例》也是针对整个民办教育领域，必然会出现与《民办教育促进法》同

---

① 李宜江，张海峰. 公共财政扶持民办教育发展的法规基础、局限与完善. 复旦教育论坛，2012，(3)：72-76.

样的概括性、模糊性问题，会造成本应该作为"操作指南"的《民办教育促进法》失去可操作性，更加难以解决实际问题。因此，应当完善民办教育相关法律的配套政策法规，使法律贴合实际，能够起到应有的保障作用。民办教育的法律保障相较于公办教育更为复杂，教育事业本身是公益性质的，在市场资本介入的同时想要保持其公益性质就较为困难。在这种背景下，民办学校举办者的法律地位及资金投入、财产权的划分是民办教育有序发展的关键。《民法通则》第七十一条将"财产所有权"定义为："财产所有权是指所有人依法对自己的财产享有占有、使用、收益和处分的权利。"对应到民办学校语境中，民办学校的法人财产权就是民办学校所有人依法对学校财产享有的占有、使用、收益和处分的权利，这里的"学校财产"不仅包括资金、设备、建筑、人力资源等有形资产，还包括学校声誉、文化等无形资产。从民办学校的概念来看，"民办"首先确定了学校的资金来源和举办者的性质是政府以外的非行政事业机构，那么法人的性质自然也来自举办者的性质，其法人财产权的划分方式就要考虑学校的资本运营模式。

目前，民办教育大致有三种投资模式：①债权模式，即民间借贷办学，并按约还本付息；②股权模式，即借鉴现代公司资本制度办学；③混合模式，即股权和债权模式的结合或融合形态。①资金投入组合方式不同，法人财产权的划分就会有所不同。民办教育的市场属性是其基本属性，市场天然具有利益趋向性，那么平衡民办教育的公益性与营利性，维持市场秩序，就需要依靠外围力量的支撑，而法律法规是最强有力的约束手段，因此，加强民办教育法制体系建设，完善相关政策法规，从顶层框架上设计民办教育体制，对于民办教育的可持续发展至关重要。

种类 2 为民办教育的地方立法研究，包括地方立法、中国民办教育、政府办学、社会力量办学、学校董事会、民办学校等关键词。根据我国的行政体制，地方人民代表大会及其常务委员会具有地方立法权，需要遵循"统一而又分层次"的原则。②所谓"统一"是指：①所有立法都必须以宪法为依据，不得同宪法相抵触；下位法不得同上位法相抵触。②国家立法权由全国人民代表大会及其常务委员会统一行使，法律只能由全国人民代表大会及其常务委员会制定。所谓"分层次"，就是在保证国家法制统一的前提下，国务院、省级人民代表大会及其常务委员会和较大市的人民代表大会及其常务委员会、自治地方人民代表大会、国务

---

① 孟繁超，胡慧萍. 论我国民办学校的产权归属及其法律规制. 河海大学学报(哲学社会科学版)，2005，(1)：16-19，30，92.

② 杨景宇. 关于立法法和监督法的几个问题. 北京人大，2013，(6)：4-11.

院各部委、省级人民政府和较大市的人民政府，分别可以制定行政法规、地方性法规、自治条例和单行条例。①我国的地方立法，指由宪法、地方组织法、民族区域自治法、特别行政区基本法确定的，或有关法律、法规授权，或有权机关委托或授权的省、自治区、直辖市、省级政府所在地的市和经国务院批准的较大市的国家权力机关和行政机关及特别行政区立法机关，制定、认可、修改、补充和废止包括地方性法规、地方政府规章、自治条例、单行条例、特别行政区的法律，以及被授权主体制定的效力及于一定地方行政区域的规范性法律文件的活动。②

地方立法的效力仅限于属地范围内，它是国家立法的下位概念，也是国家立法的重要组成部分。地方立法首先是依据国家立法而制定的，是对国家法律的地方化解读，其主要目的是将国家层面概括性质的法律细化，使其具有现实的可操作性，依托地方实际，并与地方实际相结合，由概念化的法律条文转变为具备应用价值的法律工具。

《民办教育促进法》和《民办教育促进法实施条例》的出台在大方向上为我国民办教育制定了法律框架，但是我国各地情况不一，上位法在基层推动的时候会出现不适应的状况，因此地方立法尤为重要。我国地方民办教育立法的背景比较复杂，主要包括教育发展的区域不均衡、改革开放以来地方民办教育的产生、转型期教育市场的产生、教育发展的多样化与独特性现象、地方教育立法权的扩大等方面③，所以民办教育地方立法要考虑多种因素。各地《民办教育促进法实施条例》及相关政策法规的相继出台，已经使民办教育从由政府主导逐渐演变为由地方主导。出现这一现象的主要原因有：①民办教育的公共财政资助部分由中央政府与地方政府共同承担，相比较而言，地方财政的压力更大，更倾向于务实立场，以能够解决问题为基本出发点。②《民办教育促进法》及《民办教育促进法实施条例》中对法人属性、合理回报、税收优惠、产权等方面没有进行明确说明，在各地的具体实施中无法依据上位法律条文操作，而地方立法可以对概念模糊的问题进行规定，实操性强，能够切实有效地应用于当地的民办教育领域。③《民办教育促进法》中对惩戒、限制性内容的规定较为详细，而对相应的激励政策与措施缺少说明，这会打击社会对民办教育的参与积极性，而各地的地方立法有激

---

① 中国人大. 我国的立法体制. http://www.npc.gov.cn/npc/sjb/2011-02/12/content_1620249.htm[2017-02-12]. 2011-02-12.

② 桂宇石，柴瑶. 关于我国地方立法的几个问题. 法学评论，2004，(5)：103-111.

③ 黄华均. 从地方立法到民办教育发展的制度创新——对现行地方民办教育规范性、准规范性文件的实证分析. 黑龙江高教研究，2007，(3)：8-12.

励措施的设置，对民办教育的推动起到更加实际的作用。

综合已经颁布地方民办教育实施细则的省（市）的政策来看，诸多省（市）在政策法规上有创新之处。例如，陕西省、黑龙江省破解产权难题的地方政策创新；宁波市解决教师养老保险问题的地方政策创新；周口、长兴、上海为民办教育提供直接财政资助的地方政策创新。[①]这些政策创新使抽象的立法具象化，也使由地方政府推动的民办教育发展路径清晰起来。法律的适用性本身需要过程的磨合，尽管地方立法已经在一定程度上弥补了《民办教育促进法》的不足，但是并没有完全解决民办教育产生的问题：①关于合理回报等存在争议性的问题的规定框架设计不足。《民办教育促进法实施条例》将合理回报的具体比例设定权下放到地方，但是各地方立法没有完全做到多方面的论证，存在不切实际、细化程度不足的现象。②地方立法存在照搬照抄现象。地方立法的最基本目的之一是适用地方情况，"抄袭"其他区域立法就无法保证法律对当地实际情况的适用性。③地方立法的覆盖范围与种类有缺失。内容上缺少对于民族民办教育、特殊民办教育等方面的规定，法律种类上缺少技术性立法。就当前我国民办教育的地方立法来看，其确实取得了一些进步，对地方的民办教育发展起到推动作用，同时提升了全国民办教育的整体质量。但是，当前我国民办教育进入了发展的平缓期，一些法律问题日益突出，只有尽快解决好这些问题，才能从地方立法上使民办教育得到更近一步的发展，才能使民办教育尽快度过过渡期，步入新的发展阶段。

种类 3 为基于《民办教育促进法》的民办教育发展机遇与促进和突破研究，包括发展、突破、促进、机遇等关键词。《民办教育促进法》是我国第一部有关民办教育的专门法律，其目的是将民办教育的发展整体上升到国家战略层面，将民办教育相关主体的权益用法律加以保障，促进民办教育的大力发展。在《民办教育促进法》实施的十几年间，我国民办教育经历了大发展阶段，大量民间资金进入教育领域，全国的民办教育规模得到了较大的扩张，这与国家发展政策、社会主义市场经济培育程度及我国整体经济发展水平等因素密切相关[②]，同时也得益于《民办教育促进法》及《民办教育促进法实施条例》为民办教育提供的法律保障。从内容设置上，《民办教育促进法》主要集中解决民办教育的法律地位、产权归属、合理回报、税收及其他优惠措施等方面的问题，规定民办教育是社会主义教育事业的组成部分，具有公益性。在产权归属方面，其采用了"民办学校法人

---

① 吴华. 我国民办教育发展的地方政策主导模式分析. 教育发展研究，2009，(8)：11-16.

② 周朝成. 促进民办教育的可持续发展——谈《民办教育促进法》修订中的分类管理问题. 复旦教育论坛，2016，(3)：60-65.

财产权"的说法，明确规定"民办学校对举办者投入民办学校的资产、国家资产和受赠的财产以及办学积累，享有法人财产权"。《民办教育促进法》明确了"法人财产权"的概念、法人财产的来源和归属、民办学校资产的性质和用途，并且规定了民办学校资产的所有权与使用权分离原则。[①]同时，其对民办学校终止、退出后的财产处理问题做了相应说明，这些条款与合理回报的要求相呼应。当前，我国民办教育的办学形式多为投资办学，合理回报是对投资者的主要吸引力之一，如果没有合理回报的法定规定，民办教育投资者的积极性就很难保证。而在对民办教育的激励引导方面，《民办教育促进法》以扶持与奖励专章，加强对民办学校的扶持力度，包括政府设立专项资金、经费资助，国家给予税收优惠，对捐赠办学的公民、法人或其他组织进行表彰，鼓励信贷，限定教育用地使用权限等，多角度为民办教育发展提供便利。另外，《民办教育促进法》还进行了法律监管制度设计，在第六章和第九章从法律上比较具体地规定教育行政部门的管理、监督、指导的责任、权限及法律责任，也规定了民办学校的法律责任。[②]《民办教育促进法》推动了民办学校办学自主权的落实。该法将民办教育置于与公办教育同等的法律地位。在学校设立方面，其充分肯定了办学资金渠道的多样性，并且鼓励文化教育、职业资格培训、职业技能培训等。[③]在学校的管理机构设置方面，规定了学校理事会或董事会有聘任和解聘校长的权力、制定学校章程的权力、预决算的权力、决定学校重大变更的权力等，学校章程是在学校内部管理中起到法定规范作用的设置，也是学校办学自主权最基本的体现，这些权力的赋予充分表现出，《民办教育促进法》尊重民办学校的办学自主权，在法律层面承认民办学校的合法地位，这对于民办高校意义重大。高校的办学自主权下放问题一直是我国高等教育领域探讨的热点，公办高校的办学自主权的落实依然处于不断探索阶段，而《民办教育促进法》对办学自主权的规定，不仅对民办高等教育是莫大的鼓励，而且对整个高等教育的办学自主权都是极大的鼓舞。

不过，每一部法律都是特定时期的产物，《民办教育促进法》也不例外，《民办教育促进法》符合出台时的社会形势，是依据当时的民办教育状况而设立的，不可否认，其具有一定的前瞻性，但是中国处于高速发展期，变革速度超出人们的想象，《民办教育促进法》已不能完全适应当前的民办教育环境，"十二五"期

---

① 韩民，张力.《民办教育促进法》颁布实施的意义及其政策课题. 教育研究，2004，(4)：137-145.

② 潘懋元. 关于《民办教育促进法》及其实施. 高教探索，2003，(3)：1-3.

③ 刘少林. 落实民办学校办学自主权是实施《民办教育促进法》的核心任务. 浙江树人大学学报，2003，(3)：11-13，19.

间提出对《民办教育促进法》的修订正是基于此原因。社会各界讨论最多的是民办教育营利性与非营利性的分类管理问题，2010 年《国家中长期教育改革和发展规划纲要（2010—2020 年）》提出"积极探索营利性和非营利性民办学校分类管理"，考虑到当前我国民办学校产权制度不够完善，分类管理成为政府管理的重要政策选择。温州市作为浙江省"十二五"期间民办教育综合改革试点城市，出台了《关于实施国家民办教育综合改革试点加快教育改革与发展的若干意见》及九个附则，取得了一定成效。虽然浙江省本身教育资源与经济实力较强，但是不能代表试点工作的总体成效，从当前我国民办教育的发展态势来看，分类管理势在必行。当下民办教育的发展呈现疲软状态，不过，诸多民办学校曾经培养出来的高质量人才所带来的市场活力充分证明了民办教育在社会人才供给中的重要地位，而且上海、温州等地进行试点改革所取得的良好效果，能够为分类管理模式的探索提供经验积累。2016 年，《中华人民共和国国民经济和社会发展第十三个五年规划纲要》明确提出"建立分类管理、差异化扶持的政策体系，鼓励社会力量和民间资本提供多样化教育服务"，确定了中央分类管理的决心。我国需要加快修订《民办教育促进法》，避免其滞后性，从法律层面保证民办教育分类管理制度框架的完善，及时弥补政策缺失，带动民办教育发展。

种类 4 为民办教育合理回报的法律思考研究，包括合理回报、思考等关键词。《民办教育促进法》第五十一条规定，作为对民办学校的"扶持与奖励"措施，"民办学校在扣除办学成本、预留发展基金及按照国家有关规定提取其他的必需的费用后，出资人可以从办学结余中取得合理回报"。换言之，民办学校可以获得合理的、一定程度上的盈利。这一规定的出现引起了社会各界对民办教育性质的质疑。

教育的本质目的是对人的自我发掘，以促进人的自我发展为根本，在任何一个国家，教育都属于公益事业。我国相关的教育法律都规定教育不得以营利为目的，《教育法》规定"任何组织和个人不得以营利为目的举办学校及其他教育机构"，而《民办教育促进法》认可民办教育可以取得合理回报，显然与上位法的规定相抵触。合理回报是否改变民办教育的性质？获利多少是在合理范围内的？获利形式是否局限于学费收益？如果学校资金投入有一定程度的政府投入，那么学校是否还有资格获得合理回报？国家认可民办教育可以获利究竟意味着什么？不同的法律解释使得社会整体上对民办教育的合理回报问题持观望态度，关于尝试登记取得合理回报的民办学校数量少之又少。

从该条款的内容上分析，法律制定的最基本规范是一定不能与上位法相悖的，而《民办教育促进法》与《教育法》似乎出现了冲突。实际上，《民办教育促进法》将该条款放在"扶持与奖励"部分，说明合理回报是属于对民办教育的奖励，认可民办教育举办者对教育事业的贡献。同时，限定"合理"，是为了调和教育事业公益性与民办教育营利性的矛盾，使民办教育的公益性与营利性协调一致，防止举办者以教育为牟利工具，破坏教育事业的发展。此条款中没有对于合理回报比例的具体说明，将该权力转交国务院，给予国务院和地方立法空间，使国务院能够在明确"办学成本""预留发展基金""提取其他的必需的费用"等概念的内涵下，同时考虑不同地区、不同层次民办学校的实际情况，制定相应的办法。①

从以上内容可以看出《民办教育促进法》立法时的考虑良多。这一做法对民办教育的推进确实具有重要意义：①吸引民办教育资金注入。民办教育的资金大体上主要是捐资和投资两种方式。捐资几乎是纯粹的公益性质，意味着没有任何回报，捐款人完全出于对教育事业的支持进行捐赠，在现实中选择这种方式办学的组织和个人很少。我国的公益性基金发展不成熟，民间资本市场也没有足够完整的运营模式，相关政策、监管缺位，导致投资办学成为民办教育的主要方式。在国家财政不能兼顾公办与民办教育，为民办教育提供足量财力支持的情况下，合理回报就成为吸引民间资金投入的有效措施。②有利于民办教育市场化的法制规范。就当下的市场形势来看，如果法律当中没有设置相关合理回报的法定条款，未必能阻止民办学校在办学过程中获利，而且无法限制民办学校的获利程度，更难确保民办教育的公益性。《民办教育促进法》对举办者的办学目的和办学行为进行规范，规定了回报的计算方法，可以在一定程度上避免市场混乱，保障民办教育的基本秩序。一些地方政策法规先于《民办教育促进法》规定民办学校投资者可以取得一定的回报，实践证明这有利于调动办学者的积极性，吸引更多的社会资金来举办民办学校，在某种意义上，《民办教育促进法》不过是认可了教育实践中的有效做法和成功经验。②

因此，"合理回报"是否合理关键在于如何看待教育的公益性与营利性，是否只有无回报才是公益性。"公益性是高等教育的主要原则但不是唯一原则。教育的公益性是相对于整个教育体系而言的，是人们对教育活动的一种理想追求。"③对于公立教育资源不能完全满足公民需求的国家，私立教育资源是社会发展的必然

---

① 范国睿. 民办教育发展的保障与促进——解读《中华人民共和国民办教育促进法》. 教育发展研究，2003，(7)：1-5.

② 胡四能. 对《民办教育促进法》及其实施条例"合理回报"解读与思考. 高教探索，2006，(1)：14-16，31.

③ 邬大光. 中国民办高等教育的市场化特征与政策走向分析. 中国高等教育，2001，(11)：35-38.

趋势。随着教育资源全球化，资源共享方式与获取方式多样化，公立教育早已不再是民众的唯一选择，也可以说，民办教育的产生，是社会大众的选择和市场进化的结果。规避对民办教育营利现实的提及或者强硬限制民办教育完全公益化不符合民办教育的发展趋势，必然会在实际操作过程中遇到更大的阻碍，不利于社会进步，更违背了教育的本质目的。而公益性与营利性的矛盾点主要在于基础教育阶段的公益性。市场上基础教育阶段的民办学校规模都在一定范围内，社会评价是民办学校持续经营的关键，因此民办学校需要做到资金、管理、教学质量相协调，才能够维持生源，这就在客观上限制了民办学校的发展规模和数量，并使其限制在一定阶层内。这些民办学校远不足以影响整个教育的公益性，更何况其收益还有法律监管。总之，获取回报并不代表改变教育的公益性质，更重要的是对民办教育的一种激励，是为了促进教育形式的多样化，提升我国教育的竞争力。

种类 5 是民办教育法律的比较研究，包括《私立学校法》、比较研究、民办高等教育、公立高等教育、民办教育促进法、法律特征等关键词。综观世界各国的教育体系，基础教育部分大多由国家政府承担主要责任，特别是义务教育阶段，这一阶段的民办教育机构数量少，因此存在的争议与问题也相对较少。而在教育体系较成熟的国家，高等教育都拥有一定范围内的自主权，高等教育与社会、政府的联系更加密切，办学目的、办学形式、教育对象相对于基础教育阶段而言差异明显，这决定了各国高等教育需要更加全面的法制建设。就民办教育法制建设而言，中国的教育法律体系还不够完善，民办教育领域内的法律、法规、政策等都处于发展初期，因此，对其他国家和地区民办教育法律的了解可以有效促进我们自身法制的建设。

美国是高等教育体系高度发达的国家，国内及世界顶尖的大学多为私立大学，其私立大学的法律保障、管理体制、运行机制都形成了较为协调的整体。美国的私立大学与公立大学的法律地位有明显不同，可以不受联邦宪法有关控制公共权利形式条款的限制。[1]美国法律体系较复杂，是判例法国家，受其联邦体制的影响，各州政府具有教育立法权，因此美国没有专门的私立大学法。但是，《权利法案》、"达特茅斯学院诉讼案"、"俄勒冈法案"、《国防教育法》等都从宪法、判例法层面确认私立大学的法律地位、办学自主权、经费来源。总体上，美国联邦政府颁布了诸多法律，覆盖了资金、主体权益保障等各方面，但并不涉及学校内部

---

① 刘娜. 法制与美国私立大学的存在和发展. 外国教育研究，2003，（2）：1-5.

管理体制，充分尊重私立高校的人事、学术、章程等自主权，而外部管理事宜交由州政府监管，但州政府也不直接对其进行干涉。美国对于营利性学校与非营利性学校的概念界定十分严格，营利性学校侧重职业培训，非营利学校侧重学历教育。由于二者发展模式、市场定位的不同，其税收制度、财产权规定也不相同。①这有助于美国私立高校的分类管理，使私立高校的市场发展更加规范化，且对我国民办高校的分类管理有一定启示作用。依据我国民办高校的特点，我国可以借鉴美国私立高校的分类管理模式，规划相应的分类管理机制。

与美国不同，日本在第二次世界大战之后，不仅十分重视教育复兴，而且重视私立学校的立法，除《教育基本法》《教育学校法》外，1949 年还专门制定了《私立学校法》及《私立学校法施行规则》。日本的《私立教育法》是日本私立教育的基本法律，该法规定"本法旨在根据私立学校的特点，通过尊重其自主性，提高公共性，以求私立学校的健康发展"，承认私立学校的公共性，并且明确表示"为将营利用于辅助私人学校办学，学校法人可在不影响所设私立学校教育的情况下，从事以获得营利为目的的事业"，并对可营利事业种类做出详细说明。此外，还有《私立学校振兴助成法》《私立学校教职员互助会法》《对私立大学设置研究设备国家给予补助的法律》②等法律法规。可以看出，日本的私立教育有单独的、完整的私立教育法律体系，包括了根本法、基本法及执行条例等多个层级，以及政府、学校、教职员工等多类主体，全方位提供私立教育的法律支持。而我国目前民办教育领域的法律只有《民办教育促进法》，没有形成层级式的体系，也没有对各权利主体的专门规定，应该学习日本私立教育法制建设的经验，尽快完善这一体系，使其真正起到保障作用。

我国台湾地区于 2008 年修订了《私立学校法》，此次修订增加了该法在学校法人中设置监察人制度，即学校法人应当设置监察人 1～3 人，由董事会依捐助章程所定资格遴聘适当人员担任，任期为 4 年。监察人的职权主要是财务监察，如对学校法人财务账册、决算报告及解散清算期内财务报表和各项簿册的审查等。③此制度的出现将有助于加强私立学校的财务监管，降低学校内部的贪污腐败风险，在一定程度上有助于防止私立学校以牟利为目的的办学行为。我国大陆地区对于《民办教育促进法》"合理回报"规定的质疑主要是对学校营利合理程度的不信任，

---

① 李法兵. 美日私立大学治理法律制度比较研究. 前沿, 2010, (16): 187-190.

② 吴海升. 日本私立学校法对我国民办教育立法的启示. 池州师专学报, 2001, (4): 27-30.

③ 刘建银, 刘智发. 台湾强化私立学校内部控制的法律法规——基于最新《私立学校法》及相关法规的分析. 教育探索, 2011, (3): 150-152.

如果能够在相关法律中增加监管制度的设计，加大违法的惩罚力度，就能最大限度地保证民办学校获利的合理性，使举办者与社会各取所需，达到教育公益性与营利性的平衡。

四、民办教育法研究领域的未来展望

基于共词可视化分析，我国民办教育法研究主要集中在五个方面。与此同时，通过对多维尺度图和聚类分析图的进一步分析发现，我国职业教育法研究还需要在分类管理、执法、民办学校法律地位等方面进行开拓创新、深入挖掘，构建中国特色民办教育法治体系，推动现代民办教育的健康发展。

（一）强化民办教育分类管理研究

民办教育是社会主义市场化改革在教育领域的重要成果，在缓解教育资源短缺、扩大教育机会、促进教育多元供给等方面发挥了重要作用。但现有民办学校以投资办学为主，而政府更期待捐资办学和公益性办学，导致"实践中鼓励和规范的政策产生了矛盾，法律规定的优惠政策得不到有效落实"，由此引发了诸多矛盾和问题，如民办学校法人属性不清晰、内外部管理不完善、社会偏见尚未根除、师生权益没有切实保障，制约了民办教育的健康发展。《国家中长期教育改革和发展规划纲要（2010—2020 年）》提出探索营利性和非营利性民办学校分类管理，无疑是政府层面对民办学校属性的再次识别，旨在增强民办教育治理的针对性，提高民办教育扶持和规范的政策效能。

（二）增强民办教育法执法研究

民办教育行政执法是实现教育立法宗旨的基本途径和推进依法治教的关键与核心，民办教育行政执法的实际效果则是衡量我国教育法治化程度的重要标准，是体现我国教育体制改革和发展进程的主要因素，直接影响着教育部门乃至整个政府机构的行政效能和公信力。目前，政府的几种主要民办教育行政执法方式面临着较为严峻的挑战。因此，应完善民办教育执法依据，重构民办教育行政执法机制。

（三）深化民办教育法律地位研究

改革开放以来，尤其是 20 世纪 90 年代以来，我国民办学校获得了快速的发展。随着民办学校的发展，国家相继出台了一系列法律法规对其进行规范，2002年颁布的《民办教育促进法》是我国目前规范民办教育唯一的专门法律。《民办教育促进法》中没有对民办学校的民事主体地位进行明确的界定，使得立法内容前后出现矛盾，给法律的适用带来很多困难，导致立法非但不能对民办教育起到良好的规范作用，还对民办教育的发展造成很多障碍。这就需要从分析现行法律入手，通过对现实的考量和对域外法的考察，进而建立民办学校财团法人制度，此举才是解决我国目前的法律和现实问题的最好办法。

第五章
学校法律问题研究热点的共词可视化

学校是进行教育教学活动的重要场所，是教育法调整的重要对象。法律意义上的学校是指经主管机关批准或登记注册，以实施教育系统中各组织阶段目标为主的教育机构，是享有一定权利并承担一定义务的组织机构。近代以来，人们越来越清晰地认识到，教育不仅影响人的生存质量与发展水平，而且影响国家的繁荣与发展。所以，从16世纪开始，以德国为先导，一些实现了工业革命的国家纷纷颁布义务教育法，进而使立法手段干预教育的方法扩展到其他领域。第二次世界大战之后，随着教育作用的进一步增强，各国教育立法进一步完善，目前，各发达国家已建立起完善的教育法律体系。国家运用立法手段管理、控制教育，标志着传统上一直将教育视为私人事务的观念已成为历史，教育子女已不完全是父母的权利，国家对其公民也有教育的权利与义务。而学校作为专门的教育场所，在教育权的分化中也享有教育学生的基本权利与义务，并成为国家教育法调整的重要对象。

学校法律问题研究热点的研究资料来源于"中国学术期刊网络出版总库"，采用标准检索，将期刊年限设定为"1985—2015年"，指定期刊类别为"全部期刊"，以"篇名"为检索条件，设定"学校"并含"法律"为检索内容，共获得相关文献659篇，为了保证研究的可靠性与有效性，采取排除会议纪要、人物专访、报纸评论、刊物征稿要求、征订启事、刊物总目录信息等非研究型文献的方法，得到575篇有效文章，形成研究资料。

第一节　学校法律问题研究热点高频关键词与相异矩阵及聚类分析

一、学校法律研究高频关键词词频统计与分析

通过对我国学校法律研究文献的关键词进行统计，共得到 1402 个关键词，最终确定高频低频词阈值为 7，统一同义词后，得到 59 个高频关键词，其排序结果如表 5-1 所示。

表 5-1　59 个学校法律研究高频关键词排序

序号	关键词	频次	序号	关键词	频次	序号	关键词	频次
1	法律关系	86	21	学生权利	12	41	培养途径	8
2	法律地位	75	22	法制教育	12	42	医学生	8
3	高等学校	74	23	法律救济	11	43	权利救济	8
4	法律责任	58	24	法律保护	11	44	中职学生	8
5	学校	48	25	法律纠纷	11	45	过错责任	8
6	学校体育	46	26	特别权力关系	10	46	赔偿责任	8
7	学生	42	27	行政法律关系	10	47	学生工作	8
8	法律	35	28	受教育权	10	48	实习	8
9	伤害事故	33	29	法律地位	10	49	高职	8
10	民法通则	25	30	对策	10	50	监护责任	7
11	未成年学生	24	31	高校学生管理	10	51	管理	7
12	民办学校	22	32	法律保障	10	52	开除学籍	7
13	公立高等学校	17	33	民法通则	9	53	教育	7
14	法律意识	16	34	归责原则	9	54	处分权	7
15	行政法律关系	16	35	民事法律关系	9	55	行政管理关系	7
16	民办教育	13	36	依法治校	9	56	侵权行为	7
17	行政主体	13	37	人身伤害	9	57	法律规制	7
18	监护责任	12	38	法律知识	9	58	法律适用	7
19	责任认定	12	39	过错责任原则	9	59	法规授权	7
20	法律教育	12	40	人身损害	8	合计		1019

如表 5-1 所示，59 个高频关键词总呈现频次为 1019，占关键词出现总频次的 35.70%，通过前 59 位的关键词排序，可以初步地了解到 30 多年来我国学校法律研究领域的集中热点和趋势。其中，前 9 位关键词频次均大于 30，依次为法律关系（86）、法律地位（75）、高等学校（74）法律责任（58）、学校（48）、学校体育（46）、学生（42）、法律（35）、伤害事故（33），其余 50 个关键词出现频次均大于或等于 7。这一结果初步说明，学校法律研究多围绕学生与学校的法律关系、法律地位，学生、学校体育与伤害事故等方面展开。

二、学校法律研究高频关键词的相异矩阵及分析

利用 BICOMB 共词分析软件，将上述 59 个高频关键词进行共词分析，生成词篇矩阵后，再将矩阵导入 SPSS19.0 软件，选取 Ochiai 系数并将其转化为一个 59×59 的共词相似矩阵。在进行多维尺度分析时，将此相似矩阵采用 "1−相似矩阵" 方法转化为相异矩阵，结果如表 5-2 所示。

表 5-2　学校法律研究相异矩阵

关键词	法律关系	法律地位	高等学校	法律责任	学校	学校体育	学生	法律	伤害事故
法律关系	0.000	0.913	0.699	0.915	0.844	1.000	0.617	1.000	0.962
法律地位	0.913	0.000	0.758	0.985	0.900	1.000	0.982	1.000	1.000
高等学校	0.699	0.758	0.000	0.985	1.000	1.000	0.731	0.980	0.980
法律责任	0.915	0.985	0.985	0.000	0.829	0.826	0.878	1.000	0.840
学校	0.844	0.900	1.000	0.829	0.000	0.666	0.902	0.975
学校体育	1.000	1.000	1.000	0.826	1.000	0.000	0.932	0.601	0.358
学生	0.617	0.982	0.731	0.878	0.666	0.932	0.000	0.974	0.919
法律	1.000	1.000	0.980	1.000	0.902	0.601	0.974	0.000	0.706
伤害事故	0.962	1.000	0.980	0.840	0.975	0.358	0.919	0.706	0.000

如表 5-2 所示，各关键词与学校法律中的法律关系距离由远及近的顺序依次为：学校体育（1.000）、法律（1.000）、伤害事故（0.962）、法律责任（0.915）、法律地位（0.913）、学校（0.844）、高等学校（0.699）、学生（0.617）。这个结果说明，人们在谈论学校法律时，将 "法律关系" 与 "学生" "高等学校" "学校" 结合起来论述而形成的成果较多。同时，通过对表 5-2 中的系数进一步分析发现，

"高等学校"与"法律地位""学生"经常呈现在一起；"学校体育"与"法律""伤害事故"较多地呈现在一起。这初步说明，关于学生法律的研究成果中，学界经常研究高等学校的法律地位、学校体育中发生的伤害事故等问题。

三、学校法律研究高频关键词聚类及其分析

将表 5-2 的高频关键词相异系数矩阵导入 SPSS19.0 软件进行聚类分析，得到的聚类结果如表 5-3 所示。根据聚类分析结果显示的聚团连线距离远近，可以直观地看出，学校法律研究高频关键词可分为七类：高校学生伤害事故的法律问题与法律责任研究（种类 1）、未成年学生人身损害的侵权行为与法律责任研究（种类 2）、民办院校教师的法律保护与法律规制研究（种类 3）、公立学校教师的法律地位及公立高校与教师、学生的法律关系研究（种类 4）、学校管理中的特别权力关系及开除学籍处分权的法律救济研究（种类 5）、民办学校的法律性质研究（种类 6）、学校法制教育研究（种类 7）。

表 5-3　学校法律研究高频关键词聚类结果

种类	关键词
种类 1	学校体育、伤害事故、法律、责任、体育伤害、法律问题、学生伤害事故、高校
种类 2	监护、过错责任、法律责任、学校事故、归责原则、未成年学生、监护责任、民法通则、过错责任原则、侵权行为、人身损害、教育权、责任认定
种类 3	民办教育、《教师法》、法律保护、法律规则
种类 4	行政法律关系、受教育权、公立学校、教师、法律关系、学生、高等学校、学校、行政主体、行政相对人、法律地位、公立高等学校
种类 5	特别权力关系、法规授权、公务法人、学校管理、教育法制、教育法律、开除学籍、处分权、教育法律法规、办学自主权、依法治教、教育机构、法律救济
种类 6	民办学校、法律性质
种类 7	学校教育、法律基础、法律意识、法制教育、中等职业学校、法律教育、法律保障

种类 1 为高校学生伤害事故的法律问题与法律责任研究，包括学校体育、伤害事故、法律、责任、体育伤害、法律问题、学生伤害事故、高校等关键词。近年米，高校中校园伤害事故逐渐增多，在伤害发生以后，受害人往往将高校推向被告席，要求高校承担赔偿责任。在此类事件中学校是否应承担责任，应当承担什么责任？这一问题不仅是受伤害学生家属要求学校回答并解决的问题，而且是各高校、高校师生及全社会共同关注的问题。

　　高校学生伤害事故，不同于一般民事主体之间的人身伤害事故，也不同于发生在幼儿园、中小学校的学生伤害事故。高校学生伤害事故侵权法律关系具有以下特征：①高校对成年大学生依法不承担监护职责。②基于高校与学生之间的教育法律关系，高校应对学生承担一定的保护义务。[①]由于发生学生伤害事故的原因各不相同，发生的事故类型也各有区别，如何正确认定各方尤其是校方的过错已成为解决此类纠纷的关键，高校学生伤害事故的处理应遵循以下原则：①过错责任原则。因学校学生或其他相关当事人的过错造成的学生伤害事故，相关当事人应当根据其行为的过错程度及其伤害后果之间的因果关系承担相应的责任。[②]②公平责任原则。根据教育部颁布的《学生伤害事故处理办法》第二十六条第二款的规定，学校无责任的，如果有条件，可以根据实际情况本着自愿和可能的原则，对受到伤害的学生给予适当的帮助，这就是公平原则的体现。③学生或家长承担责任。如果行为人是已经成年的大学生，则由自己承担责任，如果是因学生家长的过错而造成学生伤害事故，则由其家长承担责任，学校有过错的，要承担相应的责任。[②]④混合型责任。这类事故应当根据相关当事人的行为过错比例及与损害后果之间的因果关系承担相应的责任。[③]如果学校与受害学生或校外第三人对损害后果存在混合过错的，如果学校未履行应尽的教育管理职责，并因此与其他主体的加害行为发生偶然的结合造成学生伤害的，因学校没有实施加害行为，只是未尽到安全保障义务，只应就其未尽合理限度范围内造成的损失，承担与其过错相当的责任，而且只有在直接侵权的第三人无法承担责任时方应承担责任，并在赔偿后有权直接向，侵权人追偿。[④]

　　分析大学生意外伤亡事故的法律责任，是研究大学生意外伤亡事故的基础之一，几种特殊的大学生伤害事故的法律责任可以做如下分析：①大学生自杀自残导致的伤害事故。由学生的自杀行为而引起的人身伤害事故，应综合分析认定学校是否应当承担民事责任。[⑤]②大学生因突发性疾病、猝死等引发的伤害事故。一般情况下，在此类案件中，学校不承担法律责任。但是在以下两种情况下，学校应当承担相应的责任：第一，学生有特异体质，特定疾病，不宜参加某种教育教学活动，学校知道或者应当知道，但未予以必要注意。第二，学生在校期间突

① 葛建义. 高校学生伤害事故处理的法律适用问题. 黑龙江高教研究，2014，(9)：59-61.

② 陈山，陈少平. 高校学生伤害事故的法律分析及其预防处置. 高校教育管理，2012，(2)：78-84.

③ 谢玉军. 高校学生意外事故责任研究. 新西部(下月版)，2007，(8)：109.

④ 陈光绍. 高校学生伤害事故案件中学校责任问题研究. 河北师范大学学报(教育科学版)，2008，(4)：118-121.

⑤ 沈群群. 高校学生伤害事故中学校责任的分析. 求实，2005，(2)：288-289.

发疾病，学校发现但未根据实际情况及时采取相应措施，导致不良后果加重。[1]当然，大学生自己在校外发生的伤害事故和在大学生自发组织的活动中发生的伤害事故两种情形中，学校行为并无不当的，不承担事故责任，事故责任应当按有关法律法规或者其他有关规定认定。同时，关于大学生在实习期间发生的伤害事故相关办法规定，学生在实习单位工作期间，应享受相应的职工待遇。加强学生伤害事故的预防，依法快速处置学生伤害事故，是高校必须面对的课题之一，高校一方面要建立预防学校学生伤害事故的制度与机制，另一方面要建立健全高校学生伤害事故的快速处置机制。[2]在全社会法律意识不断提高的今天，高校唯有依法治校，完善各类法规制度，坚持采取措施消除校园安全隐患，才能保护学生的身心健康，减少校园伤害事故的发生。

种类2为未成年学生人身损害的侵权行为与法律责任研究，包括监护、过错责任、法律责任、学校事故、归责原则、未成年学生、监护责任、民法通则、过错责任原则、侵权行为、人身损害、教育权、责任认定等关键词。学校与未成年学生之间，是教育与被教育、管理与被管理、保护与被保护的公法上的权利义务关系。

学校对未成年学生在校人身伤害承担什么性质的法律责任，学术界有两种截然不同的观点：一种观点认为，未成年学生的父母将子女送入学校学习，实际上是将监护责任转移给学校，学校是学生在校期间的监护人，基于监护权，学校应对其被监护学生尽善良管理义务，并最终承担民事责任。另一种观点认为，学校不是学生任何意义上的监护人，作为公益性事业单位的公立学校，对学生承担着教育管理和照顾保护的社会义务，学校与学生之间是一种教育与被教育、管理与被管理、保护与被保护的关系。[3]正确认识学校对校园伤害事故所负的法律责任，理清学校与受害学生及其家长间的法律关系，必须明确以下几个问题：①学校不是未成年学生的法定监护人。我国监护制度是以监护人和被监护人之间的血缘关系为基础的，只有在父母、祖父母、外祖父母、兄姐、亲戚等不能做监护人的情况下，才"由未成年人的父、母的所在单位或者未成年人住所地的居民委员会、村民委员会或者民政部门担任监护人"。也就是说，按照法律的规定，学校作为一个单位，也可以做监护人，但不是做在校学生的监护人，而是做本校教职工子女的监护人（在未成年人没有父母、祖父母、外祖父母、兄姐、亲戚等做监护人的情

---

① 马志忠. 高校学生伤害事故的责任分析与处理. 山东理工大学学报(社会科学版)，2002，(5)：41-45.

② 李菁. 高校学生人身伤害事故的法律思考. 华中师范大学硕士学位论文，2008：35-42.

③ 李敏. 在校未成年学生人身伤害赔偿责任浅析. 理论导刊，2005，(9)：72-74.

况下）。这种情况是极为个别的现象，出现的概率极低。[①]②学校不是未成年学生的委托监护人。[②]有人认为，将《关于贯彻执行〈中华人民共和国民法通则〉若干问题的意见（试行）》"有关条款的规定，简单地类推到学校，并作为处理学校事故的基本法律依据，是不恰当的。因为学校和家长之间并没有办理过转移或委托监护权的手续（另有约定除外）。从法律适用角度讲，这种推理不过是一种非正式解释和无权解释，是无法律效力的"。基于此，这种观点认为，学校对学生不承担监护职责，学校承担的是教育和管理的责任，学校对学生也有保护的义务，但这种保护有其特定的含义，是与教育活动有关的保护。这种保护的性质与法律意义上的监护人对被监护人所实施的监护的性质是不同的。如果这种保护就是监护，那么根据《未成年人保护法》，对未成年学生不仅学校要保护，而且社会也要保护，甚至还有司法上的保护，难道还要整个社会甚至司法部门都成为未成年学生的监护人吗？[③]③学校负有对在校未成年学生的人身安全保障义务。

根据学校的性质职责及学校与在校未成年学生及其监护人的关系，学校在校园伤害事件中承担的赔偿责任应该遵循以下原则：①过错责任原则是学校承担校园伤害赔偿责任的一般归责原则。[④]在考察学校是否对未成年学生在校受到的伤害承担赔偿责任时，学校或教师有无过错是衡量这一问题的主要标准，有过错就应该承担赔偿责任，无过错就不予赔偿。[⑤]所谓过错责任，是指行为人因过错侵害他人并造成他人财产权和人身权等方面的损害而应承担的民事责任。它是以过错作为判断标准，判断行为人对其造成的损害应承担侵权责任的归责原则。简单地说，就是"无过错即无责任"。最高人民法院《关于贯彻执行〈中华人民共和国民法通则〉若干问题的意见（试行）》第一百六十条规定，"在幼儿园、学校生活的无民事行为能力人或者在精神病院治疗的精神病人，受到伤害或者给他人造成损害，单位有过错的，可以责令这些单位适当给予赔偿"。根据此规定，应明确三个问题：一是学校承担适当赔偿责任，而非全部责任；二是学校承担责任必须具备两个条件，即受伤害人必须是无民事行为能力人，同时学校或其工作人员必须有过错；三是学校能够证明自己没有过错的，不承担赔偿责任。学校对无民事行为能力人承担赔偿责任适用过错责任原则。该项规定虽然没有对限制民事行为能

---

① 褚宏启. 未成年学生人身伤害问题研究. 北京师范大学学报 (社会科学版). 2002, (1)：83-91.
② 储春平. 学校在未成年学生损害赔偿诉讼中的法律责任. 青少年犯罪研究, 1997, (6)：26-27.
③ 吴志宏. 关于我国中小学生伤亡事故的调查及思考. 中小学管理, 1997, (5)：38-41.
④ 解立军. 未成年学生在校人身损害赔偿的归责原则. 教学与管理, 2000, (7)：53-54.
⑤ 褚宏启. 未成年学生人身伤害问题研究. 北京师范大学学报 (社会科学版), 2002, (1)：83-91.

力人做出规定但从"举轻以明重"的法律原理出发，可推导出对学校需尽义务相对较少的限制民事行为能力学生承担侵权责任，也应以学校有过错为必要条件。总之，学校对未成年学生承担侵权赔偿责任适用过错责任原则。[1]②校园事故赔偿责任中不适用无过错责任原则。无过错责任原则意在强调某些特殊领域，如高危作业、环境保护产品责任等领域。加害人应当具有足够的谨慎，以避免对他人造成伤害后果。就校园伤害事故而言，其性质应属于比较典型的一般民事侵权行为，且学校的办学活动显然不属于高危性质的范围，因此没有理由确定过错责任原则。③过错推定原则。在学校中，如果学生是由于建筑物或建筑物上的搁置物、悬挂物而受到伤害，此时适用过错推定原则，即推定建筑物或者其他设施的所有人或者管理人（学校）有过错，这种情况下不需要受害人（学生）证明学校有过错，受害人就可以要求损害赔偿。而证明自己无过错的责任则由学校承担，如果学校不能证明自己无过错，就认定其有过错，并由其承担民事责任。但如果学校能够证明自己对损害的发生没有过错，则可免除其民事责任。④公平责任原则。学校承担公平责任，主要适用于在体育课上和在学校组织的其他活动中出现的由无过错因素导致的学生伤害事故。[2]

种类 3 为民办院校教师的法律保护与法律规制研究，包括民办教育、《教师法》、法律保护、法律规则等关键词。作为教书育人，培养社会主义事业建设者和接班人的教师，是向受教育者传递文化科学知识、进行思想品德教育、培养社会需要的有用人才的专业人员。民办教育在我国基础教育发展中具有重要地位和作用，已经得到国家的认可。民办高校教师是民办教育不容忽视的组成部分，与公办高校教师具有相同的法律地位，但在实际操作中往往成为弱势群体，很多合法的权益没有得到保障。

从我国民办高校的投资办学基础来看，我国的民办高校基本都是投资办学而非捐资办学，从我国民办高校发展的轨迹和实际效果来看，投资者举办民办高校的目的和效果都是具有双重性的，既有公益的目的和效果，又有获取收益的目的和效果。实际上，民办高校与公办高校的活动目的和性质是相同的，两者的区别仅在于举办主体和经费来源不同。因此，2003 年开始实施的《民办教育促进法》第三条明确规定："民办教育事业属于公益性事业，是社会主义教育事业的组成部分。"第五条首次对民办高校的法律地位进行了明确："民办学校与公办学校具有

---

① 杨春兰. 对未成年学生在校人身伤害赔偿责任问题的研究. 教育探索，2009，(1)：61-62.

② 张倩. 学校在人身伤害赔偿案件中的责任. 人民法院，2000-09-05(3).

同等的法律地位，国家保障民办学校的办学自主权。"按照特殊法优于普通法的原则，由此可得出结论：民办高校具有与公办高校相同的法律地位，也应该是事业单位法人。①我国的民办高校在特征上具有二重性，虽然民办高校不以营利为直接目的，而是兼具培养高层次人才的公益目的，但是法律也赋予了举办者在办学结余中取得合理报酬的权利，由此看出，其又不同于公办高校和一般的非营利性组织。所以，我们可以这样界定民办高等院校：它是一种介于公益性组织和非公益性组织之间的兼具公益性和营利性的双重性质的社会组织，即民办非企业单位或民办事业单位。②

《民办教育促进法》明确规定了民办高校教师的法律地位，该法的出台标志着我国首次以法律的形式，明确规定了民办高校教师的法律地位和合法权益。其中第二十四条、第二十七条规定了民办高校教师的法律地位和聘任办法，可以看出，法律对其已经有了明确的规定和保障，具体的适用可以按照劳动合同法，同时在权利得不到保障时，法律应该给予无差别的保障和救济。但是从现实来看，这样一个规定并没有得到完全的落实。教师的基本权利包括：①进行教育教学活动的权利；②从事科学研究与学术交流的权利；③指导学生和评定学生的权利；④按时获取报酬的权利；⑤对学校教学管理提出意见和建议的权利；⑥参加进修和培训的权利。③

现实中，绝大多数民办学校教师都无法享有与公办学校教师同等的权利，通常主要体现在劳动关系、获取报酬、进修和培训方面：①民办高校教师劳动关系问题。民办高校教师的劳动关系与公办高校教师之间有较大的区别。民办高校教师是"企业编制"，各种福利待遇依靠高校自身的经营状况，没有切实保障；而公办高校教师是"事业编制"，工资待遇有保障，而且在职称评定、生活补贴、医疗保险、退休养老等方面也享受一定的政策倾斜。②民办高校教师社会保障及福利待遇问题。《教育法》中规定教师享有"按时获取工资报酬，享有国家规定的福利待遇以及寒暑假期的带薪休假"的权利。这里的福利待遇包括医疗、住房及养老保险方面的待遇。民办学校存在的教师流动性大的问题，其重要原因之一就在于他们的福利待遇长期得不到保障。由于法律对民办学校教师缴纳各种社会保险没有做出具体的规定，加之目前社会保障机制的不健全等因素的存在，民办学校无

---

① 金劲彪. 民办高校与教师的法律关系探析. 高等工程教育研究, 2009, (1)：59-61.
② 宋继碧. 《民办教育促进法》视角下民办高校教师法律地位探析. 和田师范专科学校学报, 2015, (5)：118-121.
③ 王春晖. 民办高校教师基本权利的法律保护. 新东方, 2003, (9)：4-7.

法为其教师正常地缴纳社会养老保险等费用。即便有些学校缴纳了社会养老保险，也是按照企业职工的标准缴纳的，退休时，民办学校教师享有的养老金不及公办学校教师的一半。③民办学校教师在职进修和培训的问题。目前，公办学校教师的在职进修和培训，已经基本实现了形式的多样化、制度的规范化及培训的定期化。相比较而言，民办学校教师的在职进修问题往往不被学校和教育主管部门重视，对于广大民办学校来说，他们不希望自己为别的学校培养师资。①

民办高等学校在我国当前实行的是聘任制，教师与学校之间的关系属于劳动关系，也是一种二者之间建立的以社会经济关系为标志的劳动关系，具体表现为二者之间的权利义务关系。在劳动合同签订之后，学校和教师之间的关系为平等主体之间的民事关系，双方建立的基础是平等的民事关系，不依赖于民办学校单方面是否录用的用人制度，学校和教师都有完全自主决定权。我国的历史原因及我国的现实情况导致对民办高校区别对待，致使民办高校的教师地位低、保障不稳定、待遇低、教师队伍不稳定、流失严重，这成为制约民办高校发展的最大瓶颈。为促进高校教师队伍的稳定，保障我国民办高等教育科学健康发展，可以采取相关措施来促进民办高校的发展：①从政策上大力扶持；②在经济扶持方面，政府应当给予民办高校适当财政补贴；③切实完善和实施相关法律制度。

种类4为公立学校教师的法律地位及公立高校与教师、学生的法律关系研究，包括行政法律关系、受教育权、公立学校、教师、法律关系、学生、高等学校、学校、行政主体、行政相对人、法律地位、公立高等学校等关键词。公立高校与教师的法律关系涉及二者权利义务的内容和纠纷解决机制等重要问题。我国《民法通则》将法人以是否营利为标准划分为企业法人、机关法人、事业单位法人和社团法人。公立高校归属于事业单位的性质，这就将公立高校排除在了行政主体的范围之外，导致公立高校和教师关系的性质难以确定：一方面，面对事业单位与其利用者之间的关系的特殊性，人们无法将事业单位与利用者之间的所有关系定性为平等主体之间的民事关系纳入普通民事诉讼中；另一方面，事业单位与其成员或利用者之间的争议又被排斥在行政诉讼之外。②

公立学校教师身份的不明确直接影响到其与学校的法律关系的确定，确定不清，使得司法在面对教师纠纷时采取谨慎介入或不介入的态度，导致教师的权利救济机制极为不畅。③公立学校教师作为实行聘任制的工作人员，在缺乏法律、

---

① 王鑫颖. 民办高校教师法律地位探析. 湖北经济学院学报（人文社会科学版），2013，(2)：95-96.
② 马怀德. 公务法人问题研究. 中国法学，2000，(4)：40-47.
③ 申素平. 对我国公立学校教师法律地位的思考. 高等教育研究，2008，(9)：54-58.

行政法规和国务院专门规定的情况下，是否应适用《中华人民共和国劳动合同法》的规定，并彻底远离公务员的身份，还是应明确及公务员或类公务员的身份，而抓紧制定专门的教师聘用条例是摆在我们面前的一个重要问题。我国《宪法》规定，每个公民都有劳动的权利和义务，因此每个具有劳动能力的人都是劳动者。在这个意义上，不仅教师是劳动者，公务员也是劳动者。公立学校教师只是一般意义上具有劳动能力并从事劳动的人，具有劳动者的身份，并不代表教师就受《劳动法》的规范。①从现有教育法的相关规定来看，公立学校教师虽不是公务员，但其管理制度基本比照公务员而定或是授权国务院或教育部强制规定，并非由学校自行决定。在我国，行政处分是国家机关对具有行政隶属关系的工作人员违反行政法律规定而实施的一种行政制裁手段，只有与国家机关具有隶属关系的工作人员，才可承担行政处分的责任，否则，法律只能对其规定行政处罚的责任。现行教育法对违法教师规定行政处分的法律责任这一规定如果不是疏忽，即说明教师具有公职人员身份。

教师的法律地位究竟怎样，关键要看教师的职业性质、薪资来源和相关法律规范的性质与内容。公立学校是国家或地方政府所建立的提供教育给付的公共机构，教师作为在其中从事专门公务并完成教育目标的人员，其薪资全部或部分来自国家财政拨款，其权利义务和管理制度主要受到教育法的强行规范或比照公务员制度而定，理应具有与公务员类似的法律地位，应主要受到《教师法》而非《劳动法》的规范。①教师不具有行政编制，而是纳入事业编制，特别是高等学校教师的部分工资福利由学校自筹而来，不完全来自国家财政，不符合现有公务员的定义。在尽量维持现有法律制度和框架的前提下，可以考虑的方案有两个：①将公立学校教师纳入国家行政编制，纳入公务员队伍。②建立一个包含公务员在内的更大概念，如国家公职人员或国家工作人员等，与劳动者相区别，并将公立学校教师纳入新的概念和制度架构。在我国，由于长期受学校属于事业单位法人观念的影响，学校对学生的各种管理行为被视为一种内部管理行为，学生对此不得提起行政诉讼。这种观点的实质是特别权力关系理论的翻版。特别权力关系是一种相对一般权力关系而言的行政法律关系。随着教育成本分担政策的实施，民事法律关系将取代部分行政法律关系，高校只在某些情况下是授权行政主体，与学生形成行政法律关系。特别权力关系体现为《高等教育法》与学生有关的高校自主管理权，如自主开展教学、设置与调整学科专业、制定招生方案、制定校规校

---

① 申素平. 对我国公立学校教师法律地位的思考. 高等教育研究, 2008, (9)：54-58.

纪等。特别权力关系之下的高等教育，学生的命运掌握在大学手中，学生不享有救济权。高等教育由绝对自治到有限自治是法治背景下学生争取权利的结果。高校与学生关系从不平等走向平等是教育成本分担政策下学校与学生关系发展的必然趋势。学校和学生的平等法律关系看似挑战了学校管理的权威，但在教育法制不完善的情况下，平等法律关系反而成为学校权益的保护屏障，有助于避免学校成为舆论攻伐的目标。①

种类 5 为学校管理中的特别权力关系及开除学籍处分权的法律救济研究，包括特别权力关系、法规授权、公务法人、学校管理、教育法制、教育法律、开除学籍、处分权、教育法律法规、办学自主权、依法治教、教育机构、法律救济等关键词。受德国、日本的理论影响，我国一直将学校管理的相关事务纳入特别权力关系领域。这一划分将学校管理事务引起的争议排除在司法审查之外。随着法治社会的不断发展，即便是处于特别权力关系领域，也应把人权的保障置于首位。传统特别权力关系理论下的事项被认为是不可诉的，直至第二次世界大战之后，随着对人权保障的倡行，特别权力关系理论开始受到抨击并逐渐改良。

随着对特别权力关系理论的改良，特别权力关系理论在学校管理中的地位也发生了变化。最初，学校的任何管理及处分行为都属于学校自治权的一部分，并不具有可诉性。随着"重要性理论"的提出，虽然普通学校考试的评分问题不能寻求司法救济，但是入学、毕业或者学位、重要的考试评分都被纳入了司法审查的范围之中。相较于德国，日本法院对该理论的抨击是相对保守的。关于大学内部有关人事问题或是学生处分的问题，都可以寻求司法救济。然而，日本法院也认为，由于学校对学生的处分行为大多是基于教育及经验做出的，相比于法院，学校更为了解情况，自然也就知道何种处分更为适当，所以这些行为更多的应纳入自由裁量的事项，赋予学校更多的自治权。在法国，这类案件是由行政法院进行审理的。有关学术事项的案件，行政法院多年来用判例确定了尊重教师的专业权威和维持法院的最小监督相结合的审查标准。综上可以看出，面对学生基本权利的相关案件时，各国和地区的做法大致相同，就是提供司法救济。面对有关学术事项的案件时，即便各国的司法审查范围不尽相同，总体还是较为尊重学校的自由裁量权的。②根据特别权力关系的不断改进和各国对特别权力关系的界定，我国应当结合现实情况，确定我国学校与学生之间的关系。

---

① 杨金华. 公立高校与学生法律关系的重构. 教育评论, 2012, (1)：66-68.
② 杨雯钧. 试论司法介入特别权力关系的程度——以学校管理权限为视角. 法制博览, 2014, (12)：133-134.

我国高等学校与学生的法律关系不是自然发生的，必须具备法定条件、经过法定程序才能产生，根据《普通高等学校招生暂行条例》第三章、第四章、第五章的规定，学校按招生计划录取新生，学生报考学校必须符合法定条件，考生须参加全国普通高等学校招生统一考试，并要成绩合格才能被录取，而且要经过通知程序、报到程序和复查程序，学校与学生的法律关系才能形成。至于这一关系的产生是基于何种性质行为，目前尚无人对其进行系统分析。学者认为这种关系是基于一种行政行为产生的。[①]基于对我国学校与学生之间法律关系的探析，当学校在管理学生过程中，两者之间形成纠纷，应该破除特别权力关系中司法不介入审查的情形，保障学生的合法权益：①保障学校组织顺利实现教育目标，法律赋予了学校相当多的自由裁量权，即学校对很多事务享有自由判断并做出决定的权力。那么，学校作为公共教育机构行使其权力时发生侵害学生受教育权的状况时，也应当像在其他场合当人身权利、财产权利受到侵害能获得最终的司法救济一样得到相同待遇。正如日本学者所指出的："在特别权力关系中，在为实现其关系所设定的目的所必要的限度内，应尊重它的自主性的裁量权，司法审查不介入为维护内部纪律而采取的惩戒处分。但超过单纯的维护内部纪律范围，将特别权力服从者从特别权力关系本身排除出来的行为，或涉及有关作为市民在法律上的地位的措施，都将构成司法审查的对象。以学生为例，停学处分不构成司法审查对象，但退学处分则构成司法审查对象。该场合的救济应通过抗告诉讼谋求解决。"[②]②坚持穷尽行政救济原则。穷尽行政救济原则的确立能够保障行政机关的自主与司法职务的有效执行。从维护学校正常教育功能的角度来看，由学校及其上级机关利用申诉制度在行政机关内部先行处理，有利于学校的自主管理；从保护学生合法权益的角度来看，穷尽所有行政救济手段后再提起诉讼，有利于用多重程序来保障学生受到侵害的权利。简而言之，穷尽行政救济原则主要是为了使学生在权益受到侵害时，能够得到更快速的救济，同时有利于学校的自治。[③]

开除学籍是通过改变有严重违纪违规行为的学生与学校之间的在学法律关系，使学生丧失在此学校继续学习的资格，来达到教育目的的处分形式，是程度和影响最为严重的处分。因为开除学籍会导致学生彻底丧失在校学习的机会，所以在行使这项权利时，学校应当慎重。高等学校应该具有开除学籍的权利，有学

---

① 杨昌宇，许军. 特别权力关系之于我国高等学校与学生法律关系——兼论特别权力关系行政救济的可能. 黑龙江省政法管理干部学院学报，2002，(1)：37-40.

② 吕珀，洪星. 我国学校与学生间特别权力关系的反思. 武汉理工大学学报(社会科学版)，2005，(4)：573-576.

③ 石欣圆. 公立学校行政行为的司法审查——以特别权力关系理论为视角. 湖北函授大学学报，2013，(7)：34-35.

者对此专门做了分析：一方面，高等学校作为社会组织，其正常运转必定依赖于自身内部秩序的维持。这种秩序存在的根本意义在于保证高等学校的教育活动得以正常开展，学生的合法权益得到公平的保障。①为了建立和维持这种秩序，防止无序状态的形成，高等学校必须采取多种社会控制手段，开除学籍便是其中一种重要的控制机制，它通过对违反规范者的惩罚，对共同体内部成员所破坏的彼此的权利义务关系进行修复，从而保证共同体所需要的秩序。若当学生的严重违纪违规行为扰乱了这种必要的组织秩序，威胁到学校的正常运行和他人的正当利益时，高等学校却无权将其开除，那么学校的教育活动就无从开展，其他学生也无法正常学习。另一方面，高等学校作为专门的教育机构，其任务不同于义务教育阶段的学校。后者的主要任务是普及教育，保证"人人有学上"，使学生掌握在现代社会生存所必备的知识和劳动技能；而高等学校的主要任务并非使所有的人都接受高等教育，而是要根据一定的标准选拔和培养符合社会要求的人才，因此应当有权将不符合要求的学生开除，以保证其教育目的的实现。开除学籍权的行使，需要遵循法律保留原则，法律保留是指行政行为只能在法律规定的情况下做出，法律没设定的就不能做出。从我国对受教育权的保障分析来看，高校对违纪学生的处分应以不侵害学生的合法权益为前提，开除学籍作为对公民受教育权的一种侵害，是不符合以上法律条文的内在精神的，是对相关法律条文的曲解。受教育权这一基本权利源于最高权力机关的立法，从严格意义上说，只有拥有立法创制权的合法机关才有权决定在何种情况下限制或剥夺公民的受教育权，除此之外的任何规范性文件都无权设定学生身份处分权。受教育权应属于法律绝对保留范围，即对学生受教育权的限制或剥夺只能由法律来规定，这里的法律只能是最高权力机关所制定的规则。②

种类6为民办学校的法律性质研究，包括民办学校、法律性质等关键词。民办学校是指由公益法人或自然法人自筹经费、自主经营与管理的面向社会专门提供选择性教育服务的学校或教育机构。需要指出的是，无论是从概念的内涵还是外延看，我国的民办学校并不完全等同于国外一般的私立学校（主要由慈善性的财团法人举办），突出表现为：举办民办学校的主体既包括各种财团法人或社团法人办学，也包括个人办学，甚至包括各种法人与个人的混合体办学；举办民办学校动机的多重化，有的是以非营利为目的，有的是以营利为目的，有的是二者兼而有之；民办学校财产所有权安排并不一定是私有学校，它既包括公有的民办学

---

① 罗爽. 我国公立高等学校开除学籍权的法理问题研究. 中国高教研究，2010，(4)：47-49.
② 刘稳丰. 以法律保留原则为视角：开除学籍设定之思辨. 湖南师范大学教育科学学报，2009，(3)：104-107.

校，又包括私有的民办学校。①

因为对民办学校概念界定的不同，关于民办学校具有什么样的法律性质和地位也有不同学说，主要有以下观点：①公务法人地位说。该学说认为，私立学校与公立学校具有同等的法律地位及相同的自治权，二者均为非营利性组织，私立学校与其利用者之间的关系，理论上也属于特别权力关系。②特别是对于一些实施学历教育的民办学校，其在特定情况下所具有的一些权力，如根据《民办教育促进法》第二十五条规定的颁发学历证书、结业证书或者培训合格证书的权力，以及对学生的奖励、纪律处分权等，从现代法治的观点看，私立学校是一种特殊的公务法人，具有行政主体之代表组织的性质。②社团法人说。该学说认为，私立学校采用社团法人形态在我国不仅有广泛的实践经验，还有相应的法律规定。特别是社团法人能够适应各类学校的不同需求，具有较强的适应能力。在我国信托法律制度尚不发达的情况下，采用社团法人的形态是一个可以被广泛选择的方案。③财团法人说。该学说认为，私立学校法律制度的建立一定要体现出两个特点，即私立学校"私"的性质及"以自愿求公益"的特点。③将私立学校定位为财团法人能够确保私立学校的公益性，又能满足私立学校自主性的客观要求。我国私立学校被纳入民法法人制度和财团法人制度具有可行性，建立私立学校财团法人制度有利于明晰我国私立学校产权关系。④准公益性或准营利性法人说。该学说认为，目前"准营利性"（或"准公益性"）是我国民办教育的最大特性与典型特征。民办教育捐资办学和投资办学不分、民办学校营利性与非营利性模糊不清导致了我国民办学校领域存在持续多年的争论。在实践中，一方面，大量民办学校按照民间非营利组织形式登记，依据非营利组织资格享受税收、土地等政策优惠。另一方面，民办学校在实际运作中又不严格遵守非营利组织的国际通则，从事各种营利性的行为。因此，应从我国民办学校当前特点和实际出发，将我国民办学校定位为"准营利性民办学校"。⑤非营利组织（第三部门）说。第三部门，是除政府部门和企业以外的不以营利为目的的一切向社会提供服务的组织，又称为非营利组织。对非营利组织概念的界定有多种范式。从"结构-功能"的定义范式看，民办学校具备第三部门的基本特征，即正规性、民间性、非营利性。④有学者认为，立法者根据是否"以营利为目的"为主要标准将法人类型分为企业法

① 宁本涛. 论民办学校的范畴和性质. 教育理论与实践, 2002, (10)：21-25.

② 林卉. 私立学校公务法人地位问题之初探. 行政法学研究, 2001, (3)：97.

③ 吴开华. 论建立我国私立学校财团法人制度. 现代教育论丛, 2001, (2)：25.

④ 吴开华. 论我国民办教育的准营利性(准公益性)特征. 教育科学, 2008, (2)：37-40.

人和非企业法人，而教育机构从事业性质上说具有社会公益性，但事实上，多数民办教育机构具有营利性，所以才出现不同的划分标准。

虽然标准有很多种，但是其并不能成为排除民办学校属于事业单位法人的理由。这是因为：①从法律位阶效力来看，民办教育中存在的法律或者条例都不能与《教育法》《民办教育促进法》相冲突。既然上位法明确将民办教育的法律性质定位于公益性事业，那么民办学校作为一种社会组织，在法人性质上理所当然属于公益性事业，而且只有这种定位才能真正体现"民办教育事业属于公益事业，是社会主义教育事业的组成部分""民办学校与公办学校具有同等的法律地位"的立法意愿，否则，无法保持法律规定及对法律理解的一致性。①②赋予民办学校独立私法人地位，有利于民办学校的办学。赋予民办学校独立的私法人地位，有利于发挥民办学校办学特点灵活、自主性强的优势，减少政府的不当行政干预。特别是在我国，传统上缺乏市民社会的理念，公权力肆意扩张并日益侵入私权利领域，所以，在民法中规定公法人与私法人概念的划分，体现了一种政治国家与市民社会相分离的理念，是现代政府理念的一种进步。私立学校较公立学校具有更大的自主权和自治空间，政府一般仅对其享有一定范围内的监督权和干预权。将民办学校定位为公法人，很容易使其成为政府进行过度干预民办学校的依据。②③"是否营利"并不等于"以营利为目的"。《民办教育促进法》第五条规定："民办学校在扣除办学成本、预留发展基金以及按照国家有关规定提取其他的必需费用后，出资人可以从办学结余中取得合理回报。"这一立法规定事实上确认了事业单位有营利性和非营利性共存的方式，但是这里规定的"取得合理回报"并不等于"以营利为目的"，否则就完全背离了教育的本质和目的①。

种类 7 为学校法制教育研究，包括学校教育、法律基础、法律意识、法制教育、中等职业学校、法律教育、法律保障等关键词。在依法治国方略的背景下，树立法律意识、维护法律权威及自觉守法是对现代人才的新要求，是推动和维护依法治国有效运行的重要保障。法制教育是实现依法治国的重要手段，学校肩负着教育学生的重任，所以要采取措施，切实加强法制教育。

目前，我国的学校法制教育工作虽然取得了一定成绩，但还存在一系列薄弱环节：①对法制教育工作重视程度不够。虽然我国普法教育已进入第六个五年计划，法制教育的重要性一再被强调，但是具体落实到教育实践中，"说起来重要，

---

① 彭斌. 论民办学校事业单位法人性质. 法制博览, 2014, (3): 246.
② 张利国. 民办学校私法性质界定的缺陷及其立法建议. 现代教育管理, 2011, (6): 54-57.

干起来次要，忙起来不要"的现象十分普遍和严重。法制教育缺乏长远的规划，缺乏明确的培养目标，缺乏系统的课程设置，缺乏统一规范的教材，缺乏专业的法律教师，缺乏足够的教学活动经费，等等。很多学校的法制教育未落到实处，法制教育往往流于口号和形式。①②学校法制教育内容存在偏颇。哲学家罗素针对英国当时的教育状况曾经说过，在青年人的面前，教育提供的观念是那么平庸，无非是教人学会往上爬的技艺，缺少对个人的尊重精神。实际上，罗素强调了重视教育和培养人的观念和思想的重要性。学校是一个学习知识的地方，更是一个培养思想观念的地方。目前，虽然学校法制教育均以提高学生法律素质为目标，但是一些大学、中小学将一些触目惊心的违法犯罪案例或者将一些因矛盾激化到不可调和而走向极端的个案作为法制教育的主要内容。实际上这种教育并非法治意识教育，结果并没有能很好地将守法内化为学生的一种主动意识，形成学生的法律素质。法制教育内容设计上的偏差应该是目前学校法制教育难以达到目标、出现问题的主要症结所在。②③教师本身素养有待提高，随着时代越来越趋向经济化的发展，社会中充满各类诱惑，一些教师在思想素质和法律素养上存在问题。比如，一些教师参与赌博或者为了获取更多的报酬在外兼职，忙于教育教学活动之外的事务；还有的教师只注重教授学生书本的知识，而忽略了对学生日常生活中思想政治工作和道德品质的培养；更有教师不顾及形象，未发挥为人师表的榜样作用。

法制教育不可或缺，结合上述现象，可以着手从以下方面做出改进：①转变观念，更新法制教育模式。③转变观念，建立与社会主义市场经济相适应的法制教育模式，才能对学生进行法制教育。首先，从封闭式向开放式转变。社会发展瞬息万变，极易令人迷失和失范。因此，法制教育不仅是单向的知识教育，还应以社会为背景，通过建立相对稳定的社会实践活动基地，为学生走向社会创造切实可行的条件，接受社会的冲击和"洗礼"，找到法律与社会现实的互动轨迹，把握社会发展的主流方向，增强对不良现象和思想侵蚀的抵抗能力，远离不良现象，形成依法而行的自主行为。其次，从灌输式向引导选择式转变。以法律知识为基础，结合马克思主义、邓小平理论的基本观点、社会主义育人的方向、新时期党的教育方针，并针对社会主义市场经济运作过程中出现的负面效应，通过理论联系实际，给学生讲清楚，使其提高思想，升华认识；同时，积极培育学生分析、

---

① 陈桂香. 学校法制教育存在的问题及对策. 当代教育科学，2007，(Z1)：100-101.

② 贾志民. 从法治意识培养谈学校法制教育. 河北师范大学学报(教育科学版)，2009，(10)：104-107.

③ 王艳霞. 关于加强学校法制教育的思考. 教育理论与实践，2001，(4)：60-61.

处理问题的方式和技能，使学生学会从纷繁复杂的社会现象中选择正确的行为取向，并转化为自己的思想信条和行为准则。最后，从认知式向践行式转变。践行是法制教育的重要途径，也是其重要目的。学生不了解社会，认识和实践脱节，就易被不良现象和作风影响。因此，既要加强法律基本理论、基本知识和基本技能的训练，提升理论素养，提高认知水平，又要重视践行，如通过组织学术讲座、庭审观摩等，使学生加深对社会运行规则的理解和熟知，从而促使学生信仰法律，崇尚法制，知行统一。②构建法制教育的良好育人环境。学校作为教书育人的场所，应构建适于学生遵纪守法、健康成长的环境，包括法制教育的硬件建设和软件建设。硬件建设是学校进行法制教育的物质基础，学校应在全校范围内建设具有较高水平的、有助于推动和大力开展法制宣传教育的系列化设施，包括多媒体、开放型机房、教学应用网络等；软件建设是法制教育的精神基础，中职学校应努力营建既具有中国特色又符合本校传统的校园文化氛围，让学生在较高的文化品位和优良的校风中接受现代法律的熏陶和传承。①③采用多种形式的教学方法。法律是一门应用性、实践性很强的学科，法制教育必须摆脱单纯的课堂灌输模式，要采用理论联系实际的教学方法，加大活动课程的比重，通过多种形式的教学使学生掌握法律知识、增强法治观念。第一，教师在课堂教学中，应当多采用案例教学法，通过社会生活中真实的案例，引导学生将法律知识与现实生活联系起来，教会学生从法律的视角分析、解决社会问题，指导自己的社会生活。第二，学校应当广泛开展第二课堂活动，对课堂教学进行补充，通过法律报告、演讲、辩论、知识竞赛、征文、模拟法庭等各种活动形式，让学生通过生动活泼的形式牢固掌握法律知识，增强法治观念。②

第二节　学校法律问题研究领域的未来展望

一、深化学校招生权与学位授予中的法律问题研究

现今，为了巩固学校办理的自治理念，招生工作的模式也呈现多样化趋势，其在招生上拥有高度的自由。这在拓宽高校办学自主权的同时，也引发了不少问

---

① 胡文丽，张萍. 关于学校法制教育的现状调查及研究对策. 中国职业技术教育，2007，(34)：22-23.
② 陈桂香. 学校法制教育存在的问题及对策. 当代教育科学，2007，(Z1)：100-101.

题，我国高校在招生录取阶段还欠缺完善的保障机制，这就促使学生在与学校发生冲突时要考虑如何保障自己的合法权益。依据我国《教育法》《高等教育法》《学位条例》等规定，高校学位授予权首先表现为高校内部管理权，是国家教育管理权的延伸，体现为行政法律关系上的具体行政权力。既然学位授予可以看作学校的行政权力，那么与学生发展切实相关的学位证书纠纷被纳入行政诉讼受案范围是很必要的，对其进行深入研究有利于进一步保障学生的受教育权。

二、增强学校与政府和中介机构的法律关系研究

调整学校与政府的关系，是当下中国教育改革必经的重要环节之一。建立现代学校制度的核心也在于政府教育职能的转变与重新定位，在于学校自主办学动力的激活。在高校改革过程中，政府与高校的关系是高等教育改革的重要内容，它关系着高校办学自主权及法人地位是否能真正得到确认。高校与政府的法律关系涉及如何用法律规范高校，赋予其何种权利、义务和责任，只有理顺高校与政府的法律关系，才能确保高校健康、持续、快速地发展。

三、加大学校内部治理结构中的法律问题研究

高校内部治理结构的本质是高校适应现代社会复杂环境、提高治理水平的运行机制，利益相关主体在遵循内部发展逻辑和契合外部环境的互动博弈中实现力量平衡。单就参与治理的主体权力来看，就存在政治权力强化、行政权力泛化、学术权力异化和民主权力虚化等一系列问题，高校政治权力与行政权力占据绝对领导地位，以学术权力为代表的符合新时代高校治理精神的权力主体退到了次要的位置。通过完善高校内部治理结构，找到一条既符合高等教育发展规律又符合国情的中国特色高等教育发展道路，构建有利于我国高校发展的长效治理机制，成为增强高校自主办学治校能力、推进现代大学制度建设的关键。

四、加强国外学校法律问题研究

当前，我国在学校法律问题上仍处于起步晚、体系不够完善的阶段，对于很多问题概念的界定不明晰，造成了实践中纠纷不断且诉讼过程难的现状。国际上许多国家的学校法律问题研究已经达到完备程度，尤其是美国、英国、德国等国

家在许多方面都处于世界领先地位。比如，上文提到的特别权力关系在学校管理中的运用，应该如何定位学校与学生基于各种不同处分而引发的诉讼结果不同，在矛盾不明确、难以寻找到合理解决方法的时候，就可以借鉴国际上先进的理念和成熟的经验，结合我国国情，探索适合我国现状的解决问题的方法。

五、强化学校法律实务研究

随着法制思想在社会中的传播，人们的维权意识不断增强。学生和学校办学的多样性，引发了两者之间越来越多的矛盾和纠纷。校园恶性事件的频繁发生将校园安全问题提升到了前所未有的高度。如何利用法律的武器维护自己的合法权益以寻求自我救济和公力救济，是我们在校园侵权案件发生后必须考虑和慎重对待的问题。其中，具体责任应如何划分，是整个纠纷处理过程中至关重要的问题。对这类事件的性质要做出正确的判定，归责原则的适用要合乎情理，及时有效地对出现的问题进行处理，这样才能保证实现对学生及学校的合法权益的维护。因此，强化学校法律实务研究，对学校展开正常教育教学活动具有极大的意义。

第六章
教师法律问题研究热点的共词可视化

教师职业的产生是人类文明史发展的必然要求，教师劳动既是脑力劳动，又是体力劳动，教育活动以教授专门知识和技能为基本目标，以学校的产生为标志。教师是教育存在的最基本要素之一，离开了教师的教育是不存在的。因此，在教育教学活动过程中，了解教师所应具有的权利和义务，以及该如何维护自身合法权益和履行自身义务，是每一位教师需要迫切掌握和了解的。我国《教师法》第二条规定，《教师法》的适用对象是"在各级各类学校和其他教育机构中专门从事教育教学工作的教师"，第三条进一步限定了"教师是履行教育教学职责的专业人员"，其使命是"教书育人，培养社会主义事业建设者和接班人，提高民族素质"。因此，教师是指在各级各类学校中专门从事教育教学工作的专业人员。

教师法律问题研究热点的研究资料来源于"中国学术期刊网络出版总库"，采用标准检索，将期刊年限设定为"1985—2015 年"，指定期刊类别为"核心期刊""CSSCI 来源期刊"，以"篇名"为检索条件，设定"教师"并含"法律"为检索内容，共获得相关文献 475 篇，为了保证研究的可靠性与有效性，采取排除会议纪要、人物专访、报纸评论、刊物征稿要求、征订启事、刊物总目录信息等非研究型文献的方法，得到 427 篇有效文章，形成研究资料。

第一节　教师法律问题研究热点高频关键词与相异矩阵及聚类分析

一、教师法律问题研究高频关键词词频统计与分析

通过对我国教师法律研究文献的关键词进行统计，共得到 1090 个关键词，最

终确定高频低频词阈值为 6，统一同义词后，得到 48 个高频关键词，其排序结果如表 6-1 所示。

表 6-1　48 个教师法律问题研究高频关键词排序

序号	关键词	频次	序号	关键词	频次	序号	关键词	频次
1	教师	95	17	法律保障	14	33	劳动关系	7
2	法律关系	46	18	教育法律	13	34	教学职责	7
3	《教师法》	46	19	法律素养	12	35	法律素质	7
4	法律地位	43	20	学生合法权益	12	36	行政合同	7
5	法律意识	25	21	高等学校	12	37	教师学	7
6	聘任制	24	22	中小学教师	12	38	法制教育	6
7	高校教师	23	23	教师权利	12	39	教育立法	6
8	法律	20	24	高校	12	40	法学教师	6
9	教师聘任制	19	25	公立高校	11	41	教育行政机关	6
10	依法治教	19	26	法律身份	10	42	民办教育	6
11	法律保护	17	27	教育法律法规	10	43	义务教育	6
12	聘任合同	16	28	教师资格	9	44	教师职务	6
13	法律救济	15	29	变相体罚	9	45	职业道德	6
14	劳动合同	15	30	权利	8	46	未成年学生	6
15	法律责任	15	31	申诉制度	8	47	教师聘任	6
16	聘用合同	14	32	法律规范	7	48	教师权益	6
						合计		724

如表 6-1 所示，48 个高频关键词总呈现频次为 724，占关键词出现总频次的 34.07%，通过前 48 位的关键词排序，我们可以初步地了解到 1985—2015 年我国教师法律研究领域的集中热点和趋势。其中，前 8 位关键词频次均大于或等于 20，依次为教师（95）、法律关系（46）、《教师法》（46）、法律地位（43）、法律意识（25）、聘任制（24）、高校教师（23）、法律（20），其余 40 个关键词出现频次均大于或等于 6。这一结果初步说明，学生法律研究多围绕教师与《教师法》、法律关系与法律地位、聘任制与高校教师等方面展开。

二、教师法律问题研究高频关键词的相异矩阵及分析

利用 BICOMB 共词分析软件，将上述 48 个高频关键词进行共词分析，生成词篇矩阵后，再将矩阵导入 SPSS19.0 软件，选取 Ochiai 系数并其转化为一个 48×

48 的共词相似矩阵。在进行多维尺度分析时，采用"1-相似矩阵"的方法将此相似矩阵转化为相异矩阵，结果如表 6-2 所示。

表 6-2　教师法律问题研究高频关键词 Ochiai 系数相异矩阵（部分）

关键词	教师	法律关系	《教师法》	法律地位	法律意识	聘任制	高校教师	法律
教师	0.000	0.743	1.000	0.703	0.959	0.832	1.000	0.771
法律关系	0.743	0.000	0.783	0.775	0.971	0.850	1.000	1.000
《教师法》	1.000	0.783	0.000	0.865	0.912	1.000	1.000	1.000
法律地位	0.703	0.775	0.865	0.000	1.000	0.907	0.968	1.000
法律意识	0.959	0.971	0.912	1.000	0.000	1.000	1.000	1.000
聘任制	0.832	0.850	1.000	0.907	1.000	0.000	0.787	0.909
高校教师	1.000	1.000	1.000	0.968	1.000	0.787	0.000	0.953
法律	0.771	1.000	1.000	1.000	1.000	0.909	0.953	0.000

如表 6-2 所示，各关键词与教师法律中的教师关系距离由远及近的顺序依次为：《教师法》（1.000）、高校教师（1.000）、法律意识（0.959）、聘任制（0.832）、法律（0.771）、法律关系（0.743）、法律地位（0.703）。这个结果说明，人们在谈论教师法律时，将"教师"与"法律地位""法律关系""法律"结合起来论述的成果较多。同时，通过对表 6-2 中系数大小的进一步分析发现，"法律关系"与"法律地位""教师"经常呈现在一起；"聘任制"与"高校教师"较多地呈现在一起。这初步说明，在学生法律领域，学界会经常研究教师的法律地位和责任、高校教师聘任制等问题。

三、教师法律问题研究高频关键词聚类及其分析

将表 6-2 的高频关键词相异系数矩阵导入 SPSS19.0 软件进行聚类分析，得到的聚类结果如表 6-3 所示。根据聚类分析结果显示的聚团连线距离远近，可以直观地看出，教师法律研究高频关键词可分为六类：教师权利及其法律救济研究（种类 1）、高校教师职业道德与法律规范研究（种类 2）、中小学教师法律权利及其法律保障研究（种类 3）、《教师法》及其教师法律素养与法律责任研究（种类 4）、义务教育教师法律身份研究（种类 5）、教师的法律地位及其教师法律制度与教师聘任合同的法律问题研究（种类 6）。

表 6-3 高频关键词聚类结果

种类	关键词
种类 1	法律救济、教师权利、法律保护、教师权益
种类 2	高校、法学教师、法律规范、职业道德、高校教师
种类 3	法律保障、权利、法律、中小学教师
种类 4	法律意识、法制教育、依法治教、教师学、教育立法、《教师法》、学生合法权益、教育法律法规、变相体罚、教育法律、法律责任、未成年学生
种类 5	法律身份、义务教育
种类 6	法律地位、民办教育、教师、法律关系、聘任制、高等学校、公立高校、申诉制度、教育行政机关、教师资格、教师职务、教师聘任制、劳动合同、聘用合同、行政合同、劳动关系、聘任合同、教学职责、教师聘任、法律素质

种类 1 为教师权利及其法律救济研究,包括法律救济、教师权利、法律保护、教师权益等关键词。我国《教师法》规定,教师权利主要包括教育教学自主权、学术自由权、指导评价权、获取报酬权、参与教育管理权、培训进修权及申诉权等。由于高校教师进行的教育活动、教育目的与基础教育差异较大,因此高校教师对以上权利的具体表现有所不同。

首先是教育教学自主权。在课程组确定一个总的课程标准和课时之后,教师有权利依据课程标准制订适合自己的教学计划。[①]学校行政管理与教师教学活动是高校教育中紧密联系的两个方面,教学秩序需要行政管理引导,但高校行政方不应过多干涉教学,脱离学生评价的校方评估只会将教育引向歧途,让教师和学生成为教学的主体才是行政方迫切需要转变的观念。合理的教学管理要做到为而有"度",只有遵循教学的规律,才会成就一流的教育。

其次是学术自由权。高校教师学术自由权是教师权利的应有内容。不过,高校教师的学术自由权与教师特殊权利之间并不是完全对等的关系,而是部分与全部的关系。"教师的学术自由权主要指教师在教育教学、教育评价、科研等方面的权利,其内在涵义可以从以下两个方面来理解:①教学自主权。即高校教师可以根据学校的教学计划和专业培养要求等具体规定,自由地组织教学活动。高校教师可按照教学大纲自主确定教学进度和教学内容;根据不同教育对象,自主确定教育形式和教学方法,以更有利于学生的学习和发展;根据有关要求,并按照自己学识水平、教师基本行为准则和教师应具备的人格魅力,对学生的品行和学业成绩自主做出尽可能客观和公正的评价。②科学研究自主权。高等学校是科学研

---

① 谭九生. 高校教师权利救济制度及其完善的思考. 高教探索,2009,(2):18.

究的主要阵地和社会创新的核心动力，学术研究应当具有相当的重要性。"[1]高校教师在完成规定的教育教学任务的同时，应努力从事教学和科学研究。

最后是指导评价权。依据《教师法》第七条第三项，教师享有"指导学生的学习和发展，评定学生的品行和学业成绩"的权利。"教师的学业和品行评定权是独立于教师享有的学校教育权的：①基于法律的规定，两项权利是分别规定的。②学业和品行评定与教师学校教育权的行使虽有联系，但两者之间没有法律上必然的直接的关系，学业和品行评定权可以独立存在和行使。"[2]这是专属于教师的权利，除了教师法之外，法律法规没有赋予任何其他公民或职业有"学业和品行评定"的权利。从我国现有法律体系来看，教师所拥有的权利贯穿于整个教学活动，但在具体教育实践中，教师权利受损状况时有发生，因为缺乏权利救济和纠纷解决机制，所以教师权益受损后求助无门，教师职业安全感随之降低，精神和工作压力增大，具体表现在：①教师实用法律救济渠道单一化。关于教师权利救济制度，除《教师法》等几部教育法律和行政法规中有相应的规定外，其余的体现在大量的行政规章和其他规范性文件中。这些法律法规、规章和规范性文件比较分散，分属于不同的法律部门，不具备系统性而且不同法规中表述不一，前后缺乏连贯性。[3]目前，能专门适用的法律救济途径只有《教师法》中规定的申诉方式，并且规定十分简略，存在诸多不足，即使教师运用此种途径进行维权，也是困难重重。②程序法不够健全，落后于实体法。法律法规的条文本就多为原则性表述，经常出现比较抽象、难以理解的情况，加之我国属于传统的成文法国家，具有"重实体轻程序"的倾向，导致描述性、抽象性的法律规范条文在实践中缺乏可实施性，难以发挥真正的作用，无法保障教师合法权益落实过程中的公平公正，从而失去法律权威性。③教师身份定位模糊，与学校的法律关系难以确定。教师的身份认定问题一直存在较大争议。有观点指出教师是"国家公职人员"，但不是国家行政机关的公务人员；而《教师法》第三条规定"教师是履行教育教学职责的专业人员"。对教师身份的认定直接影响学校与教师关系的确定，也就影响两者发生纠纷时，应该通过何种途径解决。④教师的法律维权意识较为淡薄。在高校管理的手段下，一些教师在权利受到侵犯时，担心维权时会遭遇不公正的处理，只能选择默默隐忍而不是使用法律武器维护自身权益。

教师是学校的重要组成部分，保障教师依法享有各项权利，是提升学校教育

---

① 何秋钊. 试论高校教师学术自由权及其内部保障. 社会科学研究, 2005, (4)：190-193.
② 文达. 我国高校教师权利内容探析. 贵州工业大学学报(社会科学版), 2008, (1)：69-71.
③ 王宏宇. 依法治校视野下教师权利及法律救济制度研究. 教育探索, 2015, (5)：129-131.

教学质量和组成强大师资队伍的应有之意，所以面对教师权利救济的种种困难，应从以下几个方面进行改进：①进一步明确教师的法律地位，保障教师合法权利。不少国外法律都将教师规定为国家公务员或国家公务雇员，这样的法律地位有效保障了教师工作的稳定性和职业吸引力。我国教师从职业特点上具有公共性质，使学校或教育部门与教师之间构成一种行政法律关系，事实上的公务员职业特点和现实中教师法律地位相适应，因此，可以考虑将教师定位为国家公务员。②建立健全教师权利法律救济体系。有法可依是法律保护手段能够实施的首要前提，我国当前教师权利法律救济体系仍然存在着立法质量不高、可操作性不强等问题。因此，首先要提升立法的层次，增强法律效力，修改现有法律中与实际情况不相符合的部分，废除已经不再适用的条文，同时填补还存在的立法空白。其次要细化教师权利救济制度的规定，力求规定全面、具体、规范、可操作性强，如应当明确申诉时限。从《教师法》现行规定中可以看出，教师向有关部门提出申诉，如果其故意拖延或者不履行职责，教师应如何应对，这一问题并没有规定在内，所以应当设置一个合理的期限作为有关部门履行职责的参考期限。③健全程序保障措施。程序法是实体法实现的基本保障，实体法所规定的权利和义务如果不经过具体的判决就只不过是一种主张或"权利义务的假象"。[1]要想实现实体法中规定的内容，就要想方设法让其在实践中发挥作用，学校内部可以设立调解委员会和申诉机构，当教师和学校发生纠纷时，调解委员会和申诉机构要平衡教师与学校之间的关系，对学校相关规章制度做出申诉结论或调解意见。当教师受到不公正处理后，要积极运用告知权利、听取申辩、举行听证会等一系列正当程序，让法律救济落到实处。④提升教师的法律意识，十八届四中全会提出："法律权威源自于人民的内心拥护和真诚信仰。人民权益要靠法律保障，法律权威要靠人民维护。"法律的实施不是只靠国家制定抽象的法律条文，更重要的是要使作为法律主体的个人能够把法律运用到实践中。因此，应当提高教师的法律意识和维权意识，在合法权益受损时，不能只是一味地消极地不作为，而应当拿起法律武器保障自己的权利。

种类2为高校教师职业道德与法律规范研究，包括高校、法学教师、法律规范、职业道德、高校教师等关键词。高校承担着人才培养、科学研究和社会服务三大主体功能，教师履行着教书育人的职能，在职业生涯中遵守职业道德和法律

---

① 王慧. 试论高校法治文化及其建设进路——关于《全面推进依法治校实施纲要》的几点思考. 鸡西大学学报，2014，（3）：24-27.

规范是高校教师立德树人的根本所在，也是建设中国特色高等教育的必要条件。高校教师的职业道德，称为师德，是高校教师在从事教育劳动过程中所形成和遵循的，与高校教师的职业特点相适应的各种道德规范及由此产生的道德观念、道德品质之和。职业道德建设的核心是教师自身的素质，也就是自我修养。教师自身修养是提高教师队伍素质的持续动力。为此，教师应敬业爱生、为人师表，始终保持积极向上的职业态度，甘于寂寞、乐于奉献，自觉用师德行为规范来衡量自己的言行举止，提升和完善自我。高校的良性发展离不开高素质的教师，教师是高校建设中提升实力的核心所在。提高高等教育质量，实现高校的科学与和谐发展，打造核心竞争力，需要建立一支政治素质强、业务水平高、教学科研经验丰富的教师队伍，而教师自身职业道德的建设是加强一流教师队伍、实现高校科学发展的必然要求。[①]高校教师要通过自身努力，以身作则，为高校的发展建设做出贡献。同时，作为社会公民，道德建设是自我发展的需要，党的十八大报告中提出："全面提高公民道德素质"，"抓好道德建设这个基础，教育引导党员、干部模范践行社会主义荣辱观，讲党性、重品行、作表率，做社会主义道德的示范者、诚信风尚的引领者、公平正义的维护者，以实际行动彰显共产党人的人格力量"。高校老师在学校中与学生朝夕相处，是学生学习的典范和榜样，教师好的风尚道德也会潜移默化地影响学生。学生是未来国家建设的中流砥柱，使其形成良好的道德品质，成为可用之才，是国家发展教育事业的重中之重。高校教师在素质教育建设中处于主力军地位，是促进教育教学改革成功推进的重要一环，在素质教育中要培养学生的创新能力和实践能力，同时加强思想政治教育。在改革过程中，不仅要改变传统的教学模式，还要以崇高的职业道德作为指引，把更多的热情投入到教育工作中去。

在依法治国政策的指导下，高校的发展也离不开制度监管和法律保障。高校教师是高校的主要组成部分之一，所以高校教师要树立法律意识，自觉学法、知法、懂法、守法、用法，认真贯彻执行我国高等教育中有关法律法规的规定，积极履行党的教育发展规划、方针、政策。高等教育事业在实现全面、科学、和谐发展的过程中，必须做到有法可依、有法必依、执法必严、违法必究。我国国家行政机关根据教育发展规律和国情制定及颁布的所有有关教育的法令、条例、规则等规范性文件，统称为教育法规[②]，这是国家发展教育事业所应遵循的根本依

---

① 张硕. 高校教师遵守职业道德和法律规范的重要性分析. 大学教育，2014，(8)：34-35.
② 张巍. 浅谈高等教育法规管理. 辽宁高等教育研究，1990，(4)：62-65.

据。在社会环境和教育事业不断发展的背景下，要进一步完善有关高等教育发展过程中的法律体系，形成有效的、可实施的体制机制。教育事业是一个长期战略，具有继承性和创造性，更要有战略性和稳定性。高校教师遵守法律法规，有利于党的教育方针和国家教育战略实行到位，按照教育自身发展的基本规律科学执教、依法治教；有利于学校形成自觉守法、自觉维护法律尊严的良好风气，有效避免教育领域的犯罪行为。另外，还需要注意，教育活动本来就是人与人之间进行的活动，高校是教师进行专业知识和思想观念传播和交流的地方，教师的行为很大程度上带有随意性，因此需要良好的个人素质进行自我约束，但是只凭自觉难以达到行为规范的要求，必须辅之以法律法规作为不可触碰的底线来加以约束，当触犯法律时就要受到法律的处罚。有了法律规范行为，一方面可以惩处有违纪违法行为的人，另一方面可以对其他教师起到警示作用，如此高校教师才能自尊自律、清廉从教，做到坚决抵制学术失范、学术不端及其他不规范的行为，勇于承担责任和义务。高等教育事业的发展与国家前途命运息息相关，高等教育担负着培养优秀青年的重任，是办好教育的希望。

种类 3 为中小学教师法律权利及其法律保障研究，包括法律保障、权利、法律、中小学教师等关键词。中小学教师是基础教育课程改革中发挥重要作用的主体之一，所以对中小学教师的要求也越来越高。目前，中小学教师合法权益受到侵犯的现象较为普遍，主要表现为以下几点。

1）教师在教育教学过程中不能充分行使主导权。我国教育法律规定，自主从事教育教学工作是教师首要的合法权益。任何组织和个人都不得干涉和剥夺教师的这一基本权利。[①]但是在现实中，教师的这项权利往往受到不同方式的侵犯。首先，许多学校在教室内安装监控器，一方面是为了监督学生的上课和考试情况，另一方面是为了监督教师是否按时上课或者在课堂上是否有不妥言辞举措，这种过度监控反而影响了正常教学活动，也侵犯了师生的人格尊严。其次，学校实行教师评教制度，这项制度的初衷是为了促进教师发展，主要是想通过学生对教师的评判，督促教师弥补教学不足。但在实行过程中有些学生存在评价情绪化现象，故意给任课教师打低分或者做出较差的评价，这在一定程度上对教师造成了不良影响，进而影响课堂教学质量和成果。再次，有的学校设立投诉制度，便于学生和家长向学校反馈教师的不妥行为，但是，有的家庭对子女过于溺爱，导致教师进行正当批评教育而遭家长投诉的事件屡见不鲜，通常，学校为避免过激的社会

---

① 王卫东. 当今中小学教师权益问题：基于现实的思考. 教育科学研究，2005，(2)：5-9.

舆论，便主张教师出面道歉，这种做法严重干扰了教师的正常教学工作。

2）教师的劳动付出与报酬不相符。中小学教师在授课过程中，长期以来没有得到与其劳动相符的报酬待遇。《教师法》第六章第二十五条规定："教师的平均工资水平应当不低于或者高于国家公务员的平均工资水平，并逐步提高。建立正常晋级增薪制度，具体办法由国务院规定。"但是长期以来，教师的工资水平仍低于国家公务员的工资水平。基础教育教学工作的教学对象特殊，中小学教师不仅要教学，还要育人，同时面临升学、考评、学生心理健康建设等多重压力，劳动付出远超出所获得的工资薪酬。并且在我国一些地区仍存在着不同程度的拖欠教师工资的情况，在广大农村地区，这一问题尤为严重。教师工资拖欠问题始于20 世纪 80 年代后期，在其后二十几年的时间里，几经整治，又几经反复，一度使得《教育法》中有关保障教师基本权益的条文形同虚设。①剥夺教师按时获得报酬的权利，对于教师教育教学的积极性是一种打击，给教育事业的发展带来了危害。

3）劳动时间严重超出国家规定时间。《劳动法》第三十六条规定："国家实行劳动者每日工作时间不超过八小时、平均每周工作时间不超过四十四小时的工时制度。"但有研究者统计发现，教师日均劳动时间为 9.67 小时。②因为中小学生还处于年纪较小、各方面能力都比较欠缺的时期，从生活到学习都属于教师管辖的范围，因此加大了教师的日常工作量。很多教师周末还需要加班，过大的劳动强度不仅影响教师的身心健康，还侵犯了中小学教师应有的休息权。

4）教师的正当惩戒行为遭到过度限制。惩戒权是教师基于特定职业所享有的管理学生的权利。在现代学校治理过程中，存在对惩戒权权利性质认识不明、权利实际行使力度不足等问题。社会教育整体从传统"打骂教育"转变为"素质教育"，教育方式思维的转变使教师惩戒权成为教育教学活动中的"雷区"。政府和学校为避免与学生及家长产生不必要的纠纷，过度限制教师行使惩戒权，导致一些教师不敢行使这一权利，或者对权利内涵了解甚少。教育有其自身的规律，没有惩罚的教育是不完整的教育，"合理地使用惩罚是教师的专业权利和义务"③。尽管惩戒是实现教育目标不可或缺的手段，尽管教师拥有惩戒权，"有权对教育活动的整个过程施加某种影响和控制"④，但传统的教育观念使不少社会成员对教

---

① 张玉林. 目前中国农村的教育危机. 战略与管理，2004，(4)：38-48.
② 李菊华. 谈教师的心理健康和心理调适. 郑州铁路职业技术教育学院学报，2002，(1)：34-36.
③ 檀传宝. 论惩罚的教育意义及其实现. 中国教育学刊，2004，(2)：20-23.
④ 高德胜，周英杰. 教师惩戒权及其规范策略. 教育导刊，2012，(1)：61-63.

育惩戒权存在误解，有的人甚至将惩戒简单等同于体罚，完全否认教师和学校拥有此项权利。[①]因此，应当尽快完善惩戒权相关立法，结合我国学校教育实际，尽快出台教师惩戒权方面的专门法规，明确规定我国教师惩戒权的适用条件、教师惩戒权的行使方式、教师惩戒的程序等，还要规定教师惩戒中的学生权利救济、外在监督等内容。[②]现在很多学校存在学生殴打教师的现象，且并非个案，教师的人身安全受到严重威胁。综上所述，我们应该从以下方面探索法律保障途径：①加强教育法制建设。在现有法律法规的基础上，尽快出台与《教育法》《教师法》等法律相配套的保障和维护教师权益的实施办法或者规定，贯彻落实依法治教，对违法犯纪行为认真查处，让法律规定落到实处。②明确中小学教师的法律身份。教师的法律地位，是指以法律形式规定的教师在各种社会关系中的位置，主要涉及教师的法律身份、法律关系及教师的权利和义务。其中，教师的法律身份是非常重要的内容。对于教师法律身份的界定，我国现行法律存在着规定不明确、与现实矛盾等问题。例如，法律规定了教师是专业人员，但是没有指明教师身份的特殊性；教师职业实际上具有公务员性质与法律规定上的非公务员性。[③]明确教师的法律地位，有助于教师劳动权利得到保障。③引导大众传媒和社会舆论对教师做出客观评价，教师的法律保障需要社会各界共同努力，因此应当积极创造适宜教师权利保障的社会环境。

种类4为《教师法》及教师法律素养与法律责任研究，包括法律意识、法制教育、依法治教、教师学、教育立法、《教师法》、学生合法权益、教育法律法规、变相体罚、教育法律、法律责任、未成年学生等关键词。依法治校是我国教育管理的基本方针，教师是依法治校主体中的重要组成部分，教师的法律意识、法律水平、法律知识、法律素质是教师整体素质的重要内容，也是依法治校的关键。

但就现状来看，教师的法律素养还存在诸多问题，主要包括：①一些教师缺乏法律知识和法律实践应用能力。学校其实是一个微型社会，存在各种各样的问题和突发状况，但很多教师平时只注重自己的专业知识和技能，不清楚自己的权利和义务，法律意识淡薄，缺乏用法律手段处理问题的意识。因此，教师在保障学生权益的同时也不能忽略对自己合法权益的维护。教师并非要成为法律专家，但应具备最基本的法律知识，如公民权利义务、犯罪与违法行为、一般的民事权利等。同时，教师对与自身息息相关的"《教育法》《未成年人保护法》《学生意

---

① 解立军. 如何界定教育惩戒权和体罚. 中国民族教育，2007，(3)：19-21.

② 刘冬梅. 中小学教师惩戒权的调查与思考. 教师教育研究，2016，(2)：96-100.

③ 李晓强，陆若然. 中小学教师的权利享有与义务履行：问题与建议. 江西教育科研，2006，(1)：39-41.

外伤亡事故处理办法》《中华人民共和国治安管理处罚条例》等相关的法律法规知识"[①]也应该熟悉掌握。一些教师在教学过程中将学生成绩是否优良作为判断教育教学是否成功的标准，完全没有法律意识，遇事不会寻求法律帮助。现代教育事业对教师综合能力的要求越来越高，这就要求教师注重自身综合素质的提升，尤其是法律素养的提升。近年来，学生与教师之间的纠纷增多，其症结就在于教育工作者法律意识淡薄。一些教师仅在学生时期接触过与法律知识相关的课程或者在上岗培训的时候接受过基本法律常识的普及，但是在实际工作中，时常忘记把法律知识运用到实际案例中，或者不知道该如何运用所学知识，无法有效捍卫自己的权利。②缺乏学习法律的积极性和主动性。法律知识欠缺是整个社会普遍存在的现象，虽然国家一直在倡导法制教育，要求全面学法、知法、守法、用法，学校也通过各种不同的途径进行法律知识的宣传和教育，但是效果并不是很明显。并且学校在普法时存在一个问题，往往普法活动都是要求各级学生参加，专门针对教师的法制教育活动并不多，这也在一定程度上造成了教师法律知识的欠缺。同时，教师自身主动学习法律的意识不强，认为遇事可以求助专门的法律人士，因此并不积极主动地接触法律。

基于上述问题，提升教师法律素养应从以下几方面着手：①从国家立法层面上看，提升教师法律素养的前提就是要有完备的法律作为依据，使得教师有法可依，这样才能调动教师学习法律的兴趣。在我国依法治教的轨道上，一些教育法律法规存在着规定宽泛、不够清晰明确等问题，对于这些问题应当尽快予以解决，尽快出台具体的实施细则和办法，各级各类教育行政部门要及时跟进，建立健全相关制度，为教师法律素养的培养构造良好的国家制度体系。在制定法律的同时，司法机关在行使审判权和检察权时更要谨慎，司法公正是保障公平正义的最后一道防线，要让教师对法律有信心，这样他们才会尊重和运用法律，提升自我的法律修养。②从社会整体角度来看，每个人都生活在社会大环境中，教师也一样不能脱离社会而存在，而今一些不良社会风气正在侵蚀着教师为人师表的信念，导致教师法律意识的缺失，所以要全面开展普法活动，在参与活动的过程中，教师的法律素养自然而然会得到提升。同时，要营造法律舆论氛围。事实上，法律不仅有现实效力和法律效力，还有道德效力，如果法律与国家公民的法律信任度是一致的，法律的道德效力就可以加强国家现行法律的实效性。所以，从社会的角度来看，必须大力加强社会主义公民道德教育，真正做到在社会舆论导向和宣传

---

① 林泉. 依法治校背景下的高校教师法律素养提升路径探讨. 法制与社会，2016，(29)：213-214.

上弘扬正气，践行社会主义核心价值观①，为培养教师现代法律意识创造有利的外部环境。③从学校方面来看，首先，应当开展各种类型的法律培训，通过培训让教师掌握相关法律知识，学会在实践中运用法律处理问题。其次，把法律素养考核纳入教师选拔的体系，建设高质量高水平的师资队伍。随着法律在生活中的普及，人们的维权意识和用法律解决纠纷的意识都在提升，所以在最初选拔人才时就应当把法律素养作为考虑的基础。最后，教师要努力提升自我，不仅要提升专业业务能力，还要把眼光放宽，培养综合能力。④促进相关法律条文与时俱进。

《教师法》第三十七条明确规定：教师有下列情形之一的，由所在学校、其他教育机构或者教育行政部门给予行政处分或解聘：（一）故意不完成教育教学任务给教学工作造成损失的；（二）体罚学生，经教育不改的；（三）品行不良、侮辱学生，影响恶劣的。教师有前款第（二）项、第（三）项所列情形之一，情节严重，构成犯罪的，依法追究刑事责任。该规定看似十分明确，但随着我国教育现实的发展，其已不能满足当下社会发展的要求。第一，教师的责任并不是无限的，我们可以从责任的最低限度和最高限度两方面去界定教师责任的限度，确立一个适当的责任范围，"承担最低限度的教师责任是成为教师的前提和条件……教师责任的最高限度是指在教师责任中的最大量的客观规定"②。应当明晰教师的道德责任和职业责任，避免引起误导。第二，教师的责任随着时代的变化而变化，教师责任的限度并不是一成不变的，要用发展的眼光，结合现实看待教师责任的限度。

种类5为义务教育教师法律身份研究，包括法律身份、义务教育等关键词。教师的法律身份是界定教师与其他教育主体之间法律关系的规定，是构建教师权利、义务、责任体系的核心依据。义务教育是国家最大的公益性事业，保障和促进义务教育可持续发展，不断提升义务教育质量是党和国家高度重视，事关我国国民素质整体提高、科学发展观贯彻落实与和谐社会建设的重要历史性任务。③义务教育教师在教育事业发展中有着重要地位，但我国现行的相关法律对义务教育教师的法律身份界定不明确，从而严重影响了教师权益保障和队伍建设。

对于义务教育教师法律身份的划定，国际上大致分为三个方向：①公务员。德国、法国义务教育教师均为公务员，由政府任用，教师作为公务员适用公务员法中有关公务员的权利和义务、福利待遇及奖惩规定，教师与学校形成的是一种

---

① 丁原. 关于提高高校青年教师法律素养的路径探索. 学理论，2015，（15）：239-240.

② 龚耀南. 论教师责任感的强度与限度. 教育探索，2004，（4）：95-97.

③ 韩小雨. 我国义务教育教师的国家公务员法律身份及其保障制度. 教育学报，2010，（2）：82-89.

行政法律关系。①②雇员。有些国家将义务教育教师定位为雇员，教师人事管理适用一般劳动者同样适用的劳动法律制度，典型代表国家为俄罗斯。根据俄罗斯现行法律规定，教师所在学校就是其雇主。②③公务雇员。英国、美国等国家的教师是公务雇员，兼有公务员和雇员双重身份。以美国为例，美国教师基于雇员身份，享有合同中规定的各种权利并履行相关义务，基于公务员身份，适用公务员法律的各种规定。当义务教育教师的权利受到侵害时，可以以"违反合同"为由，向法院起诉，请求损害赔偿。若其宪法上所保障的权利受到侵害时，教师还可以依《民权法案》的规定，对地区教育委员会、委员及学校行政人员提起诉讼，请求法律救济。②义务教育教师实行公务雇员合同聘任模式，实现了市场、学校、政府三者在聘任教师过程中的较好结合，既对义务教育教师岗位实行市场竞争、双向选择，又给予义务教育教师较好的权益保障，从而构成了相对完善的义务教育教师任用机制。②

中华人民共和国成立以来，我国对义务教育教师的身份定位一直比较模糊。在计划经济时代，教师与其他政府机关工作人员相同，被称为"国家干部"和"国家工作人员"。但从 1986 年 2 月国务院发布相关文件后，开始改革教师"国家干部"身份。1993 年出台的《教师法》与 1995 年出台的《教育法》都规定教师要实行聘任制。《教师法》中规定 "教师是履行教育教学职责的专业人员"，指明了教师的职业特点，但并没有说明教师的法律身份。尽管《教师法》中规定教师的工资水平比照公务员的薪资水平，但是 1993 年颁布的《国家公务员暂行条例》和2005 年颁布的《中华人民共和国公务员法》都未将教师列为公务员行列，所以教师并不是真正意义上的国家公务员。与此同时，聘任制下的教师也不属于《劳动法》和《中华人民共和国劳动合同法》（简称《劳动合同法》）界定的雇员。就目前而言，我国公立学校被界定为事业单位，只有与学校建立合同关系的人才具有雇员身份。教师是从事教育教学的专门人员，与学校签订的是聘用合同而非劳动合同。虽然有法律规定教师比照其他劳动者适用《劳动法》和《劳动合同法》，但是其并不是法律层面上规定的雇员身份。

事实上，我国义务教育教师应被界定为公务雇员。这是因为：①义务教育是提高民族素质的重要保障，是纯粹的公共产品。③从事义务教育工作的教师代表国家向接受义务教育的公民履行政府责任，代表政府办事，严格按照国家教育计

---

① 陈玺名，肖凤翔. 公务雇员：我国义务教育教师法律身份的合理定位. 上海教育科研，2009，(6)：39-42.

② 元俊国. 西方中小学教师聘任模式的比较分析. 比较教育研究，2004，(5)：64-67.

③ 厉以宁. 关于教育产品的性质和对教育经营的若干思考. 教育科学研究，1999，(3)：3-11.

划和培养目标进行工作。从国外义务教育教师管理经验来看，在教师集体谈判、罢工、教学责任等方面，政府都有必要进行介入和监管。美国义务教育教师的雇佣条件很多都由法律规定，但公务雇佣领域能否进行集体谈判仍有争议。在德国和法国，国家立法机关确定教师的雇佣条件，政府和教师协会无权就此签署集体谈判合同，罢工为非法行为，要受到法律惩罚。①基于教师职业的特殊性，教师更多地需要"政府监管"，所以我国义务教育教师的法律身份不宜单纯被定位为雇员，应当有公务员身份。②借鉴国外义务教育教师身份的界定及结合我国的现实国情，如果义务教育教师单纯被定位为雇员，容易造成教师工资待遇不高，社会地位受到影响，一些优秀的人才就会流失。虽然我国目前有相关法律规定教师工资水平比照公务员工资水平，但在实践中，教师的工资待遇远达不到公务员工资的水平。由于教师的各方面待遇都不尽如人意，难以吸引更多优秀人才投身教育事业。明确义务教育教师为国家公务员的法律身份，将从根本上确保教师工资收入的稳定性，以法律的高度和刚性，保障义务教育教师享受与公务员同等的医疗、养老、失业保险等社会福利和各项津补贴，解决长期以来我国义务教育教师与公务员同等待遇"有名无实"等问题，大幅度提高我国义务教育教师的整体待遇水平，保障和改善教师的各项权利，增强我国尤其是农村和边远贫困地区义务教育教师工作的积极性与稳定性，促进义务教育事业可持续发展。②同时，明确教师为国家公务员，将有效地规范教师的聘用与管理，教师将如同公务员适用现行规定"非因法定事由和非经法定程序，不得被降职、免职"，从而杜绝随意解聘教师的行为。③③有助于统筹、规划和调配教师资源，实现合理有序的教师流动。在确立义务教育教师国家公务员身份的基础上，教师的聘任将由学校聘任上升为政府聘任，教师也将由"单位人"转变为"系统人"，这将为教师统筹、调配和区域流动进一步消除障碍，有利于国家和地方教育行政部门统筹规划师资，实现教师在区域间合理有序地流动与配置，推动义务教育均衡、健康发展。④

　　种类6为教师的法律地位及其教师法律制度与教师聘任合同的法律问题研究，包括法律地位、民办教育、教师、法律关系、聘任制、高等学校、公立高校、申诉制度、教育行政机关、教师资格、教师职务、教师聘任制、劳动合同、聘用合同、行政合同、劳动关系、聘任合同、教学职责、教师聘任、法律素质等关键词。我国

① 黄葳，孟卫青. 英、美、法、德、日中小学校教师法律地位的比较. 比较教育研究，2002，(6)：11-15.

② 韩小雨. 我国义务教育教师的国家公务员法律身份及其保障制度. 教育学报，2010，(2)：82-89.

③ 侯黎鹏. 我国公立中小学教师身份定位问题探讨. 教学与管理，2006，(19)：6-8.

④ 庞丽娟，韩小雨. 我国农村义务教育教师队伍建设：问题及其破解. 教育研究，2006，(9)：47-53.

的现代法制始于清末，取法日本，具有大陆法系的基本特征，因此，教师的法律定位也类同于欧陆国家，教师被定位为国家公职人员。中华人民共和国成立后，教师连同其他事业单位的工作人员与政府部门的工作人员一起，被统称为"国家干部"，在任用、晋升、工资福利、退休、奖惩等方面一直适用有关国家干部管理的政策法规。在这一体制下，教师由国家人事部门严格地按照国家干部的身份进行统一管理。①

随着 1985 年《中共中央关于教育体制改革的决定》对教育的改革推行，教师从原来的"国家干部"队伍中脱离出来成为一种专门职业，但是教师法律地位应该如何界定依旧不明确。教师的法律地位是指教师在法律规定下与其他主体之间所构成的法律关系，其性质与内容具体体现在我国现实的法律法规的规定中。②关于教师法律地位如何界定，主流学说大致包括公务员说、雇员说、公务雇员说、专业人员说。我国《教师法》第三条规定"教师是履行教育教学职责的专业人员"，第十七条规定"学校和其他教育机构应当逐步实行教师聘任制。教师的聘任应当遵循双方地位平等的原则，由学校和教师签订聘任合同，明确规定双方的权利、义务和责任"。《高等教育法》第四十八条规定："高等学校实行学校聘任制。教师经评定具备任职条件的，由高等学校按照教师职务的职责、条件和任期聘任。高等学校教师的聘任，应当遵循双方平等自愿的原则，由高等学校校长与受聘教师签订聘任合同。"

因此，有学者认为，基于这些规定，教师应具有雇员的地位，同时这种聘用形式也被大多数教师与管理者所接受，教师满足《劳动法》对劳动者的认定，而且基于法理将教师定位为劳动者，教师通过平等的签订合同方式与学校产生权利义务关系，有利于保障其合法权益。但是，反对者认为，教师职业具有公务员性质，因为教师与行政人员一样，其工资由国税开支，属于"第二次分配"。而国有企业职工的工资来自企业的生产和经营，属于"第一次分配"，两者具有本质的区别，因而应在《教师法》中明确教师的公务员身份，并使其享有并承担与公务员相似的权利和义务。③有学者认为，虽然现在教师实行聘任制，但聘任制只是根据教师职业特点所采用的一种任用方式，不能证明教师不属于公务员或者归入狭义的劳动者范畴。聘任制已经是现在高校人事制度改革的重点，教师聘任合同是指政府相关职能部门和学校为实现国家和社会的公共教育目标，依据教育政策和法律，与教师通过协商的方式，在意思表示一致的基础上所达成的协议。但现行

---

① 劳凯声，蔡金花. 教师法律地位的历史沿革及改革走向. 中国教育学刊，2009，(9)：21-27.

② 王鹏炜，司晓宏. 劳动者：高等学校教师法律地位的合理定位. 陕西师范大学学报(哲学社会科学版)，2007，(6)：105-108.

③ 成有信. 教师职业的公务员性质与当前我国师范院校的公费干部学校特征. 教育研究，1997，(12)：30-42.

的相关法律只对教师聘任合同做了笼统的、大致的原则性规定，并未对教师聘任的具体内容等做进一步的明确，由此导致了许多问题。对聘任制合同性质认定的不同，会造成法律效果和法律救济的大相径庭。

关于高校教师聘任合同的法律性质认定，学术界大致有如下观点：①劳动合同的观点。这种观点认为，高校教师聘任合同无论就其形式，还是就合同的内容及其产生的权利与义务而言，都应属于劳动合同的范畴。其名为聘任合同，实际上是教职工的劳动合同。因此，就高等学校而言，无论是作为传统"干部"的学校领导和管理人员还是普通的教师，他们与单位之间的法律关系就是劳动合同关系，都应当纳入《劳动法》的调整范围。"劳动法应该是劳动领域的基本法，应该统领一切有关劳动关系的立法，即所有有关劳动关系的立法都应以它为基础。事业单位与其职工的关系，包括学校与教师的关系，本质上也是劳动雇佣关系，应该可以适用劳动法。"[①]所以聘任合同属于劳动合同。②行政合同或公法合同的观点。这种观点认为，事业单位的管理方式和性质都不同于企业，事业单位工作人员又各自有其专业特点，因此，教师聘任合同既不同于受《合同法》所调整的民事合同，又不同于受《劳动法》所调整的劳动合同，而更多地具有行政合同的特征，教师聘任合同或被视为一种公法合同。[②]结合教师履行教育教学的职业特点，行政合同能更好地定位教师的法律地位。③雇佣合同的观点。这种观点认为，学校不属于事业单位，其与教师之间本质上是雇佣关系，因此，聘任合同属于雇佣合同的范围。④兼具行政与民事双重特点的特殊合同的观点。这种观点认为，教师与学校的关系既包括民事法律关系，又包括行政法律关系，所以教师聘任合同兼具两方面的性质。

就我国目前的状况而言，教师的聘任合同无论在法律形式、合同内容还是程序上都与劳动合同一致，强调主体之间的平等自愿。就劳动关系而言，它是劳动者和劳动力使用者（雇佣者）双方所结成的一种社会经济利益关系，同时也是生产资料与劳动者结合的一种具体表现形式。若从劳动关系的基本特征来分析，其又可以概括为两个"兼容"：①平等关系与隶属关系的兼容；②人身关系与财产关系的兼容。但本质上其都具有"社会性"的特征。[③]通过上述分析，可以明确高校与教师的聘任合同就是劳动合同。

---

① 祁占勇. 高校教师聘任合同法律性质的论证及其现实路径. 高教探索, 2009, (3)：14-17.

② 申素平. 论我国公立高等学校与教师的法律关系. 高等教育研究, 2003, (1)：67-71.

③ 陈爽. 聘任条件下高校教师权益保护的对策——以新《劳动合同法》实施为背景. 黑龙江高教研究, 2011, (9)：54-58.

第二节　教师法律问题研究领域的未来展望

一、关注教师的法律义务研究

教师在学校教学和学校对其进行管理过程中，享有许多权利，同时也履行相关义务。我国《教师法》对教师应当履行的义务做出了明确规定。在现代教育体制下，教师的法律素养越来越重要，教师面对的状况比以前更复杂，学生的多样性和课程教学的改革等都给教师工作的开展带来了新的挑战。如果教师能够积极履行义务，学法、知法、懂法，就能在面对各种突发状况时以法律知识为途径和手段，更加专业有效地处理相关问题。因此，教师不仅要加强专业技能的提升，而且要注重综合能力的培养，明晰自己的法律权利和义务，在工作中养成遵守法律的良好习惯，深刻领悟依法治教的内涵。

二、强化国外教师法律制度研究

教师法律制度是调整教师活动的行为规范的总称，也是教师行为的基本准则，教师法律制度的完善对教师客观发展提出了很多要求。我国现有的教师相关制度建构上的缺陷较明显，可以通过对一些发达国家的制度分析，学习其成功的案例，借鉴其培养教师综合能力的丰富经验，便于我们在提升教师各方面素质时达到事半功倍的效果。例如，重视教育立法；严格规定取得教师资格的认定程序，明确准入条件；加大对教师的考核力度；加强教师入职前后的培训制度，保证教师思想的活跃性；等等。

三、增强民办院校教师法律问题研究

民办学校与公办学校地位不平等的观念长期存在，由此导致两类学校教师法律地位的不平等，但是，随着法制化的不断深入，特别是 2009 年对《民办教育促进法》的修订，此现象得到有效缓解，民办学校教师也获得了《教师法》中规定的法律地位。民办教师承担和公办教师相同的职责，即同样在学校开展教育教学

活动，教书育人。稳定的师资力量是民办教育获得良好发展的重要条件。加强对民办院校教师法律问题的研究，明确教师的法律地位，建立教师保障体系，解除教师的后顾之忧，才能促进教师工作的积极性，保证人才不流失，从而整体提升民办教育的质量。

四、重视教师法律实务研究

学校等同于一个微型社会，学生、家长、学校、教师等主体之间存在着各种各样的问题。随着中国法制化进程的不断推进，公民维权意识不断增强，通过司法途径解决问题逐渐常态化。教师在这些主体之中，往往起着重要的作用。比如，当学生和学校之间发生矛盾时，教师通常成为二者的平衡点，起到协调作用。虽然可以聘请专业的法律人士进行法律帮助，但是教师对学校的情况最为了解，能为司法人员公正评判提供真实有效的信息。这就要求教师在日常生活中要积极主动地了解法律常识，尤其要掌握处理学校的法律纠纷事务应该从哪些方面着手等知识，把握基本方向，并能将理论结合实践，为我国实施依法治国战略贡献力量。

第七章
学生法律问题研究热点的共词可视化

　　学生是教育法律关系中的重要主体，学生的受教育活动是学校教育教学的中心，没有学生，学校、教育机构、教师及相关的行政机关就失去了存在的价值。从根本上说，学生的受教育权是学生的权利与义务形成的基础。学生法律是国家制定的与学生相关的用来调整学生与学校、学生与教师、学生与社会、学生与政府等教育法律主体活动的行为规则。学生是学校教育教学与教育管理活动的主体，保障学生的合法权益是确保教育事业科学发展的重中之重。改革开放以来，我国颁布了《教育法》《义务教育法》等一系列与学生有关的法律法规，中国特色学生法律体系逐步形成。与此同时，学生作为教育法学研究的主要对象，在教育法学日益繁荣的背景下，有关学生法律的研究也得到了极大重视。我国学生法律研究从起步走向繁荣，在学生受教育权的法律属性、学生法律地位、学生伤害事故、学生权利与义务等方面取得了丰硕的成果，有力地促进了学生法律制度建设。但总体来说，学生法律研究还缺乏系统的定量分析，单纯的文字性描述往往带有个人主观经验的影响，时常会出现不当的归纳和总结，较难挖掘出学生法律研究主题间的动态变化关系，不能有效地对学生法律发展新动态进行客观描述。

　　学生法学研究热点的资料来源于"中国学术期刊网络出版总库"，采用标准检索，将期刊年限设定为"1985—2015 年"，指定期刊类别为"全部期刊"，以"篇名"为检索条件，设定"学生"并含"法律"为检索内容，共获得相关文献 1506 篇，为了保证研究的可靠性与有效性，采取排除会议纪要、人物专访、报纸评论、刊物征稿要求、征订启事、刊物总目录信息等非研究型文献的方法，得到 1192 篇有效文章，形成研究资料。

第一节　学生法律问题研究热点高频关键词
与相异矩阵及聚类分析

一、学生法律问题研究高频关键词词频统计与分析

通过对我国学生法律问题研究文献的关键词进行统计，共得到 1948 个关键词，最终确定高频低频词阈值为 10，统一同义词后，得到 66 个高频关键词，其排序结果如表 7-1 所示。

表 7-1　66 个学生法律问题研究高频关键词排序

序号	关键词	频次	序号	关键词	频次	序号	关键词	频次
1	法律关系	179	23	学生权利	28	45	培养途径	14
2	学生	159	24	法制教育	28	46	医学生	13
3	高校	154	25	法律救济	28	47	权利救济	13
4	法律意识	135	26	法律保护	26	48	中职学生	13
5	法律责任	95	27	法律纠纷	26	49	过错责任	13
6	学生管理	74	28	特别权力关系	25	50	赔偿责任	12
7	高校学生	64	29	行政法律关系	23	51	学生工作	12
8	高等学校	56	30	受教育权	22	52	实习	12
9	学生伤害事故	53	31	法律地位	21	53	高职	12
10	高职学生	49	32	对策	21	54	监护责任	12
11	顶岗实习	48	33	高校学生管理	21	55	管理	12
12	法律素质	46	34	法律保障	19	56	开除学籍	12
13	法律	45	35	民法通则	19	57	教育	11
14	伤害事故	43	36	归责原则	17	58	处分权	11
15	法律素养	40	37	民事法律关系	17	59	行政管理关系	11
16	未成年学生	39	38	依法治校	17	60	侵权行为	11
17	大学生	38	39	人身伤害	17	61	法律规制	11
18	培养	37	40	法律知识	16	62	法律适用	11
19	高职院校	37	41	过错责任原则	15	63	法规授权	10
20	法律问题	34	42	人身损害	15	64	责任认定	10
21	学校	30	43	教育法律	14	65	法律信仰	10
22	法律风险	29	44	法律教育	14	66	权利	10
						合计		2189

如表 7-1 所示，66 个高频关键词总呈现频次为 2189，占关键词出现总频次的 42.78%，通过前 66 位的关键词排序，初步地了解到 1985—2015 年我国学生法律研究领域的集中热点和趋势。其中，前 9 位关键词频次均大于 50，依次为法律关系（179）、学生（159）、高校（154）、法律意识（135）、法律责任（95）、学生管理（74）、高校学生（64）、高等学校（56）、学生伤害事故（53），其余 57 个关键词出现频次均大于或等于 10。这一结果初步说明，学生法律研究多围绕学生与高校、法律意识与法律责任、学生管理与学生伤害事故等方面展开。

二、学生法律问题研究高频关键词的相异矩阵及分析

利用 BICOMB 共词分析软件，将上述 66 个高频关键词进行共词分析，生成词篇矩阵后，再将矩阵导入 SPSS19.0 软件，选取 Ochiai 系数并将其转化为一个 66×66 的共词相似矩阵。在进行多维尺度分析时，采用"1–相似矩阵"将此相似矩阵转化为相异矩阵，结果如表 7-2 所示。

表 7-2 学生法律问题研究高频关键词 Ochiai 系数相异矩阵

关键词	法律关系	学生	高校	法律意识	法律责任	学生管理	高校学生	高等学校	学生伤害事故
法律关系	0.000	0.632	0.807	0.981	0.939	0.939	0.916	0.750	0.969
学生	0.632	0.000	0.661	0.932	0.894	1.000	1.000	0.777	1.000
高校	0.807	0.661	0.000	0.972	0.893	0.747	0.990	1.000	0.856
法律意识	0.981	0.932	0.972	0.000	0.991	0.990	0.957	1.000	1.000
法律责任	0.939	0.894	0.893	0.991	0.000	1.000	0.872	1.000	0.718
学生管理	0.939	1.000	0.747	0.990	1.000	0.000	1.000	0.845	1.000
高校学生	0.916	1.000	0.990	0.957	0.872	1.000	0.000	0.950	1.000
高等学校	0.750	0.777	1.000	1.000	1.000	0.845	0.950	0.000	0.963
学生伤害事故	0.969	1.000	0.856	1.000	0.718	1.000	1.000	0.963	0.000

如表 7-2 所示，各关键词与学生法律中的法律关系距离由远及近的顺序依次为：法律意识（0.981）、学生伤害事故（0.969）、学生管理（0.939）、法律责任（0.939）、高校学生（0.916）、高校（0.807）、高等学校（0.705）、学生（0.632）。这个结果说明，人们在谈论学生法律时，将"法律关系"与"学生""高等学校""高校"结合起来论述而形成的成果较多。同时，通过对表 7-2 中系数大小的进一步分析

发现，"法律责任"与"高校学生""学生伤害事故"经常呈现在一起；"高校"与"学生管理""学生"较多地呈现在一起。这初步说明，关于学生法律的研究成果中，学界会经常研究学生伤害事故与法律责任、高校与学生管理、法律关系与学生等问题。

三、学生法律问题研究高频关键词聚类及其分析

将表 7-2 的高频关键词相异系数矩阵导入 SPSS19.0 软件进行聚类分析，得到的聚类结果如表 7-3 所示。根据聚类分析结果显示的聚团连线距离远近，可以直观地看出教育法学研究高频关键词可分为八类：学生伤害事故的归责原则及其法律责任研究（种类 1）、开除学籍处分权的法律问题研究（种类 2）、公立高校的法律地位及大学生实习的法律适应研究（种类 3）、受教育权的法律保障与法律救济研究（种类 4）、高职院校学生顶岗实习的法律问题与对策研究（种类 5）、高校与学生的法律关系及其学生管理中的法律纠纷与学生权利救济研究（种类 6）、学生权利的法律保护研究（种类 7）、学生的法律素养及其培养途径研究（种类 8）。

表 7-3　高频关键词聚类结果

种类	关键词
种类 1	民法通则、监护责任、未成年学生、过错责任原则、人身伤害、侵权行为、伤害事故、人身损害、赔偿责任、法律责任、学生伤害事故、归责原则、高校学生、责任认定
种类 2	教育法律、法规授权、特别权力关系、行政管理关系、开除学籍、处分权
种类 3	大学生、实习、法律适用、法律规制、公立高校、行政法律关系、民事法律关系、法律地位
种类 4	受教育权、法律保障、法律救济、高校学生管理
种类 5	法律问题、对策、顶岗实习、法律风险、高职院校
种类 6	学生工作、权利、法律、法律关系、学生、高校、高等学校、学校、纠纷、学生管理、依法治校、法律纠纷、权利救济
种类 7	学生权利、法律保护、管理、教育、过错责任
种类 8	法律知识、法律教育、法律素养、法制教育、高职、法律意识、培养、中职学生、法律信仰、高职学生、培养途径、法律素质、医学生

种类 1 为学生伤害事故的归责原则及其法律责任研究，包括监护责任、过错责任原则、人身伤害、侵权行为、伤害事故、赔偿责任等关键词。学生伤害事故中的法律问题是学生法律研究中最为重要的内容之一。但截止到目前，关于学生

伤害事故的法律概念界定还没有达成共识，学者一般认为事故都是非故意行为导致的，不能将学生伤害问题等同于学校事故问题，因而多数学者主张使用"学生人身伤害"一词。[①]

通常来讲，学生伤害事故是指学校在教育教学过程中或者组织校外活动中，在其管控的范围内，发生的人身伤害事故。依据学生入学后与学校建立的事实上的法律关系，学校对学生伤害事故主要承担民事法律责任、刑事法律责任、行政法律责任。民事法律责任可进一步细分为违约责任和侵权责任。主张违约责任论的学者认为，学校与学生之间存在着民事合同关系，学校与学生之间的这种合同关系一经成立，无论书面或者口头，学校就有保护学生的义务。学生在学校受到伤害时，学校构成违约，承担违约责任。或者说，学校发出"要约"，学生及其监护人发出"承诺"，双方的合意使学校承担对学生部分或全部的合同职责。在合同关系成立之后，如果学生在校期间发生伤害事故，则根据"要约"内容，学校因没有尽到合理而必要的义务造成合同的不完全履行而承担违约责任。[②]而主张侵权责任论的学者认为，侵权人由自己的行为或物件致使他人受损后，依据一定规定对其负责，就是通常所说的"归责"。归责原则的确立能维护学校正常的教学秩序、学校的办学权利和学生的合法权益，平衡学校和学生在学生伤害事故中的权利和义务，维护社会稳定。[③]

从归责原则分类来看，关于学生伤害事故侵权归责原则的焦点和争论主要集中在过错责任原则和过错推定责任原则上，同时也会涉及无过错责任原则和公平责任原则。

过错责任原是以行为人在具体事件中的过错行为为判断标准。按照现有法律的规定，学生伤害事故的责任，应当根据相关当事人的行为与损害后果之间的因果关系依法确定。显然，以法律规定对其进行审视的话，应当以过错作为归责的最终构成要件，并且以过错作为确定责任范围的重要依据。[④]

当然，依照我国相关法律法规，适用过错责任原则的例外情况也可能适用过错推定责任原则，如学校饮食卫生、建筑物堆放物倒塌等导致学生伤害的情况就适用过错推定原则。通常来讲，过错推定责任原则是指事故的发生不是学生自己的过错、第三者的过错或不可抗力造成的，而学校又不能证明自己在这一事故中

---

① 褚启宏. 未成年学生人身伤害问题研究. 北京师范大学学报(人文社会科学版)，2002，(1)：83-91.
② 曲正伟. 论学校事故学校责任性质的两层性. 中国教育学刊，2001，(6)：43-46.
③ 何建武. 学生伤害事故中学校责任问题探析. 浙江传媒学院学报，2005，(3)：82-84.
④ 陈山，陈少平. 高校学生伤害事故的法律分析及其预防处置. 高校教育管理，2012，(2)：78-84.

没有过错，那么，学校作为这些设施的所有人或管理人就有过错，应承担侵权赔偿责任。[①]而在学校要承担较重的无过错责任方面，不仅要有法律的明文规定，而且要充分地认识到无过错责任是对过错责任的补充。因为在学校与学生的关系中，学校相对处于支配地位，当事故发生后，要求受害人即学生去寻找证据是比较困难的，这非常不利于处于弱势地位的学生保护自身的合法权益。

当前，也有少量学者主张公平责任原则。公平责任是基于人道主义的互助友爱、济危扶困的精神做出的规定，适用时应严格遵照自愿和可能的原则。因此，公平责任的适用应当是非常严格和有所限制的。有的研究还进一步指出，根据归责原则及事故的性质，可以将学生伤害事故分为有过错和无过错两大类：①校方无过错的伤害事故包括因正当防卫、紧急避险、不可抗力、受害人过错、第三人过错、受害人和第三人共同过错等引发的事故。在此种情形下，如果学校已尽到职责，则不承担责任。②校方有过错的伤害事故可细分为因学校故意引发的事故和因过失引发的事故，其中又区分了直接故意和间接故意及疏忽大意或过于自信引发的事故。总之，明晰学校在学生伤害事故中的法律责任，不仅有利于学校践行依法治校的传统，而且有利于形成学生伤害事故综合防治的新机制。

种类2为开除学籍处分权的法律问题研究，包括教育法律、法规授权、特别权力关系、行政管理关系、开除学籍、处分权等关键词。近年来，由开除学籍引起的学校与学生之间的诉讼案件不断增多，如"学生教师拥吻被开除""张某不服天津师范大学开除学籍处分"诉讼案等。开除学籍是对学生最为严厉的一种处分，其通过强制手段使学生丧失在学校继续学习的机会，改变学生与学校之间的法律关系。

总体来讲，学生因开除学籍与学校产生诉讼的原因，主要是学籍处分与受教育权相冲突、程序规则不完善、学校法律性质定位不清、权利保障不到位、学生权利缺乏救济渠道等。那么，如何使开除学籍的处分合法、合理、合规地行使，尽量避免诉讼案件的发生呢？第一，依法制定校规校纪，学校规章制度的建立应在上位法范围之内进行，学校不能突破法律法规的相关规定而自行加重对学生的处分。第二，要严格遵守法定程序，体现正当程序原则。根据正当程序原则，开除学籍时需要建立和遵守的法律程序包括收集证据程序、告知程序、说明理由程序、申辩程序、申诉程序等环节。收集证据程序是指在对学生违法违纪行为做出处分前，调取证据收集相关资料的过程。告知程序是指高校在使用处分权力时，

---

① 尹珊. 学生伤害事故的归责原则. 江西广播电视大学学报，2005，（1）：43-46.

通过法定程序将处分依据和理由、处分决定的拟定内容，以及当事人应享有的陈述权、申辩权、救济权等相关权利告知涉嫌被处分学生。[①] 说明理由程序是指高校必须在开除学籍处分决定书中向受处分学生说明事实依据、法律依据及做出处分时考虑的各种因素。[②] 申辩程序是指高校在做出处分决定前，被处分学生或其代理人质疑或反驳学校的处分决定，向学校提出有利于自己的事实、理由和依据的过程。[③] 申诉程序是学生行使申诉权保护自身权益的途径，是学校内部管理的一种机制。同时，在下达处分决定之后，学生有知情权且可以行使申诉的权利。学校有责任进行复查，建立一套行政终局裁决制的学生申诉制度。[④] 第三，当前关于开除学籍的问题在立法上还有很大的空白，没有一部完整的法律约束学校的处分权，若将学籍处分上升到司法层面，使其纳入行政诉讼的受案范围，从法律条文上使得开除学籍处分合法化，既从制度上规范学校的行为，又使学生上诉有门。

种类 3 为公立高校的法律地位及大学生实习的法律适应研究，包括大学生、实习、法律适用、法律规制、公立高校、行政法律关系、民事法律关系、法律地位等关键词。法律地位是指法律关系主体在法律上所处的地位，即法律关系主体参与法律关系的身份和资格。[⑤]

高校的法律地位决定着高校法律关系的类别、性质、内容及其法律关系主体的责任形式。学界对高校法律地位有不同的看法，概括起来，主要有以下几种：①高校是一种非企业法人的事业单位法人。我国《民法通则》中依据法人宗旨、任务的不同，把法人分为企业法人和非企业法人。划分企业法人与非企业法人的一个重要标志是否以营利为目的，凡是以营利为目的的组织均为企业法人，而不以营利为目的的组织则为机关、事业、社团法人。作为非企业法人中事业单位法人的高等学校，其法律地位比较特殊。"一类是以权力服从为基本原则，以领导与被领导的行政管理为主要内容的教育行政关系；另一类是以平等有偿为基本原则，以财产所有和流转为主要内容的教育民事关系。"[⑥] ②高校是一种公务法人。公务法人是公法人的一种。所谓公法人，"是指以社会公共利益为目的，由

---

① 王万华. 规范行政权力的基本法行政程序法. 湛江师范学院学报，2005，(2)：11-13.
② 刘滟滟，车彤. 新形势下高效法治建设面临的困境及对策研究. 法治与社会，2015，(18)：215-216.
③ 尹晓敏. 论高等学生申诉制度功能的失落与复归. 高等教育研究，2009，(3)：27-31.
④ 葛新斌. 新旧《普通高等学校学生管理规定》之比较分析. 教育学报，2005，(6)：23-27.
⑤ 胡翰. 我国公立高等学校的法律地位探析. 陕西理工大学学报(社会科学版)，2009，(1)：32-36.
⑥ 劳凯声，郑新蓉. 规矩方圆——教育管理与法律. 北京：中国铁道出版社，1997：240.

国家或公共团体依公法所设立的，行使或分担国家权力或政府职能的法人"①。大学不是普通的民事主体，也不是国家行政机关，而是承担公共职能、追求公共事业的公务法人。②③高校是公法人中的"特别法人"，作为公法人中的特别法人，"公立高等学校不再是政府的附属部门，与政府之间则是两个法人之间的关系。既然是两个法人，高等学校与政府应分别具有自己的意志，享有法人权利并独自承担责任"③。④高校是由法律法规授权的组织，具有行政主体地位。依据我国《行政法》与《行政诉讼法》，行政主体是指依法享有并行使国家行政权力，行使行政职责，并能独立承担由此产生的相应法律责任的行政机关或由法律法规授权的组织。显然，高校不是国家机关。所以，判断高校是否具有行政主体资格的关键，就看它是否是法律法规授权的组织，但高校行使的招生权、处分权、颁发学业证书权等都具有明显的单方面意志性和强制性，符合行政权力的主要特征，由此可以推断，高校是经由国家法律授权，行使国家行政权力或公共权力的事业单位，具有行政主体资格。④⑤高校是第三部门。⑤劳凯声认为，就教育属性而言，教育属于政治与经济之间的第三领域，应将其定位为社会的第三部门。⑥邬大光认为，当代高等教育改革已有意无意地受到了第三部门理论的影响，在实践取向上已越来越具有第三部门的特性。⑦从第三部门理论出发，基于中国高等教育的自治与非营利要求，第三部门或许是高等教育的发展方向。但是，它依赖于"国家-经济部门-公共领域"结构的建立。

在探索高校法律地位的基础上，学者对学生参加校外实习问题也进行了充分的探讨，研究主要围绕如何认定大学生的法律身份、大学生能否成为真正意义上的劳动者而展开。在英美法系国家中，劳动者被称为雇员、受雇者等，而大陆法系国家对劳动者的认定以"人格从属性"为主要界定标准，辅之以"经济从属性""组织从属性"标准。我国在立法上以成文法为主，对"劳动者"这一概念并未给予足够重视。因此，在现行立法框架下，实习大学生是否具有劳动法意义上的劳动者身份，直接影响大学生在实习过程中的权益应当如何被保障。一种观点认为，在校学生实习时不属于劳动法意义上的劳动者，因为实习不是真正的劳动就业，

---

① 魏振瀛. 民法学. 北京：北京大学出版社，2000：76.

② 马怀德. 行政制度建构与判例研究. 北京：中国政法大学出版社，2000：314-315.

③ 劳凯声. 变革社会中的教育权与受教育权：教育法学基本问题研究. 北京：教育科学出版社，2003：257-258.

④ 陈鹏. 论高校自主权的司法审查. 陕西师范大学学报（哲学社会科学版），2004，（1）：106-110.

⑤ 高淑贞. 论受教育权. 吉林大学博士学位论文，2007：132-134.

⑥ 劳凯声. 社会转型与教育的重新定位. 教育研究，2002，（2）：3-7，30.

⑦ 邬大光，王建华. 第三部门视野中的高等教育. 高等教育研究，2002，（2）：6-12.

在实习过程中，实习大学生与学校之间依旧是管理与被管理的关系，实习大学生仍是在校状态。另一种观点认为，实习大学生可以成为劳动者，相关法律并未明确把实习大学生排除在劳动法律规范之外，劳动者的身份与学生身份并不冲突，只不过实习学生与用人单位的法律关系比较复杂，就这种法律关系问题，存在劳动关系肯定说和劳动关系否定说两类观点。

种类 4 为受教育权的法律保障与法律救济研究，包括受教育权、法律保障、法律救济、高校学生管理等关键词。受教育权是学生的一项基本权利。受教育权的法律保障主要表现为立法、执法方面的保障。

在立法保障方面，我国虽然已经颁布了各种教育法律法规，但存在着实体法规定较多而相配套的程序法规定较少，受教育权的重要组成部分如终身教育、学前教育、成人教育等还缺少相应的法律保障等问题，这就需要在不断提高立法质量、加强法律的可操作性、审核不同级别的教育法律法规的统一性与协调性、避免立法的重复和上下位法的冲突与抵触等方面完善立法。①在执法保障方面，现实中存在着大量执法不严的现象，需要从加强执法、注重程序法在实践中的运用、注重教育执法监督体系的建立、强化事前保障制度、完善事后救济途径等方面加强执法保障。

通常来讲，受教育权的法律救济方式包括以下五种：①教育申诉。教育申诉包括行政申诉和校内申诉两个方面。行政申诉主要是指当事人向有关教育行政机关提出的申诉。校内申诉主要是指学生向学校申诉机构提出的申诉，是一种比较便利的方式，程序上相对比较简便，既节省时间，又节约司法资源。②教育行政复议。教育复议是受教育者依法向该行为的上一级行政机关或法律、法规规定的机关提出复议申请，并由受理机关依法进行审查后做出复议决定的制度。③教育行政诉讼。行政诉讼是解决行政纠纷的一种诉讼活动，当行政机关或法律法规授权的组织在行使职权时侵害了公民的受教育权，公民可以提起行政诉讼维护自身权益。④教育公益诉讼制度。一般来说，违反招录政策，挪用教育补助经费，义务教育阶段的择校、选班等导致教育不公平的情况，以及政府有关部门在学校规划选址、教育经费划拨等方面做出的影响学校正常办学和受教育者受教育权的行为等都是教育公益诉讼应当适用的范围。②⑤教育宪法诉讼。宪法作为我国正式的法律渊源，完全可以成为法律审判的依据，在穷尽行政和民事诉讼等救济手段

---

① 王东霞. 公民受教育权的法律保障. 广播电视大学学报(哲学社会科学版)，2009，(4)：22-25.
② 汤尧. 论教育公益诉讼的提起条件. 教育科学，2006，(6)：16-18.

之后，宪法诉讼是受教育权得到救济的最后屏障。

种类 5 为高职院校学生顶岗实习的法律问题与对策研究，包括法律问题、对策、顶岗实习、法律风险、高职院校等关键词。顶岗实习是高职院校实践性教学的主要手段，在培养应用型、技能型人才的过程中有着重要作用。但学生在实习过程中容易遭遇各种法律风险，这使他们的合法权益无法得到有效保障。学生顶岗实习面临着缺乏明确法律规定、实习协议内容不明确、安全保障设施不完备、角色定位模糊等法律问题。

为了有效规避顶岗实习期间的法律风险，需要从以下几方面进行规范：①通过立法完善法律法规，从制度上进行规范，使学生、学校、用人单位三方在遇到纠纷时有法可依，保障各方的合法权益。②规范实习协议内容，保证三方地位平等。学生实习涉及三方主体的切实利益，应当在不违反法律原则的前提下，允许当事人通过契约的方式对彼此的权利与义务进行设定。学校要对顶岗实习承担首要责任。学校应规范顶岗实习程序，由学校统一出面为学生寻找顶岗实习单位，由学校出面与顶岗实习单位协商签订顶岗实习协议，最大限度地保护学生的利益，明确学校、企业、学生三方的权利与义务。[①]③增强学生法律意识，提升学生自我保护的能力，使学生学会用法律的手段维权。④实习单位主动承担社会责任，实现企业的社会责任效应。发挥好顶岗实习的作用，为企业培养人才，打造良好的企业文化。

种类 6 为高校与学生的法律关系及高校学生管理中的法律纠纷与学生权利救济研究，包括学生工作、权利、法律、法律关系、学生、高等学校、学校、纠纷、学生管理、依法治校、法律纠纷、权利救济等关键词。关于国外高校和学生的法律关系问题，主要有宪法关系论、特别权力关系论、基础关系与管理关系论等观点。

我国的理论和司法实践中关于高校与学生的法律关系问题，主要形成了以下几种观点：①内部行政法律关系论。这种观点认为，高校作为履行特定职能的特定主体，其对学生的教育管理为内部行政行为，因而排除司法审查的介入。[②]②民事法律关系论。这种观点认为，高校与学生之间是一种平等主体基于双方合意达成民事契约的民事法律关系。③外部行政法律关系论。这种观点认为，高校在行使管理权时，由国家赋予其权利，该权利具有公法性质，同时高校与学生法

---

① 严苗. 浅析高职院校学生顶岗实习中的法律风险及防范. 教育与职业，2014，(18)：175-176.

② 翟新明. 论我国普通高校与学生的法律关系. 陕西理工学院学报(社会科学版)，2005，(1)：88-94.

律地位也明显不平等，学校处于管理地位，而学生处于被管理地位。

事实上，高校与学生之间既可以形成行政法律关系，又可以在某些特定领域存在民事法律关系。基于学生与学校之间的两种法律关系，其纠纷分为民事纠纷和行政纠纷。学生与学校之间的民事纠纷主要是指在学校实施的教育活动或学校组织的校外活动中，以及在学校负有管理责任的校舍，场地，其他教学设施、生活设施内所发生的造成在校学生人身伤害事故而引发的纠纷，这种由教育保护义务产生的监管责任直接针对的是学生的人身权、财产权，属于民事权利范畴。[①]学生与学校之间的行政纠纷是指学校行使的教育行政管理权引发的纠纷。比如，毕业证颁发和学位授予、纪律处分、学籍管理、学校招录行为等引起的学校与学生之间的纠纷属于行政纠纷。解决学生与学校之间纠纷的法律救济途径主要有诉讼渠道和非诉讼渠道。非诉讼渠道包括教育调解制度、教育申诉制度、教育行政复议制度、教育仲裁制度等方面。[②]诉讼途径从纠纷性质上分为民事诉讼和行政诉讼。民事赔偿主要解决赔偿损害纠纷，法律关系比较简单。如果学校的行为足以导致学生在校实质性地位改变，对学生受教育权造成重大影响，学生可以提起行政诉讼，通过司法手段保障自身的合法权益。

种类 7 为学生权利的法律保护研究，包括学生权利、法律保护、管理、教育、过错责任关键词。高校学生权利的界定主要是基于大学生的特殊身份和法律地位。[③]高校学生的权利实际上是一种权利群。当前，学生的受教育权、名誉权和隐私权、生命健康权、财产权、程序性权利等需要加以重点保护：①受教育权。受教育权是一项宪法基本权利，是必须优先保障的，任何主体都不得以任何理由侵害学生的受教育权。②名誉权和隐私权。学生名誉和隐私关系到其在学校的地位、人格尊严，以及教师和同学对其的信赖度，因此必须严格保护学生的名誉权和隐私权。在办学实践中，将学生的考试成绩公布于众、把学生所受处分进行公开通报等，都可能会造成对学生名誉权和隐私权的侵犯。③生命健康权。近年来，高校校园暴力事件频繁发生，如"马加爵事件""黄洋投毒案"等，使学生的生命健康受到严重威胁。因此，必须用立法确认学生的生命健康权，使校方对校内不安全的因素尽到足够注意的责任。④财产权。当前存在的乱收费、滥发教材、

① 赵学云. 学生与学校纠纷的法律关系及其权利救济机制. 东北师大学报 (哲学社会科学版)，2006，(6)：168-174.

② 尹晓红，牟晓光. 教育纠纷的权利救济体制刍议——教育仲裁制度初探. 广西政法管理干部学院学报，2004，(4)：118-121.

③ 徐晴. 大学生权利保护与依法治校. 高教探索，2005，(6)：43-45.

学生宿舍财产丢失等都是典型的侵犯学生财产权的现象，这就要求学校必须规范相关制度，防止类似事件的发生。⑤程序性权利。大学生享有告知权、申辩权、听证权、申诉权、起诉权和上诉权等程序性权利，但高校学生管理中很少重视学生程序性权利的保护，存在重实体轻程序的倾向。[①]"程序瑕疵"是高校诉讼中有待于尽快解决的问题。

基于以上现实情况，我国学生权利的法律保护可以从如下方面着手：①完善法律法规及校规校纪，加紧短缺方面的立法，并尽快对不合时宜的法律法规等进行修订。校规校纪是高校实现自主管理最直接的制度保障，它既是反映高校内部权力运行的载体，又是高校学生权利保障的第一道防线。[②]②增强学校内部权力运行的法治化理念，加快学校依法治校的步伐，不断强化"以学生为本"的理念，使高校在"法治化"运行中得到长足的发展。③加强学生法治教育，不断提升学生法律意识，明确权利义务内容，特别是受教育者应当知晓当权利受到侵害时运用何种手段或者何处可以维护合法权益。④保障学生主张权利的渠道畅通。学生权利的实现程度主要取决于相应救济途径是否明确、畅通，能否尽快地排除权利实现的障碍。[③]完善学生权利救济制度，是保护学生权利的最根本途径。

种类8为学生的法律素养及其培养途径研究，包括法律知识、法律教育、法律素养、法制教育、高职、法律意识、培养、中职学生、法律信仰、高职学生、培养途径、法律素质等关键词。法律素养是由法律知识、法律心理、法律观念、法律理论、法律信仰等要素整合构建而成的，其中，法律信仰是法律意识的最高层次，应将其看作学生法制教育的核心和终极目标。青年学生是未来建设国家的主力军，正处于人生观、价值观走向成熟的重要阶段。

然而，受社会大环境不良影响、不良心理因素诱发违法违纪行为、消极社会文化侵蚀学生思想意识、不健康的家庭教育等多重因素的叠加，青少年法律素养现状不容乐观。为了逐步提升学生的法律素养，需要从以下几个方面进行改革：①重新认识和定位学校法制教育。较高的法律素养对个体驾驭和处理市场经济下的各种复杂关系起着重要作用，是每个公民尤其是大学生应当具备的生存技能。然而，目前高校法制教育从属于"德育"，并没有自身独立的地位。[④]法制教育应当区别于思想政治或思想道德课程，这样才能使学生学习到法律知识。②积极探

① 王守猛，邱亿成. 论高校学生管理工作中学生权利的法律保护. 经济人学报，2005，(2)：34-36.
② 秦惠民. 构建化解高校纠纷的完善机制. 中国高教研究，2004，(4)：62.
③ 陶青松. 论我国高校学生权利的法律保护. 宿州学院学报，2011，(12)：23-25.
④ 孙秀华. 加强高职院校学生法律素养教育的探讨. 党史博彩，2011，(4)：57-58.

索高校法制教育的方法，提高法制教育实效性。法制教育是"认同"规范、"接受"规范和"消化"规范的教育，是培养自觉、自愿的守法精神和塑造体现民主、正义、效率、公平等现代法治理念的教育，依靠传统的枯燥无味的"课堂说教"很难奏效。①这就要求在课堂上多引用真实案例，增强学生上课的积极性，在条件允许的情况下可以开辟第二课堂教学，带领学生参观监狱或者旁听有关案件的庭审活动，让学生身临其境，潜移默化影响学生对法律的理解。③建立一支专业化的教师队伍。虽然大部分院校都非常重视法制教育，但其法制教育总体上与学校不断扩展的发展趋势极不相适应，特别是专业队伍建设严重缺失，所以培养和引进高层次法律人才充实师资队伍，对于高校开展法制教育尤为重要。④协调各方培养学生法律素养。提升学生法律素养需要整个社会成员共同努力，着力构建学校、家庭、社会连接的法制教育网络。家长要注重配合学校教育，司法机关应与学校定期联系，加强校内司法宣传教育，政府职能部门则应采取切实可行的措施，优化社会大环境及校园环境。①通过全社会对学生法律素养的共同培养，形成良好的法治环境。

第二节　学生法律问题研究领域的未来展望

一、强化学生法律实务研究

法律实务主要指需要法律知识处理的或者与法律相关的事务。纵观中国法学教育和法律职业群体，最缺少两类人才：具有丰富实践经验的法学理论家和具有深厚理论功底的法律实务家。十八届四中全会召开后，依法治国的大政方针确立，中国法律事业迎来发展的新高度，学生是未来国家建设的中流砥柱，今后建设法治国家的重任必将落到青年学生的身上，所以现在更要重视对学生的法律实务能力的培养。当他们踏入社会后，面临的是更复杂的社会状况，要处理的问题涉及经济、政治、文化等多方面，因此，在强化课本上的理论知识学习的基础上，更要强调知识在实践中的运用，这样才能富有成效地培养学生的实务技能。

---

① 蔡斌. 高职院校学生法律素养的现状及其培养途径探析. 职业时空，2010，(3)：105-107.

二、增强国外学生法律研究

我国的教育立法工作起步比较晚，所以在很多地方不够规范，还需要改进。国外关于学生法律的相关措施可以为我国学生法律立法提供新思路、新方式。比如，就对学生进行法制教育的方式来说，美国主要通过公民课实施，课程内容主要介绍美国的政治制度、宪法和公民基本权利、义务、责任和品德；教育的目的在于让学生在社会大背景下认识美国的社会制度和法律规定，使其成为遵守法律和忠于美国制度的公民。法国的法制教育是利用生活中的实际案例对学生进行启发，同时对教师提出了具体要求，重视教师在学生法制教育过程中的引导作用。日本的法制教育被纳入政治教育，学生在小学期间，学习交通法规、在公共场所应遵守的卫生法规，以及上课时应遵守的教育法规。中学生的社会课包含公民权利与义务、宪法等内容。在大学无论学习什么专业，学生都要上法律课。其他国家对如何进行法制教育都有相关规定，我国现在法制教育属于不够完善的状态，通过对国外经验的学习，既节约了自己探索可能走弯路的时间，又可以借鉴先进的教育方式。

三、强化学生立法问题研究

法律制定出来的目的，一是规范行为，二是提供法律救济。现今我国在学生立法方面仍然存在不少问题：①随着时代的发展和教育实践的变迁，已经制定过的某些法律法规的内容已经不符合现代教育的发展需求，在引发纠纷的时候就不能继续沿用陈旧的法律条文，这样就无法做到权利侵害与权利救济相匹配，所以要明确现今已经存在的法律条文有哪些需要废除，又有哪些需要补充。②教育层次被更加明晰地划分出来，但很多部门还没有设立专项法律对其进行规范和保护，比如对学前教育的规范，现今许多幼儿园教师的层次和水平良莠不齐，有的教师对幼儿的教育还停留在传统的方式上，打骂孩子的现象仍然存在。还有一些幼儿园为了减少学校开支，在孩子的饮食上做文章，也引发了许多纠纷。为了防范此类不良状况的发生，国家需要尽快出台与此相关的法律，在制度上对其进行规范。

四、提高学生法律义务研究

受教育权是公民的权利，也是公民的义务，没有无义务的权利，也没有无权利的义务。学生在享有各项权利的同时，也要履行相应的义务。学生在学校学习生活的过程中，有遵纪守法、养成良习、努力学习、遵守校规等义务。现实的学生管理工作是比较复杂的，学生有时候会运用各种手段，躲避履行自己应有的义务，造成学校管理秩序的混乱，给学校管理带来一定程度的困难。因此，要尽可能细化学生应承担的法律义务，制定规章制度规范其行为。

后　记

　　本书是中央高校科研基金重点资助项目"中国教育政策与法律研究热点的知识图谱分析"（15SZZD01）的最终研究成果。

　　党的十八届四中全会明确提出要把我国建设成法治国家，提出了建成中国特色社会主义法治国家的目标。在依法治国的大背景下，作为社会活动之一的教育必须依法治教，作为教育承担机构的学校必须依法治校。事实上，关于依法治教，《国家中长期教育改革和发展规划纲要（2010—2020年）》提出了明确的目标要求，强调完善中国特色社会主义教育法律法规，根据需要修订《教育法》《职业教育法》《高等教育法》《教师法》《民办教育促进法》等，制定考试、学校、终身学习、学前教育、家庭教育等相关法律，这些目标要求正在逐步得到落实，为依法治教提供了坚实的基础和有力的保障。特别是有关完善督导制度和监督问责机制的要求，为贯彻党的十八届四中全会的有关精神提供了明确的指导。因此，学习贯彻党的十八届四中全会精神，应该与推进落实教育规划纲要紧密结合起来，在推进依法治教的过程中，实现教育改革发展的伟大目标。

　　依法治教的推行，离不开教育政策与法律研究，在依法治国、依法治教的背景下，必须加强教育政策与法律的研究。教育政策与法律的研究不仅是理论与实务的研究，还需要强化已有研究成果并进行反思与分析。教育政策与法律作为教育学的研究领域，需要进行全面系统的总结，回顾当前研究热点，展望未来发展趋势。唯有如此，才能让法治成为人民的信仰、国家的信仰，而法治信仰也是法治教育的核心。要实现从法治意识到法治思维、法治信仰的法治教育目标，全面提高全体人民的法治素质，必须把法治教育纳入国民教育体系，构建完善的中国特色社会主义法治教育体系。法治教育依靠教育法治建设，而教育法治建设的根本在于教育政策与法律研究的大发展、大繁荣。

随着我国法制化趋势的不断推进，教育政策与法律研究的学术化走向日趋明显，大量专业领域学者、高校管理者纷纷涉足教育政策与法律研究。教育政策与法律研究是以教育政策与法律问题为研究对象的兼具教育学、法学和政策学特点的应用性研究领域。我国教育政策与法律研究起步晚，经过 30 多年的发展，教育政策与法律研究已取得了较为丰富的成果。教育政策与法律研究热点与发展趋势的共词可视化研究，不仅有助于促进教育政策学与教育法学学科建设、丰富教育政策与法律研究的学术视野、探索教育政策与法律研究的新的生长点，而且有助于推进教育政策与法律研究的系统化、扩大教育政策与法律研究领域的学术影响力、强化教育法治体系建设、拓展教育政策与法律的研究方法。

本书的完成不仅得益于我的导师陈鹏教授、栗洪武教授的悉心指导，而且离不开我的硕士研究生于海燕、王君妍、任雪园、陈雪婷、陈赵阳、王佳昕、王锦雁、康韩笑、周蕴、魏婉月、欧阳晓臻、李乐、姚婷等的鼎力相助。同时，我的爱人张旸女士为本书的完成贡献了大量智慧，当然，也非常感谢科学出版社责任编辑乔宇尚女士为本书出版所付出的辛勤劳动。

由于个人学术水平和能力所限，书中可能还存在诸多不足之处，希望大家不吝赐教。

祁占勇

2017 年 5 月